千華數位文化
Chien Hua Learning Resources Network

數學(B)商職 完全攻略 4G041141

作為108課綱數學(B)考試準備的書籍，本書不做長篇大論，而是以條列核心概念為主軸，書中提到的每一個公式，都是考試必定會考到的要點，即使對數學一竅不通，也能輕鬆讀懂，縮短準備考試的時間。書中收錄了大量的範例與習題，做為閱讀完課文後的課後練習，題型靈活多變，貼近「生活化、情境化」，試題解析也不是單純的提供答案，而是搭配了大量的圖表作為輔助，一步步地推導過程，說明破題的方向，讓對數學苦惱的人也能夠領悟關鍵秘訣。

經濟學 完全攻略 4G441141

依照108課綱，商業與管理群強調培養學生具備從業人員所需之知識實作技能，以利日後在職場上的實際運用。本書因應此趨勢，特請名師編寫，針對每一重點作有系統且連貫的整理，同時顧及研讀的時間成本，盡量減少冗長的文字說明。此外，在每一章末更將該章屬於整合的考題列示在後，以利熟悉各種出題情境。熟讀本書，定可協助你快速在考試中獲取高分，也能為你奠定未來實際應用時的思考模式。

商業與管理群

共同科目

4G011141	國文完全攻略	李宜藍
4G021141	英文完全攻略 👑 榮登金石堂暢銷榜	劉似蓉
4G041141	數學(B)商職完全攻略	高偉欽

了解教材

專業科目

4G411141	商業概論完全攻略 👑 榮登金石堂暢銷榜	王志成
4G421141	數位科技概論與應用完全攻略 👑 榮登金石堂暢銷榜	李軍毅
4G431141	會計學完全攻略 👑 榮登金石堂暢銷榜	梁若涵
4G441141	經濟學完全攻略 👑 榮登金石堂暢銷榜	王志成

目次

第1章　經濟基本概念

第2章　需求與供給

第14章　所得水準的決定

第15章　貨幣與金融

第16章　政府

第17章　國際貿易

解答及解析

113年命題關鍵與方向分析

章次	出題數
第1章 經濟基本概念	1
第2章 需要與供給	3
第3章 消費行為理論	2
第4章 生產理論	2
第5章 成本理論	1
第6章 市場結構與廠商收益	1
第7章 完全競爭市場產量與價格的決定	0
第8章 完全獨占市場產量與價格的決定	1
第9章 不完全競爭市場產量與價格的決定	1
第10章 分配理論	1
第11章 工資與地租	0
第12章 利息與利潤	0
第13章 國民所得	2
第14章 所得水準的決定	2
第15章 貨幣與金融	2
第16章 政府	1
第17章 國際貿易	2
第18章 經濟波動	2
第19章 經濟成長與經濟發展	1

商業與管理群專業科目(二)會計學、經濟學題數編號25～50，合計25題。

題49屬於會計學試題。

　　由113年經濟學的試題分佈的情況來看，除了第七章、第十一章與第十二章未出現考題外，幾乎每一個章節都出一題、兩題或三題，試題呈現平均分佈，出題的順序是按著命題大綱的章節次序，也沒有跨章節的整合型考題，可能會覺得困擾的題目是第49與50題，這兩題是把會計學的存貨評價與第八章的獨占定價的內容，以題組的方式來測試對這兩者的了解，此外，其它也沒有艱深的考題出現，所以準備四技經濟學這門考科，首先必須對經濟學命題大綱的內容有一個概括性的了解，再把每章代表性的題目予以熟練，但不須鑽研過於深入的題目，更不要放棄此學科，請記住老師所講的：經濟學的命題是每章都出一題至兩題，不要偏廢某一章節。由於經濟學是商學的基本學科，尤其財金領域的學科大多都是以經濟學的理論作為應用的，所以大家一定要努力學好它。

　　由於經濟學所討論的主題非常廣泛，所以有系統的理解與演練題型才是取得高分的不二法門，千萬不可以死背的方式來研讀此學科，否則題型一變化，在考場上就馬上寫不出來了。建議參考老師所編寫的「經濟學完全攻略」建立完整的學習架構，再輔以「經濟學（歷年試題＋模擬考）」做為各類主題的練習，將可收事半功倍之效。

第1章　經濟基本概念

 本章緒論是把經濟學在社會科學所扮演的角色作一簡介，也涵蓋各學派的主張，剛開始會有些枯燥，但請耐心看完它！重點提示如下：
1. 經濟學的基本概念　　　　　　　　　2. 經濟學的分類

1.1　經濟學的基本概念

一、經濟學（Economics）的定義

1. 經濟學是一門行為科學，主要是用來研究如何選擇具有多種用途的有限資源，來生產財貨與勞務，作為現在或將來消費之用，使人類的無窮慾望獲得最大的滿足。
2. 經濟學是一門探討選擇行為的科學。由於資源有限（稀少性）慾望無窮，如何選擇以獲得最大的滿足將是經濟學的主要課題。
3. 經濟學是研究財貨與勞務的生產、交換、分配與消費問題的學科。

二、經濟問題的產生

經濟問題的本質為：

1. 慾望無窮。　　　2. 資源有限。　　　3. 需作選擇。

三、基本的經濟問題

六大經濟問題：

1. 生產什麼（what）。
2. 何時生產（when）。
3. 如何生產（how）：即選擇生產的方式，例如要用「機器生產」或「人工生產」。
4. 為誰生產（for whom）：是指如何分配的問題，包括生產的財貨由誰消費、生產所得由誰取得。
5. 如何維持經濟穩定。
6. 如何促進經濟成長。

四、財貨與勞務

1. 依取得代價區分：(1)自由財。(2)經濟財。
2. 依形體有無區分：(1)有形財貨。(2)無形財貨。
3. 依耐用性區分：(1)消耗財。(2)耐久財。
4. 依使用用途區分：(1)消費財。(2)生產財。

牛刀小試

(　) **1** 選擇何種生產方式可以達到最大的生產效率，是指下列哪一項基本的經濟問題？　(A)生產甚麼（what）　(B)如何生產（how）　(C)何時生產（when）　(D)為誰生產（form whom）。　　　　【統測】

(　) **2** 若A廠商擬投資設廠，其正在評估要生產速食麵或冷凍水餃。請問此為下列何種經濟問題？　(A)何時生產　(B)為誰生產　(C)如何生產　(D)生產什麼。　　　　【統測】

(　) **3** 在人類經濟行為中，下列敘述何者錯誤？
(A)理性家計單位的經濟選擇，是以追求最大滿足為目標
(B)每一種資源皆有多種用途
(C)資源的種類與數量都是有限的
(D)選擇時所放棄其他用途中，價值最高者就是會計成本。　　【統測】

(　) **4** 下列敘述何者正確？
(A)經濟問題的產生是因為「慾望無窮，但資源相對有限」
(B)富人沒有「慾望無窮，但資源相對有限」之經濟問題
(C)經濟問題的產生是因為「慾望有限，但資源相對無限」
(D)窮人沒有「慾望無窮，但資源相對有限」之經濟問題。　　【統測】

(　) **5** 下列敘述何者正確？　(A)價格機能可以解決所有的經濟問題　(B)自由經濟體系中，市場上看不見的手是指價格機能　(C)資源豐富就不會有稀少性的問題　(D)價格機能可使市場調整至均衡的論點，最早是由凱因斯所提出。　　　　【統測】

(　) **6** 連續放長假期間，高速公路往往嚴重塞車，此現象以經濟問題視之，最合理的解釋為下列哪一項？　(A)資源的稀少性　(B)邊際效用遞增　(C)高速公路是私有財　(D)人的慾望有限。　　　　【統測】

| 解答 | **1** (B) | **2** (D) | **3** (D) | **4** (A) | **5** (B) | **6** (A) |

1.2 經濟學的分類

一、依研究對象分類

個體經濟學 （又稱價格理論）	是以個人、個別廠商和產業為研究對象，探討生產、消費、交換與分類等經濟行為。
總體經濟學 （又稱所得理論）	是以整個社會或國家為研究對象，探討國民所得、物價水準、國際貿易、經濟成長等經濟現象。

二、依性質分類

實證經濟學 （又稱唯真經濟學）	以客觀的事實來解釋經濟現象的因果關係，純粹分析事實是什麼，並進一步提出解釋或預測。
規範經濟學 （又稱唯善經濟學）	以主觀的價值判斷，來探討經濟政策應該如何的問題，並分析政策的合理性以及利弊得失。

1.3 經濟制度

1. **經濟制度之意義**：建立一套解決經濟問題的規則，用來規範各個經濟個體的經濟決策與經濟行為，並處理行為的成果。
2. **經濟制度之目的**：

3. **經濟制度之特性：**

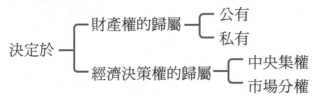

牛刀小試

(　　) **1** 下列有關價格機能意義的敘述，何者不正確？　(A)價格引導管制　(B)價格引導生產　(C)價格引導分配　(D)價格引導消費。　　【統測】

(　　) **2** 在純粹的共產主義制度之下，生產者與消費者都沒有充分選擇的自由，必須根據計畫來生產及消費，下列何者不屬於其可能的後果？　(A)無法生產可靠的市場價格信號　(B)缺乏物質誘因　(C)不容易達成供需平衡　(D)社會福利達到最大。　　【統測】

(　　) **3** 自由經濟體系以下列何者來使市場均衡？　(A)干預管制　(B)價格機能　(C)政府介入　(D)數量分配。　　【統測】

解答　　**1 (A)**　　**2 (D)**　　**3 (B)**

1.4 各學派之論點

一、古典學派

代表人物與基本主張：

亞當・斯密 Adam Smith	強調完全分工合作，遵守價格機能之運作。
賽伊 J.B.Say	提出「供給創造本身的需求」之看法，即**賽伊法則**。
大衛・李嘉圖 David Ricardo	提出地租理論，說明了因為農產品價格上漲，導致地租上漲之因果關係。

馬爾薩斯 Malthus	提出「工資鐵率」之主張，認為工人所得的薪資只能維持在一個最低的生活水準階段，並強調整個社會商品增加的速度，一定比不上人口增加的速度。
卡爾·馬克斯 Karl Marx	主張資本家的報酬是一種剝削，對勞動供給者僅給付低微的工資，而大部分的利潤全歸資本家所有。

二、凱因斯學派

基本主張：

1. 對貨幣之需求可區分成交易性、預防性及投機性等三項需求。
2. 由於有效需求不足，導致均衡的就業量小於充分就業時的就業量，即失業乃常態。
3. 有效需求不足，造成了緊縮之缺口。必須透過各種自發性的支出並經由乘數效果使得所得倍數增加，減少失業。
4. 凱因斯認為利率乃由貨幣市場均衡時所決定的。
5. 不景氣時，有流動性陷阱存在，即貨幣需求對利率完全彈性，此時，任何的擴張性貨幣政策均完全無效，而財政政策完全有效。
6. 認為市場會失靈，所以政府應隨時加以干涉。強調需求面的政策，即採取各種的權衡性政策，來解決經濟問題。

三、貨幣學派

1. 反對政府以任何政策干預市場機能之運作，應尊重市場機能。
2. 認為貨幣是重要的，但反對任何的權衡性貨幣政策，不穩定的貨幣供給是造成景氣波動的主因。所以主張以「法則替代權衡」，認為政府只要維持一個「固定的貨幣供給成長率」即可。

四、新興古典學派（理性預期學派）

1. 若預料中的貨幣政策，對實質產出完全沒有影響。
2. 在短期內未預料到的貨幣政策，雖有實質影響，但民眾會將市場的任何變化結果完全歸咎於中央銀行的操控，最會造成資源配置的扭曲。

五、供給面學派

1. **基本主張：**
   (1) 減稅。　　　　　　　　(2)減少管制。
   (3) 減少國內預算。　　　　(4)增加國防預算。

2. 拉弗曲線（Laffer Curve）：
   用來說明稅率與稅收的關係，當稅率提高時，稅收會增加（如圖形所示0
   至E點之間）。但稅率繼續增加至某一水準時（如E點），若稅率再提高，
   反而會影響投資意願與工作意願，造成稅收的減少（如EF段）。使得稅收
   最大的稅率（如t*），稱為最適稅率。圖形如下：

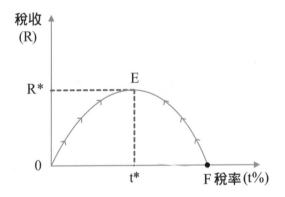

牛刀小試

(　　) **1** 根據「貨幣中立性」（monetary neutrality）的結論，貨幣供給增
加會影響：　(A)就業　(B)投資　(C)實質利率　(D)物價。

(　　) **2** 著有「國富論」，為現代經濟學奠下知識性基礎的經濟學家為：
(A)約翰・梅納德・凱因斯（John Maynard Keynes）　(B)阿爾弗雷
德・馬夏爾（Alfred Marshall）　(C)亞當・斯密（Adam Smith）
(D)大衛・李嘉圖（David Ricardo）。

(　　) **3** 下列哪一項是傳統凱因斯（Keynesian）學派認為引發景氣衰退的
原因之一？　(A)技術水準下降　(B)政府財政赤字大幅縮減　(C)
企業對未來景氣的展望變得悲觀　(D)貨幣政策變得寬鬆。

(　　) **4** 當物價完全僵固時，短期總合供給線為：　(A)垂直線　(B)水平線
(C)負斜率線　(D)向後彎的曲線。

解答與解析

1 (D)。 由貨幣數量學說，$MV = Py$，當 $V = \overline{V}$，$y = y_f$時，若M上升則P亦上升。

2 (C)。 「國富論」的作者是英國的亞當‧斯密。

3 (C)。 企業對未來景氣的展望變得悲觀，接著出現減產、裁員的措施引發景氣衰退。

4 (B)。 如圖：短期物價有僵固性，則AS曲線是水平的階段。

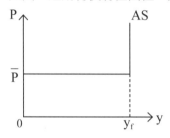

1.5 機會成本、生產可能線

一、生產可能線（production possibility curve, PPC）
一個經濟體，在一定的時間內，將所有可使用的固定資源，做最充分有效的運用，在現行的生產技術下，所能產出的兩類產品之最大產量組合之軌跡。

二、基本條件
1. 資源固定。
2. 生產技術水準不變。
3. 資源做最充分有效的利用。
4. 生產兩類產品。

三、生產可能線（例子）
假設有一個鞋廠，有20個工人與5部機器，可生產皮鞋與球鞋之最大產量組合。

生產組合	皮鞋	球鞋	每增產一單位皮鞋的機會成本
a	0	40	
b	1	37	
c	2	32	5（37－32）

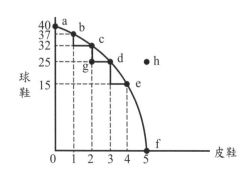

生產組合	皮鞋	球鞋	每增產一單位皮鞋的機會成本
d	3	25	7（32－25）
e	4	15	10（25－15）
f	5	0	15（15－0）

說明：

1. a、b、c、d、e、f點，都是在生產可能線上，表示是最大可能產量的組合，代表已達到最高的生產技術效率。

2. h點表示現有資源與技術無法達成組合（曲線右方）。

3. g點表示資源未獲得充分利用（曲線左方）。

4. 從b到f點表示每多生產一單位皮鞋，所需放棄球鞋產量是遞增的，稱為邊際機會成本遞增。

四、生產可能線的應用分析

生產可能線往外移表示在相同條件下，各種生產組合的產量都增加了，顯示經濟成長，反之，則為經濟衰退，如圖一。

五、經濟體系的成長或衰退

1. **中性成長**（neutral growth）：當經濟成長時，X與Y兩類產品的產量以相同的速度擴張，如圖二。

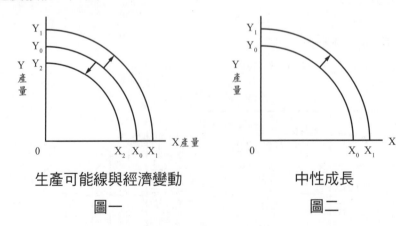

生產可能線與經濟變動　　　　　　中性成長

圖一　　　　　　　　　　圖二

2. **偏向成長（biased growth）**：表示在經濟成長的過程，由於技術進步、資源增加的條件不同，兩類產品以不同的速度增加生產，如圖三、圖四。

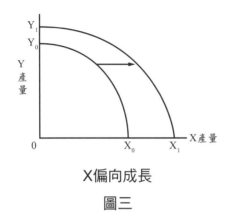

X偏向成長　　　　　　　　　Y偏向成長

圖三　　　　　　　　　　　　圖四

牛刀小試

(　　) **1** 假設一國生產X及Y兩種財貨，其生產可能曲線如右圖所示。下列敘述何者錯誤？

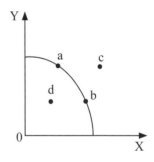

   (A)生產點由a點移動到b點，生產X財貨之機會成本增加
   (B)生產點由a點移動到d點，可能是因為資源有閒置的情況
   (C)若該國發生經濟成長，生產點可由b點移動到c點
   (D)在目前的技術及資源限制下，生產點無法由d點移動到a點。

(　　) **2** 假設一國生產X及Y兩種財貨，如右圖所示，其生產可能線為直線。今該國之生產可能線平行外移（如圖中箭頭方向所示），下列何者不可能是該國發生的情況？

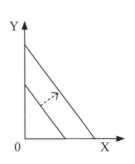

   (A)技術進步
   (B)生產資源增加
   (C)消費集合擴大
   (D)生產X之機會成本上升。

(　　) **3** 下列何種情形會使一國的生產可能曲線移動？
(A)利率下跌
(B)人們對兩產品的需求一增一減
(C)財貨與勞務的價格提高
(D)一國所擁有的資源數量增加。　　　　　　　　【統測】

(　　) **4** 在生產可能曲線上，每增加1單位X的生產，所必須減少生產Y的數量逐漸增加。此種現象稱為？
(A)機會成本遞增　　　　　　(B)機會成本遞減
(C)社會福利極大　　　　　　(D)邊際效用遞減。　　　【統測】

(　　) **5** 生產可能曲線為凹向原點的曲線，是因為：
(A)機會成本不變　　　　　　(B)機會成本遞減
(C)機會成本遞增　　　　　　(D)機會成本為零。　　【統測】

解答與解析

1 (D)。 d點和a點皆是可達成生產的點，由d移動到a可以使資源沒有閒置。

2 (D)。 在生產可能曲線是直線的形狀，表示隨著X的增加，減少的Y是固定的（即生產X的機會成本是固定的）。

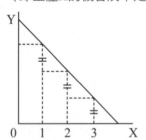

3 (D)

4 (A)。 隨著X的增加，所減少的Y逐漸增加，此現象稱為機會成本遞增。

5 (C)。 隨著X的增加，所減少的Y是遞增的。

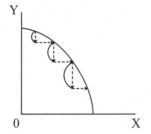

實戰演練

(　　) **1** 某一經濟社會之生產可能曲線
（P.P.C）如右圖所示，則下列敘述何
者錯誤？
(A)F點的生產組合，表示有失業現
象，I點的生產組合表示現有技術
及資源無法達到
(B)生產Y的機會成本H點大於G點
(C)其邊際轉換率（MRT_{XY}）呈遞增
狀態
(D)G點與H點的生產組合表示資源已充分利用，達到生產效率。

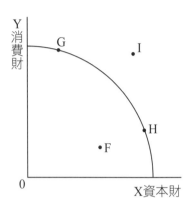

(　　) **2** 以下何者會造成整條生產可能曲線往外移動？　(A)機會成本遞
減　(B)產品品質提升　(C)僱用失業人口從事生產　(D)生產資源
增加。

(　　) **3** 王五自己開一家花藝設計工作室，每月大約淨賺6萬元，假如特力
屋以每月8萬元聘請他，則王五自己開花藝設計工作室的機會成本
為每月？　(A)2萬元　(B)6萬元　(C)8萬元　(D)14萬元。

(　　) **4** 在某國的生產可能曲線上，橫軸為國防財，縱軸為民生財，為了增
加2單位國防財的生產，必須減產10單位的民生財，則其邊際轉換
率為？　(A)0.2　(B)5　(C)10　(D)0.1。

(　　) **5** 人們在從事消費或生產活動時，都會面臨選擇問題的原因是什麼？
(A)資源太多五花八門　(B)資源用途太少　(C)慾望強度有限　(D)
資源具有稀少性。

(　　) **6** 凱因斯所謂「貧窮於富裕之中」意指？　(A)混合經濟制度下，政
策失當造成的貧富差距問題　(B)共產主義經濟制度下，造成均貧
的現象　(C)社會主義經濟制度中，富人多課稅再分配給貧窮人的
理念　(D)資本主義下，有錢人更有錢、貧窮者更貧窮的貧富不均
現象。

(　　) **7** 下列敘述何者正確？　(A)經濟問題的產生是因為「人類慾望無
窮，但資源相對有限」　(B)價格機能可以解決所有的經濟問題
(C)資源豐富就不會有稀少性的問題　(D)以上皆是。

(　　)　**8** 連假期間，高速公路常常嚴重塞車，此現象若以經濟問題視之，最合理的解釋為下列哪一項？　(A)資源的稀少性　(B)邊際效用遞增　(C)高速公路是私有財　(D)人的慾望有限。

(　　)　**9** 主要的生產資源及經濟活動的內容，一切都操控在政府手中，人民毫無選擇權利，這是指何種經濟制度？　(A)資本主義經濟制度　(B)共產主義經濟制度　(C)混合經濟制度　(D)社會主義經濟制度。

(　　)　**10** 汽油對計程車司機而言，屬於？　(A)耐久財　(B)生產財　(C)自由財　(D)無形財。

(　　)　**11** 關於經濟制度，下列敘述何者錯誤？
(A)目前世界大部分國家採行混合經濟制度
(B)凱因斯所謂「富裕中的貧窮」是形容社會主義經濟制度下貧富不均的現象
(C)經濟效率最佳的經濟制度是資本主義經濟制度
(D)價格機能在共產主義經濟制度中無法發揮作用。

(　　)　**12** 下列敘述何者正確？
(A)價格機能可以解決所有的經濟問題
(B)自由經濟體系中，市場上看不見的手是指價格機能
(C)資源豐富就不會有稀少性的問題
(D)價格機能可使市場調整至均衡的論點，最早是由凱因斯所提出。

(　　)　**13** 下列何者不是混合經濟制度的特性？　(A)財產私有　(B)專業分工　(C)就業自由　(D)經濟活動全部由政府規劃。

(　　)　**14** 訂價較高的商品，通常會吸引高所得者購買；訂價較低的商品，通常會吸引中低所得者購買，由此可見「價格」可以引導廠商解決哪一項基本經濟問題？　(A)生產什麼　(B)如何生產　(C)何時生產　(D)為誰生產。

(　　)　**15** 關於「財貨與勞務」的分類，下列何者為非？　(A)能直接滿足消費者慾望的財貨為最終財貨　(B)自由財不在經濟學的討論範圍　(C)可供長期或重複使用財貨，稱為消耗財　(D)電腦可能是生產財，亦可能是消費財。

( ) **16** 下列敘述何者錯誤？ (A)房仲業者依員工的業績成效來決定工資，是為「經濟工資」 (B)以貨幣購買力表示的工資稱為「貨幣工資」 (C)造成「補償性工資差異」的原因為工作環境與條件不同 (D)當物價上漲壓力很大時，實物工資通常較受歡迎。

( ) **17** 所謂的「機會成本」是指，當資源有多種用途的情形下，若選擇了其中的一種用途時，必須放棄其他所有用途之： (A)價值低估者 (B)價值最低者 (C)價值高估者 (D)價值最高者。

( ) **18** 下列敘述何者錯誤？ (A)探討經濟現象「是什麼」的問題屬於實證經濟學 (B)以主觀的價值標準分析經濟政策的決定是屬於規範經濟學 (C)探討「經濟成長」與「環境保護」孰重的課題是屬於實證經濟學的研究 (D)規範經濟學又稱「唯善經濟學」。

( ) **19** 「財產私有、生產消費就業自由、強調專業分工、加重政府經濟職能」是以下何項經濟制度的特色？ (A)資本主義 (B)新資本主義 (C)社會主義 (D)共產主義經濟制度。

( ) **20** 下列敘述何者正確？ (A)個體經濟學又稱價格理論；總體經濟學又稱所得理論 (B)實證經濟學著重事實的陳述探討經濟政策「應該如何」的問題；規範經濟學著重主觀的價值判斷探討經濟現象的「因果關係」 (C)古典學派採演繹法研究經濟問題著重主觀的推理，而凱因斯學派採歸納法強調客觀的統計分析解釋經濟現象 (D)以上皆是。

( ) **21** 機會成本是指在選擇過程中，當選擇其中之一項而放棄的其他項目中？ (A)價值高估者 (B)價值低估者 (C)價值最高者 (D)價值最低者。

( ) **22** 張三暑假有三個打工機會可供選擇；月薪依序為阿成蚵仔煎師傅4萬元、大胖燒烤員工3萬元、東山鴨頭打雜2萬元，則？
(A)張三選擇到大胖燒烤打工的機會成本為7萬元
(B)若張三為理性的決策者，他應該選擇到阿成蚵仔煎打工，因其機會成本為2萬元
(C)若張三只會烹飪蚵仔煎，則其到阿成蚵仔煎打工的機會成本為零
(D)以上皆非。

(　　) **23** 下列有關經濟議題之敘述，何者正確？
(A)分析現金補貼政策可降低受疫情衝擊之經濟衰退程度，此為實證經濟學之範疇
(B)個體經濟學又稱所得理論，而國際貿易問題即為所得理論研究範圍
(C)高所得國家不會面臨稀少性問題，只有低所得國家才會面臨此問題
(D)亞當斯密為經濟學之父，其於出版「國富論」一書中主張政府應干涉市場。

(　　) **24** 某國的P.P.C如右圖，若其生產點由B點移至A點，則增產工業品的機會成本會？
(A)不變
(B)遞減
(C)遞增
(D)無法判斷。

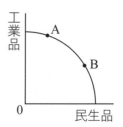

(　　) **25** 右圖為A國傾全力生產X財與Y財的生產可能疆界，在資源與技術水準下，原來的生產組合為乙點，若想要在不浪費資源下，增加X財的生產，則生產點可移至哪一點？　(A)甲　(B)丙　(C)戊　(D)己。

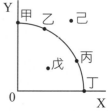

第2章　需求與供給

第2章介紹需求和供給，是經濟學的入門，讓我們透過簡單的供給與需求圖形來解釋價格和數量的關係，建立商學的基礎，以釐清經常誤解的經濟行為。

重點提示如下：

1. 需求價格彈性的計算，特別注意需求價格彈性大小之比較
2. 需求與所得關係
3. 需求與其他財貨價格之關係
4. 均衡價格及均衡交易量之變動

2.1　需求理論

一、需求與需求量之變動

1. 需求量變動（A→B）。

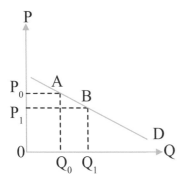

2. 需求變動（A→A'）。

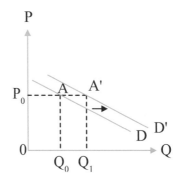

二、需求法則

其他條件不變下，價格上升則需求量減少，價格下降則需求量增加。

違反需求法則之財貨：

其他條件不變下，價格與需求量成正向變動。

1. 炫耀財：價格愈高，需求量愈高。例如：名牌包、高價汽車。
2. 季芬財：價格愈低，需求量愈少。例如：中世紀英國的馬鈴薯。

牛刀小試

(　) **1** 假設對於進口貂皮大衣的消費行為合乎炫耀性物品的特質。若因為貂的數量減少，使得貂皮大衣的價格上漲，則貂皮大衣的：　(A)需求量減少　(B)需求減少　(C)需求量增加　(D)需求增加。

(　) **2** 下列哪一項是使得某一財貨需求量變動的因素？　(A)該財貨本身的價格　(B)相關財貨的價格　(C)消費者的所得　(D)消費者的偏好。　　　　　　　　　　　　　　　　　　　　　　　　【統測】

(　) **3** 下列有關需求曲線的敘述，何者正確？　(A)夏天太熱，使得冷飲的需求曲線向左移　(B)火鍋料的成本上漲，使得吃火鍋的需求曲線向左移　(C)所得增加，使得冷氣機的需求曲線向右移　(D)腳踏車廠商擴大產能，使得腳踏車的需求曲線向右移。　　　【統測】

(　) **4** 下列何者違反經濟學「價格與需求量呈反方向變動的需求法則」？　(A)臺北市的房價飆漲，民眾買房的意願大增　(B)汽油價格飆漲，民眾改騎腳踏車的意願大增　(C)颱風來襲，葉菜類蔬菜價格飆漲，民眾吃根莖類蔬菜的意願大增　(D)兒童的教養費用飆漲，民眾生小孩的意願大減。　　　　　　　　　　　　　　　　　　【統測】

(　) **5** 在其他條件不變下，「財貨價格與需求量呈反向變動的現象」是為：　(A)正常財　(B)季芬財　(C)需求法則　(D)引申需求。　　　【統測】

(　) **6** 財貨X對小育而言是一種季芬財貨（Giffen goods），在其他條件不變下，下列敘述何者為真？　(A)財貨X的價格上漲時，需求量減少　(B)財貨X佔小育支出的比例低於1%　(C)財貨X的價格上漲時，需求量增加　(D)小育對財貨X的消費符合需求法則。　　　　【統測】

解答與解析

1 (C)。炫耀品是 $\dfrac{\Delta Q^d}{\Delta P} > 0$，若P上升，則$Q^d$也上升。

2 (A)。價格上升或下降，將使需求量減少或增加，即在需求曲線上的移動。

3 (C)。(A)對冷飲的需求曲線向右移。(B)對火鍋供給曲線向左移。(D)對腳踏車的供給曲線向右移。

4 (A)　**5 (C)**　**6 (C)**

三、需求價格彈性

即在一定期間內，財貨本身價格變動百分之一時，引起需求量變動的百分比。

1. 公式：

(1) 弧彈性：

$$\varepsilon_d = \frac{-\dfrac{\Delta Q}{\dfrac{Q_0 + Q_1}{2}}}{\dfrac{\Delta P}{\dfrac{P_0 + P_1}{2}}} = \frac{-\dfrac{\Delta Q}{Q_0 + Q_1}}{\dfrac{\Delta P}{P_0 + P_1}}$$

(2) 點彈性：

$$\varepsilon_d = \frac{-\dfrac{\Delta Q}{Q}}{\dfrac{\Delta P}{P}} = -\frac{\Delta Q}{\Delta P} \cdot \frac{P}{Q} = \frac{-1}{\dfrac{\Delta P}{\Delta Q}} = \frac{-1}{斜率} \cdot \frac{P}{Q}$$

註：$\dfrac{\Delta P}{\Delta Q} = $ 需求曲線的斜率。

2. ε_d 與下列二者有關：

(1) 斜率的大小（點相同（P_0，Q_0），斜率愈小，彈性愈大）

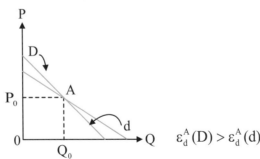

$$\varepsilon_d^A(D) > \varepsilon_d^A(d)$$

(2) 點的位置（同一直線，斜率均相等，點位置愈高，彈性愈大）

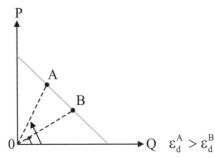

$$\varepsilon_d^A > \varepsilon_d^B$$

牛刀小試

( )　**1** 假設商務旅客與一般旅遊者對臺北飛東京的機票需求表如下。當機票價格由200美元上漲為250美元時，若以中點法計算，這兩類旅客的需求價格彈性值（絕對值）的關係為：

(A)商務旅客＞一般旅遊者　　(B)商務旅客＜一般旅遊者
(C)商務旅客＝一般　　　　　(D)無法判斷，因為資料不足。

價格	需求量（商務旅客）	需求量（一般旅遊者）
$150	2,100張	1,000張
200	2,000	800
250	1,900	600
300	1,800	400

( )　**2** 若課本的價格上漲10%，而需求量減少2%，則課本的需求價格彈性為：

(A)0.2　　　　　　　　　　(B)2.0
(C)5.0　　　　　　　　　　(D)10。　　　　　　　　【統測】

解答與解析

1 (B)。$\varepsilon_1^d = \dfrac{\dfrac{-\Delta Q^d}{Q_0 + Q_1}}{\dfrac{\Delta P}{P_0 + P_1}} = \dfrac{\dfrac{-(1900 - 2000)}{1900 + 2000}}{\dfrac{(250 - 200)}{250 + 200}} = \dfrac{3}{13}$,

$\varepsilon_2^d = \dfrac{\dfrac{-\Delta Q^d}{Q_0 + Q_1}}{\dfrac{\Delta P}{P_0 + P_1}} = \dfrac{\dfrac{-(600 - 800)}{600 + 800}}{\dfrac{(250 - 200)}{250 + 200}} = \dfrac{9}{7}$

ε_1^d（商務旅客）$< \varepsilon_2^d$（一般旅遊者）

2 (A)。需求價格彈性為：$\dfrac{-\,需求量變動百分比}{價格變動百分比} = \dfrac{-(-2\%)}{10\%} = 0.2$

3. **需求彈性係數的大小種類：**

   (1) $\varepsilon_d = \infty$：絕對有彈性（Perfectly elastic）

   (2) $\varepsilon_d > 1$：高彈性需求（Elastic）

   (3) $\varepsilon_d = 1$：單一彈性（Unitary elastic）

   (4) $\varepsilon_d < 1$：低需求彈性（Inelastic）

   (5) $\varepsilon_d = 0$：絕對無彈性（Perfectly inelastic）

4. **點彈性與總支出的關係：**

   TR：表總收入

   TE：表總支出

   假設TR＝TE

   $$\text{由} \frac{\Delta TR}{\Delta P} = \frac{\Delta(PQ)}{\Delta P} = \frac{\Delta P}{\Delta P} \times Q + \frac{\Delta Q}{\Delta P} \times P = Q(1 + \frac{\Delta Q}{\Delta P} \times \frac{P}{Q}) = Q \mid 1 - \varepsilon_d \mid$$

   $$\text{當} \quad \varepsilon_d > 1 \Rightarrow \frac{\Delta TR}{\Delta P} < 0 \text{（P與TR或TE成反向變動）}$$

   $$\varepsilon_d < 1 \Rightarrow \frac{\Delta TR}{\Delta P} > 0 \text{（P與TR或TE成正向變動）}$$

   $$\varepsilon_d = 1 \Rightarrow \frac{\Delta TR}{\Delta P} = 0 \text{（P與TR或TE無關）}$$

2.2　需求與所得關係

一、恩格爾曲線（Engel's Curve）

指所得與需求量關係的曲線

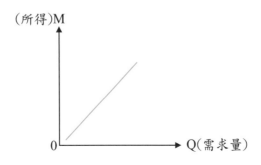

二、需求所得彈性（Income elasticity of demand）

指在一定期間內，所得變動百分之一時，引起需求量變動的百分比。

$$\varepsilon_1 = \frac{\dfrac{\Delta Q}{Q_0}}{\dfrac{\Delta M}{M_0}} = \frac{\dfrac{Q_1 - Q_0}{Q_0}}{\dfrac{M_1 - M_0}{M_0}}$$

以改成下列公式：$\varepsilon_1 = \dfrac{\dfrac{\Delta Q}{Q_0}}{\dfrac{\Delta M}{M_0}} = \dfrac{\Delta Q}{Q_0} \times \dfrac{\Delta M}{M_0} = \dfrac{\Delta Q}{\Delta M} \times \dfrac{M_0}{Q_0} = \dfrac{Q_1 - Q_0}{M_1 - M_0} \times \dfrac{M_0}{Q_0}$

式中 $\dfrac{M_0}{Q_0} > 0$，若
$$\begin{cases} ① \dfrac{\Delta Q}{\Delta M} > 0，表示Q為正常財，即\varepsilon_1 > 0 \\[2mm] ② \dfrac{\Delta Q}{\Delta M} < 0，表示Q為劣等財，即\varepsilon_1 < 0 \\[2mm] ③ \dfrac{\Delta Q}{\Delta M} = 0，表示Q為中立財，即\varepsilon_1 = 0 \end{cases}$$

$$\varepsilon_1 \begin{cases} \varepsilon_1 > 0 \quad 正常財 \begin{cases} 0 < \varepsilon_1 < 1 \quad 必需品 \\ \varepsilon_1 > 1 \quad 奢侈品 \end{cases} \\ \varepsilon_1 < 0 \quad 劣等財 \\ \varepsilon_1 = 0 \quad 中立財 \end{cases}$$

牛刀小試

（　　）**1** 假設可樂對追求效用最大的小雄是季芬財（Giffen good）。在其他
條件不變下，當小雄的所得增加時，其可樂的消費量會：
(A)增加　　　　　　　　　(B)減少
(C)不變　　　　　　　　　(D)先增加後減少。

（　　）**2** 近來由於全球氣候異常，造成主要糧食生產國糧食歉收，許多農家
因為收入減少，買不起白米，只能多購買一些較便宜的地瓜或馬
鈴薯充饑，這一類消費量與所得呈反方向變動的財貨稱為？
(A)正常財　　　　　　　　(B)中性財
(C)劣等財　　　　　　　　(D)天候財。　　　　　　　　【統測】

解答與解析

1 (B)。 季芬財屬於劣等財,所以當所得上升,小雄對可樂的消費量下降。

2 (C)。 馬鈴薯或地瓜對該地區乃季芬財,而季芬財是屬於劣等財,所以該類消費量與所得呈反方向變動。

三、恩格爾法則(Engel's Law)

當家庭所得增加時:

1. 糧食的支出佔所得的比例會減少。

2. 家庭一般費用維持在所得的一固定比例。

3. 儲蓄與其他支出佔所得比例會提高。

2.3 需求與其他財貨價格之關係

需求交叉彈性(Cross elasticity of demand)

指在一定期間內,某種財貨y價格變百分之一時,另一種財貨x需求量變動的百分比。

以符號表示:$\varepsilon_{xy} = \dfrac{\dfrac{\Delta X}{X}}{\dfrac{\Delta P_y}{P_y}} = \dfrac{\Delta X}{X} \times \dfrac{P_y}{\Delta P_y} = \dfrac{\Delta X}{\Delta P_y} \times \dfrac{P_y}{X}$

式中 $\dfrac{P_y}{X} > 0$,若

1. $\dfrac{\Delta X}{\Delta P_y} > 0$,表示$P_y$上升(即y↓)且x上升,故x與y互為替代品。則$\varepsilon_{xy} > 0$

2. $\dfrac{\Delta X}{\Delta P_y} < 0$,表示$P_y$上升(即y↓)且x下降,故x與y互為互補品。則$\varepsilon_{xy} < 0$

3. $\dfrac{\Delta X}{\Delta P_y} = 0$,表示$P_y$上升(即y↓)且x不變,故x與y互為獨立品。則$\varepsilon_{xy} = 0$

牛刀小試

( ) **1** 若汽油價格上升使大型汽車需求減少,則下列敘述何者正確?
(A)汽油與大型汽車為消費上的替代品
(B)汽油與大型汽車為消費上的互補品
(C)汽油為劣等財
(D)大型汽車為劣等財。 【統測】

( ) **2** 已知印表機和墨水匣為互補品,當其他情況不變,若印表機價格上漲,對墨水匣的均衡價格和均衡數量有何影響?
(A)均衡價格上漲,均衡數量增加
(B)均衡價格上漲,均衡數量減少
(C)均衡價格下跌,均衡數量增加
(D)均衡價格下跌,均衡數量減少。 【統測】

( ) **3** 若財貨A的需求函數為Q=100–2P,其中Q為需求量,P為價格,則下列敘述何者正確? (A)若財貨A為正常財,所得增加時,在P=10時,Q低於80 (B)若財貨A之替代品價格上漲時,在P=20時,Q高於60 (C)若預期未來價格將上漲,在P=30時,Q低於40 (D)若財貨A為劣等財,所得增加時,在P=25時,Q高於50。 【統測】

解答與解析

1 (B)。 汽油價格上升則汽油的需求量減少(符合需求法則),同時對大型汽車需求減少,故汽油與大型汽車為消費上的互補品。

2 (D)。 印表機價格上升則印表機需求量減少(符合需求法則),同時對墨水匣的需求減少(依題意兩者互為互補品),墨水匣的需求曲線向左移,使得墨水匣的均衡價格和均衡數量減少。

3 (B)。 (A)P=10,代入得Q=100−2×10=80,Q>80。

(B)P_B上升 Q_B^d 減少而 Q_A^d 上升(因為A、B為替代品),當P=20代入得 Q=100−2×20=60,Q>60。

(C)P_A^e 上升則對 Q_A^d 上升,當P=30代入得Q=100−2×30=40,Q>40。

(D)所得增加,對A的需求減少,當P=25代入得Q=100−2×25=50,Q<50。

2.4 供給理論

一、供給與供給量變動

1. 供給量變動（A→B）。

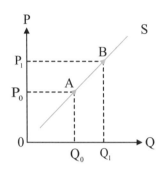

2. 供給變動（A→A'）。

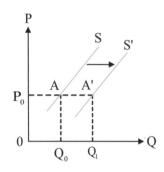

二、供給法則（Law of supply）

即其他條件不變下，價格愈高，供給量愈多，反之價格愈低供給量愈少，
亦即價格與供給量成正向關係。

三、供給彈性（Elasticity of supply）

即在一定時間內，財貨本身價格變動百分之一時，引起供給量變動的百分比。

公式：

1. **弧彈性**：

$$\varepsilon^S = \frac{\dfrac{\Delta Q}{\dfrac{Q_0 + Q_1}{2}}}{\dfrac{\Delta P}{\dfrac{P_0 + P_1}{2}}} = \frac{\dfrac{\Delta Q}{Q_0 + Q_1}}{\dfrac{\Delta P}{P_0 + P_1}}$$

2. **點彈性**：

$$\varepsilon^S = \frac{\dfrac{\Delta Q}{Q}}{\dfrac{\Delta P}{P}} = \frac{\Delta Q}{\Delta P} \cdot \frac{P}{Q} = \frac{1}{\dfrac{\Delta P}{Q}} \cdot \frac{P}{Q} = \frac{1}{斜率} \cdot \frac{P}{Q}$$

註：$\dfrac{\Delta P}{\Delta Q}$ ＝供給曲線的斜率。

牛刀小試

(　　) **1** 假設由於國內機票價格調降,使得澎湖的旅館住宿人次增加15%,旅館的住宿價格上漲24%,由此可得澎湖旅館住宿的:　(A)需求的點彈性為1.6　(B)供給的點彈性為1.6　(C)需求的點彈性為0.625　(D)供給的點彈性為0.625。

(　　) **2** 下列何者會引起「供給量的變動」?　(A)租稅與補貼的變動　(B)相關生產要素價格的變動　(C)生產技術的變動　(D)財貨本身價格的變動。　　　　　　　　　　　　　　　　　　　　　　　　　　　　　　【統測】

(　　) **3** 下列哪一項是導致供給曲線往右移動的原因?　(A)生產技術進步　(B)政府稅金提高　(C)財貨的耐用程度愈大　(D)原物料價格提高。　　　　　　　　　　　　　　　　　　　　　　　　　　　　　　【統測】

解答與解析

1 (D)。 $\varepsilon^s = \dfrac{\dfrac{\Delta Q}{Q}}{\dfrac{\Delta P}{P}} = \dfrac{15\%}{24\%} = 0.625$

2 (D)。價格上升或下降,將使供給量增加或減少,在供給線上的移動。

3 (A)。(B)供給曲線向左或需求曲線向左。
　　　　(C)需求曲線向左。
　　　　(D)供給曲線向左。

2.5　價格理論

一、均衡(Equilibrium)

是一種不會自發性地改變之狀態。換言之,均衡一旦達成,則在其它條件不變下,其均衡會繼續持續下去。

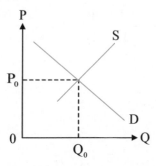

牛刀小試

( )　在一完全競爭市場中，若Q_D為需求量，Q_S為供給量，P為市場價格，在下列那一個市場供需函數組合中，市場均衡價格與數量存在？
(A)$Q_D = 12 - 3P$，$Q_S = -13 + 2P$　　(B)$Q_D = 16 - 2P$，$Q_S = 20 - 2P$
(C)$Q_D = 50 - 2P$，$Q_S = 2 + 10P$　　　(D)$Q_D = 10 + 10P$，$Q_S = 52 + 16P$。

解答與解析

(C)。$Q_D = 50 - 2P$，$Q_S = 2 + 10P$，均衡時$Q_D = Q_S$，$50 - 2P = 2 + 10P$，得$P = 4$，代入$Q_D = 50 - 2P$，得$Q = 50 - 8 = 42$

二、均衡價格與均衡交易量之變動

1	需求增加		$p_0 \uparrow$，$Q_0 \uparrow$
2	需求減少		$P_0 \downarrow$，$Q_0 \downarrow$
3	供給增加		$P_0 \downarrow$，$Q_0 \uparrow$

4	供給減少		$P_0\uparrow$，$Q_0\downarrow$
5	供需都增加		P_0不確定，$Q_0\uparrow$
6	供需都減少		P_0不確定，$Q_0\downarrow$
7	供給增加， 需求減少		$P_0\downarrow$，Q_0不確定
8	供給減少， 需求增加		$P_0\uparrow$，Q_0不確定

牛刀小試

( ) **1** 若澎湖縣的房屋供給線為正斜率的直線，而需求線為負斜率的直線，當房屋供給增加幅度大於房屋需求減少幅度，則澎湖縣的房屋價格與交易量會如何改變？

(A)價格上升，交易量減少

(B)價格下跌，交易量增加

(C)價格下跌，交易量減少

(D)價格上升，交易量增加。 【統測】

( ) **2** 假設其他情況不變，若某財貨的供給減少，對該財貨的均衡價格和均衡數量有何影響？

(A)均衡價格上漲，均衡數量增加

(B)均衡價格上漲，均衡數量減少

(C)均衡價格下跌，均衡數量增加

(D)均衡價格下跌，均衡數量減少。 【統測】

解答與解析

1 (B)。 由均衡點A到B，價格下降，交易量增加。

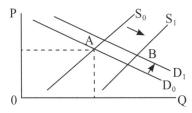

2 (B)。 由均衡點A到B，價格上漲，均衡數量減少。

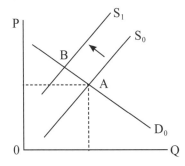

2.6　政府政策

一、價格管制

1. 價格上限（Price ceiling）：
   指政府為了維持經濟穩定，或限制獨占
   者之壟斷，往往採用價格上限，結果易
   形成超額需求，交易流入黑市，一般採
   用配給制度，以防止經濟秩序之混亂。
   即價格P'低於均衡價格p*。

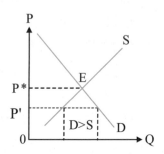

2. 價格下限（Price floor）：
   指政府為了保障某一階層人民之所
   得，而採用保證價格。即價格P'高於
   均衡價格P*。

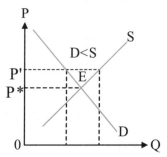

牛刀小試

（　　）**1** 假設價格（P）、需求量（Q^D）與供給量（Q^S）之間的關係為：$Q^D = 10 - 2P$，$Q^S = -5 + 3P$，若政府制訂價格上限為2，則市場交易量為：　(A)1　(B)2　(C)3　(D)4。

（　　）**2** 在其他條件不變下，政府提高農產品的保證收購價格，則：　(A)消費者購買數量增加　(B)生產成本提高，生產量減少　(C)農民收入增加　(D)政府購買支出降低。

（　　）**3** 下列有關價格管制的敘述，何者不正確？　(A)有效的價格上限，是指所設立的限定價格必須低於均衡價格　(B)當設立有效的價格上限時，市場會出現超額需求　(C)政府實施稻米保證收購價格，是一種價格上限的措施　(D)政府宣布汽油價格凍漲，是一種設立價格上限的措施。　　　　　　　　　　　　　　【統測】

解答與解析

1 (A)。$Q^D = Q^S$，$10 - 2P = -5 + 3P$，得$P = 3$，將$\overline{P} = 2$代入$Q^S = -5 + 3P$，

　　得$Q^S = -5 + 2 \times 3 = 1$。

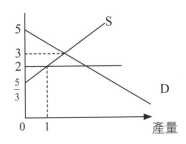

2 (C)。 原來的保證價格為P_0，則農民的收入為$\overline{0P_0} \times \overline{0Q_0^s}$，現在提高保證價格為

P_1，則農民的收入為$\overline{0P_0} \times \overline{0Q_1^s}$，增加了$\overline{P_0P_1} \times \overline{Q_0^sQ_1^s}$的收入。

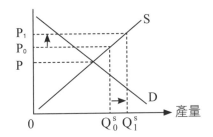

3 (C)

二、課稅的影響（以從量稅為例）

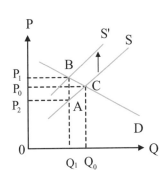

1. 課t單位的稅。即t＝AB。

2. 均衡價格$P_0 \uparrow \rightarrow P_1$，均衡交易量$Q_0 \downarrow \rightarrow Q_1$。

3. 消費者付P_1，生產者收P_2，政府稅收$\overline{P_1P_2} \times \overline{0Q_1}$。

4. 消費者負擔P_0P_1稅，生產者負擔P_0P_2稅。

牛刀小試

（　） 假設政府課徵從量稅，一完全競爭市場需求價格彈性的絕對值為
1.2，供給的價格彈性為0.8。則租稅負擔：　(A)平均分攤在消費者
與廠商身上　(B)較大部分落在廠商身上　(C)較大部分落在消費者身
上　(D)全部落在廠商身上。

解答與解析

(B)。 彈性大，稅負擔小，所以稅負較大者為廠商（$\varepsilon^d = 1.2 > \varepsilon^s = 0.8$）。

三、ε_s與ε_d之大小對稅額負擔之影響

1. $\varepsilon_s = \infty$，稅完全由消費者負擔。

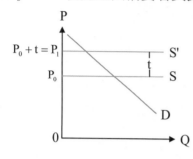

2. $\varepsilon_s = 0$，稅完全由生產者負擔。

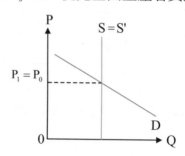

3. $\varepsilon_d = \infty$，稅完全由生產者負擔。

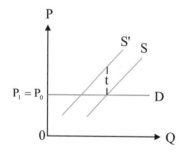

4. $\varepsilon_d = 0$，稅完全由消費者負擔。

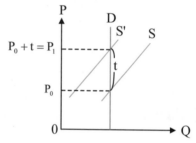

由上述的討論可知，彈性愈大者，稅的負擔愈少。反之，彈性愈小者，稅的負擔愈大。

牛刀小試

（　　）**1** 假設某完全競爭市場的需求函數為$P = 40 - 2Q$，供給函數為$P = 10 + Q$，其中P為價格（單位為元），Q為數量。下列何者正確？
(A)均衡價格為10元
(B)均衡產量為5
(C)均衡時消費者剩餘為80元
(D)均衡時生產者剩餘為50元。

（　　）**2** 承上題，如果現在政府針對廠商課每單位6元的從量稅，則課稅所造成的生產者剩餘損失有多少？
(A)18元　　　　　　　　　(B)24元
(C)32元　　　　　　　　　(D)64元。

解答與解析

1 (D)。需求函數，P＝40－2Q
供給函數，P＝10＋Q
均衡時，需求＝供給
40－2Q＝10＋Q，得Q＝10，代入P＝40－2Q，得P＝40－2Q＝20，

消費者剩餘$(40-20) \times 10 \times \frac{1}{2} = 100$

生產者剩餘$(20-10) \times 10 \times \frac{1}{2} = 50$。

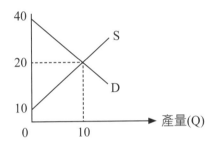

2 (A)。稅後供給函數，P＝10＋Q＋6＝16＋Q
需求函數，P＝40－2Q
供給函數，P＝16＋Q
均衡時，需求＝供給
40－2Q＝16＋Q，得Q＝8，代入P＝40－2Q，得P＝40－16＝24，

生產者剩餘$(24-16) \times 8 \times \frac{1}{2} = 32$，原生產者剩餘是50，

則生產者剩餘減少50－32＝18

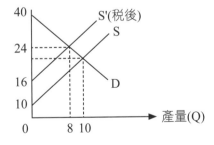

實戰演練

(　) **1** 食安風暴席捲全台,經營麵攤的阿蘭為了避免使用到黑心油,決定要買豬肉來自行提煉豬油。在其他條件不變的情況下,阿蘭對豬肉的?　(A)需求增加　(B)需求減少　(C)需求量增加　(D)需求量減少。

(　) **2** 某財貨的$Q_d=100-2P$,$Q_s=50+3P$,則下列敘述哪一項不正確?　(A)當$P=10$時,市場供需會達到均衡　(B)當$P=40$時,會發生供過於求　(C)當$P=5$時,可能發生黑市交易　(D)若政府規定價格不可低於5元時,則此為價格下限。

(　) **3** 下列何種財貨的供給彈性較小?　(A)生產受自然力影響小的財貨　(B)供給曲線為水平線的財貨　(C)生產成本不會隨產量增加而遞增的財貨　(D)生產要素用途很少的財貨。

(　) **4** 假設市場上有50名相同的消費者,已知個別需求函數為$Q_d=10-2P$,則市場需求函數為何?　(A)$Q_d=40-2P$　(B)$Q_d=500-2P$　(C)$Q_d=60-2P$　(D)$Q_d=500-100P$。

(　) **5** 下列何者將使得iPhone 6的需求線右移?　(A)iPhone 6價格上漲　(B)iPhone 6價格下跌　(C)使用iPhone 6的人數增加　(D)預期最近iPhone 6價格會下跌。

(　) **6** 從原點出發的供給曲線,其供給彈性?　(A)大於1　(B)小於1　(C)等於1　(D)等於0。

(　) **7** 當咖啡價格下降百分之十,咖啡需求量增加百分之六,代表消費者對咖啡的需求彈性?　(A)無窮大　(B)大於1　(C)小於1　(D)為零。

(　) **8** 下列哪幾組財貨或勞務為需求上的互補品?　(1)電子書與紙本書　(2)飛機與機師　(3)沐浴乳與香皂　(4)數位相機與記憶卡　(A)(1)(2)　(B)(3)(4)　(C)(1)(3)　(D)(2)(4)。

(　) **9** 下列哪些情況會讓消費者對X物的需求彈性變得比較小?　(A)X物為奢侈品　(B)X物為耐久財　(C)X物有很多替代品　(D)X物的支出占消費者總所得比例很高。

( ) **10** 在市場機能有效運作下，若發生超額供給時，將引起市場價格？
(A)下跌　(B)不變　(C)上漲　(D)無法判斷。

( ) **11** 在其他條件不變的情況下，若牛肉為正常財，當消費者的所得提高且政府又開放牛肉進口時，國內的牛肉市場會產生下列何者變動？　(A)均衡交易量必定增加　(B)均衡交易量必定減少　(C)均衡價格必定上漲　(D)均衡價格必定下跌。

( ) **12** 假設甲、乙二人對栗子的需求函數分別為：$q_甲 = 200 - P$、$q_乙 = 300 - 2P$。當栗子的價格為160元時，二人對栗子的總需求量為多少單位？　(A)20單位　(B)30單位　(C)40單位　(D)50單位。

( ) **13** 引申需求是指生產者對下列何種財貨的需求？　(A)消費財　(B)生產財　(C)自由財　(D)炫耀財。

( ) **14** 某物之需求函數為$Q_d = 100 - 2P$，供給函數為$Q_s = -20 + 2P$，則下列何者錯誤？　(A)其價格高於50元時，消費者就不願購買了　(B)其價格低於10元時，生產者就不願提供了　(C)此物若免費贈送，消費者會無限量取用　(D)其價格20元時，將產生超額需求40單位。

( ) **15** 下列敘述何者錯誤？　(A)香蕉促銷打八折出售，大雄以原來買香蕉的預算，可買到更多香蕉，此為所得效果　(B)炫耀財違反需求法則，其需求曲線為正斜率　(C)需求法則是一種需求量變動，而非需求變動　(D)劣等財必定為季芬財。

( ) **16** 下列何者為需求量增加？　(A)今年香蕉盛產，每公斤香蕉價格下跌，香蕉買氣大增　(B)因沙士價格上漲，使得可樂的購買量增加　(C)情人節即將到來，所以巧克力的銷售量明顯增加　(D)中油宣布明天調漲油價，加油站大排長龍。

( ) **17** 根據右圖，均衡價格P＊與均衡數量Q＊分別為何？
(A)P＊＝20，Q＊＝30
(B)P＊＝40，Q＊＝30
(C)P＊＝60，Q＊＝30
(D)P＊＝30，Q＊＝60。

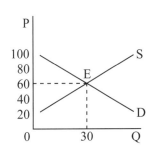

實戰演練

(　　) **18** 承上題，在P＝40的情況下，透過供給者與消費者的互動，將引導價格向上調整，使市場恢復為均衡狀態的無形力量稱為？　(A)市場失衡　(B)市場均衡　(C)折衷價值　(D)價格機能。

(　　) **19** 右圖中，有關A點移至B點的敘述，以下敘述何者錯誤？

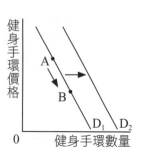

(A)是受健身手環本身價格的影響所產生的變動
(B)健身手環的需求量增加了
(C)可看出健身手環的價格與需求量呈反向變動
(D)稱為健身手環的需求變動。

(　　) **20** 下列需求與供給種類的敘述，何者錯誤？
(A)電腦的主機、螢幕、鍵盤對電腦族而言是聯合需求
(B)公車、計程車、捷運對通勤族而言是競爭需求
(C)只能就現有的規模設備提供的生產屬於短期供給
(D)故宮博物院販賣的翠玉白菜吊飾為固定供給。

(　　) **21** 若生產者與消費者皆預期某財貨之價格將上漲，則對於此財貨之市場均衡價格有何影響？　(A)上漲　(B)下跌　(C)不變　(D)可能上漲、下跌或不變。

(　　) **22** 下列何種供需變動不會使市場價格上漲？　(A)需求增加＞供給減少　(B)需求減少＜供給增加　(C)需求增加＞供給增加　(D)需求減少＜供給減少。

(　　) **23** 所謂的「長期供給」是指？
(A)廠商有充分時間來擴充設備及變動生產規模
(B)部分的生產要素可改變下的供給
(C)廠商僅就現有設備來生產
(D)廠商的供給數量不因財貨本身價格變動而改變。

(　　) **24** 若自行車的生產技術進步，則自行車的供給曲線會？　(A)右移　(B)左移　(C)不變　(D)呈後彎的形狀。

( ) **25** 近年來,大陸毛巾大量傾銷台灣,在其他條件不變的情況下,台灣毛巾市場的均衡價格會如何變動? (A)上漲 (B)下跌 (C)不變 (D)增減不一定。

( ) **26** 若已知財貨A之價格上漲10%時,其需求量會減少20%;財貨B之價格下跌20%時,其需求量會增加5%。下列有關此兩財貨之敘述,何者正確?
(A)財貨A之需求的價格彈性絕對值為0.5
(B)財貨B之需求的價格彈性絕對值為4
(C)銷售財貨A之廠商若降價會使總收益增加
(D)銷售財貨B之廠商若漲價會使總收益減少。

( ) **27** 消費者預期國內雞蛋價格將下跌,假設在其他條件不變的情況下,雞蛋市場的均衡交易量? (A)一定增加 (B)一定減少 (C)一定不變 (D)增減不定。

( ) **28** 下列敘述,何者的$\varepsilon_d = 1$?
(A)不管早餐的價格如何變化,紫棋每天都固定花50元買早餐吃
(B)芸芸看到名牌皮包打九折,立即搶購多買三成
(C)康永每週固定買二本書來看
(D)電力公司調漲電價來彌補虧損。

( ) **29** 夏天乳牛產乳量少,但喝鮮奶的人卻增加,則牛奶市場的均衡交易量與價格會如何變化?
(A)價格與數量同時增加 (B)價格上升,交易量不一定
(C)交易量增加,價格不一定 (D)價格與數量同時減少。

( ) **30** 某財貨的所得彈性大於1,表示該財貨為? (A)奢侈品 (B)劣等財 (C)必需品 (D)中性財。

實戰演練

第3章　消費行為理論

消費者行為在經濟學的領域裡扮演非常重要的角色。尤其透過圖形和數學把抽象的消費者行為予以具體化，這是邏輯分析的開始，獨立思考能力的培養，若以記憶的方式來唸經濟學那絕對唸不好。

重點提示如下：
1. 總效用與邊際效用之關係　　　　2. 消費者均衡
3. 價格消費曲線與所得消費曲線　　4. 消費者剩餘與生產者剩餘

3.1　總效用與邊際效用

一、效用

消費者消費財貨或勞務所獲得的滿足感。

二、總效用

在一定期間內，消費者使用某一數量之財貨所獲得之效用總和。

三、邊際效用

在一定期間內，消費者每增加一單位財貨消費所導致總效用的增量。

$$MU = \frac{dTU}{dQ}$$

四、邊際效用遞減法則

即 $\frac{dMU}{dQ} < 0$。即隨著消費量的增加，邊際效用減少的現象。

五、總效用與邊際效用之關係

1. TU上升時，$\frac{dTU}{dQ} = MU > 0$（如A點，$MU_A > 0$）

2. TU最大時，$\frac{dTU}{dQ} = MU = 0$（如C點，$MU_C = 0$）

3. TU下降時，$\frac{dTU}{dQ} = MU < 0$（如B點，$MU_B < 0$）

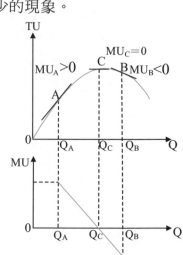

牛刀小試

(　) **1** 假設大雄消費蘋果各種數量下的邊際效用都為正值，但隨著蘋果消費量增加，邊際效用下降。大雄消費蘋果的總效用隨著蘋果消費量增加而： (A)增加　(B)下降　(C)不變　(D)資訊不足，無法判斷。

(　) **2** 安安吃柳丁的邊際效用，第一顆為35，第二顆為27，第三顆為21，則下列敘述何者正確？
　　　(A)吃三顆柳丁的總效用為82
　　　(B)吃三顆柳丁的平均效用為21
　　　(C)吃二顆柳丁的平均效用為28
　　　(D)吃二顆柳丁的總效用為62。　　　　　　　　　　　　【統測】

解答與解析

1 (A)。隨著Q消費量的增加，邊際效用（MU）由A下降到B，而總效用（TU）由A'上升到B'。如圖：

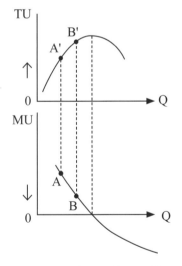

2 (D)。 (A)第一顆效用＋第二顆效用＋第三顆效用＝35＋27＋21＝83。

　　　(B)吃三顆的平均效用＝$\dfrac{83}{3}$。

　　　(C)吃二顆的平均效用＝$\dfrac{35+27}{2}=31$。

　　　(D)第一顆效用＋第二顆效用＝35＋27＝62

3.2　消費者均衡

假設僅有x、y財貨，則 $\begin{cases} \dfrac{MU_x}{P_x} = \dfrac{MU_y}{P_x} = MU_m \dots (1) \text{（邊際效用均等法則）} \\ P_x x + P_y y = M \dots (2) \text{（所得限制條件）} \end{cases}$

(1)(2)聯之求解，可求出均衡的x,y。

MU_m：貨幣的邊際效用（假設它是固定的）

邊際效用均等法則：$\dfrac{MU_x}{P_x} = \dfrac{MU_y}{P_y}$

當消費者將最後一塊錢花費在任一物品上所得到的邊際效用均相等時，為最適消費組合，消費者的總效用達到極大。

若 $\dfrac{MU_x}{P_x} > \dfrac{MU_y}{P_y}$，減少對y的消費、增加對x的消費，總效用會增加。

若 $\dfrac{MU_x}{P_x} < \dfrac{MU_y}{P_y}$，增加對y的消費、減少對x的消費，總效用會增加。

x財數量/月	總效用	邊際效用	$\dfrac{MU_x}{P_x}$	從X財與Y財得到的總效用	$\dfrac{MU_y}{P_y}$	邊際效用	總效用	y財數量/月
0	0	0	0	180	0	0	180	10
2	37	18	0.18	217	0.02	4	180	9
4	70	16	0.16	246	0.04	8	176	8
6	99	14	0.14	267	0.06	12	168	7
8	124	12	0.12	280	0.08	16	156	6
10	145	10	0.1	285	0.1	20	140	5
12	162	8	0.08	282	0.12	24	120	4
14	175	6	0.06	271	0.14	28	96	3
16	184	4	0.04	252	0.16	32	68	2
18	189	2	0.02	225	0.18	36	36	1
20	190	0	0	190	0	0	0	0

假設：x財為100元／個，y財為200元／個。

牛刀小試

( ) **1** 若有兩財貨A與B，財貨A的價格為10，而其對應的邊際效用為50；財貨B的邊際效用為25。根據邊際效用均等法則，在效用最大下，則財貨B的價格應為：
(A)2.5 (B)2
(C)5 (D)4。 【統測】

( ) **2** 當X財價格為4元，Y財價格為5元時，某消費者將其全部預算耗盡可買20個X財。在此條件下，請問下列哪一組合，消費者不可能買得到？
(A)X＝6,Y＝10 (B)X＝10,Y＝0
(C)X＝0,Y＝15 (D)X＝2,Y＝15。 【統測】

( ) **3** 阿杰有4,800元，可用於購買專業雜誌或上網時數，專業雜誌每期360元，上網費用每月600元，已知雜誌及上網的每一元之邊際效用（MU／P）如下表。在追求效用最大下，阿杰的消費組合（雜誌期數，上網月數）應為：
(A)（5,5） (B)（10,5）
(C)（5,10） (D)（10,10）。 【統測】
每一元之邊際效用（MU/P）

單位	1	2	3	4	5	6	7	8	9	10
雜誌	400	250	160	135	120	115	113	112	111	110
上網	500	380	280	200	120	90	70	60	50	40

解答與解析

1 (C)。由 $\dfrac{MU_A}{P_A} = \dfrac{MU_B}{P_B}$ ，那 $\dfrac{50}{10} = \dfrac{25}{P_B}$ ，得$P_B＝5$。

2 (D)。將X＝2，Y＝15代入預算限制式內，得$2 \times 4 + 5 \times 15 = 83$，全部預算為$20 \times 4 = 80$，故$83 > 80$，消費者無法買到X＝2，Y＝15的組合。

3 (A)。滿足 $\dfrac{MU_A}{P_A} = \dfrac{MU_B}{P_B}$ 時，上網每一元的邊際效用為120和購買雜誌的每一元之邊際效用為120時，上網和購買雜誌的每一元邊際效用皆相等，所對應的消費數量為5單位，故消費組合為（5,5）。

3.3 無異曲線

一、無異曲線（Indifference Curve）（又稱為等效用曲線）

即維持消費者滿足程度不變，兩種財貨x、y之各種可能組合的軌跡。如圖A組合為（x_0，y_0），B組合為（x_1，y_1）同在一條無異曲線U_0上，其滿足程度都是一樣的。

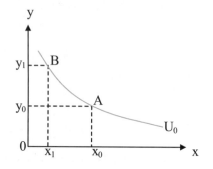

二、邊際替代率（Marginal Rate of Substitution）MRS

即維持滿足程度不變，消費者為了多使用一單位的x，所願意放棄y的數量。即無異曲線之斜率。$MRS = \dfrac{-\triangle y}{\triangle x}\Big|_{U_0} = \dfrac{MU_x}{MU_y}$。

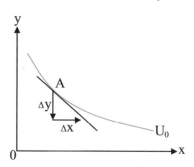

三、邊際替代率遞減法則

即MRS將隨x之增加而減少。$\dfrac{\Delta MRS}{\Delta x} < 0$。

表示無異曲線凸向原點。

$$（x_0 \rightarrow x_1）x \uparrow \rightarrow （MRS^A \rightarrow MRS^B）MRS \downarrow \quad \Rightarrow \frac{\Delta MRS}{\Delta x} < 0$$

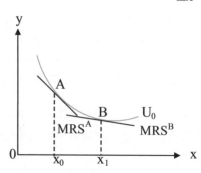

四、無異曲線的特性

1. 負斜率。

2. 凸向原點。

3. 愈遠離原點，效用愈大。

4. 任意二條無異曲線不得相交。

3.4 預算線

一、預算線（或消費可能曲線，價格線）

$P_x x + P_y y = M$，已知$P_x = P_x^0$，$P_y = P_y^0$，$M = M_0$。

令$x = 0$則$y = \dfrac{M_0}{P_y^0}$（A點）表示不買x，將M_0全部買y的數量。

$y = 0$則$x = \dfrac{M_0}{P_x^0}$（B點）表示不買y，將M_0全部買x的數量。

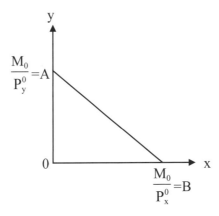

二、預算線的變化

1. P_x**變動而**P_y、M**不變**：若$P_x^0 \downarrow \rightarrow P_x^1$

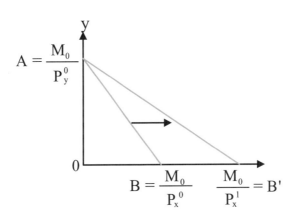

2. P_y**變動而**P_x、M**不變**：若$P^0_y \downarrow \rightarrow P^1_y$

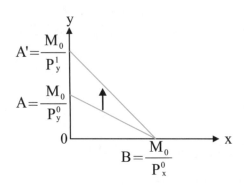

3. **所得變動，而**P_x、P_y**不變**：若$M_0 \downarrow \rightarrow M_1$

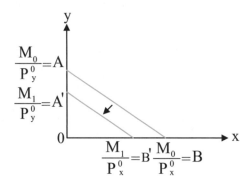

牛刀小試

( )　**1** 小丁只消費鳳梨及柳丁兩種水果。以鳳梨的數量為縱軸，柳丁的數量為橫軸。在其他條件不變下，下列何者會造成小丁預算線的縱軸截距不變，但預算線變陡？
　　　 (A)鳳梨價格上升　　　　　　(B)柳丁價格上升
　　　 (C)鳳梨價格下降　　　　　　(D)柳丁價格下降。

( )　**2** 小美只消費蘋果及梨子兩種水果。以蘋果的數量為縱軸，而梨子的數量為橫軸。在其他條件不變下，下列何者會造成小美的預算限制線的縱軸截距不變，但預算限制變平坦？
　　　 (A)蘋果價格上升　　　　　　(B)梨子價格上升
　　　 (C)蘋果價格下降　　　　　　(D)梨子價格下降。

解答與解析

1 **(B)**。令X：柳丁，P_X：柳丁價格
Y：鳳梨，P_Y：鳳梨價格，
預算線為$P_X X + P_Y Y = I$
當P_X上升時，預算線往內移，
如圖：虛線為變動後的預算線。

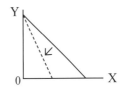

2 **(D)**。令X：梨子數量，P_X：梨子價格
Y：蘋果數量，P_Y：蘋果價格，
預算線為$P_X X + P_Y Y = I$，
若P_X下降時，
預算線往外移。如圖：
虛線為變動後的預算線。

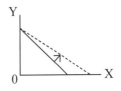

3.5 價格消費曲線與所得消費曲線

一、價格消費曲線（Price Consumption Curve, PCC）

指其它條件不變下，某種財貨x之價格作連
續變動，各均衡點移動之軌跡。

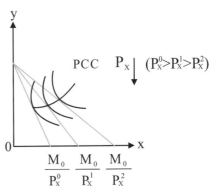

二、由PCC導出普通需求曲線

若 $P_x^0 \downarrow \rightarrow P_x^1$

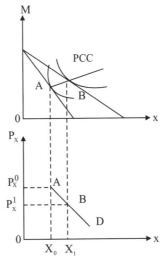

三、所得消費曲線（Income Consumption Curve, ICC）

指財貨價格不變，由於所得作連續變動時，各均衡點移動的軌跡。

$M_2 > M_1 > M_0$

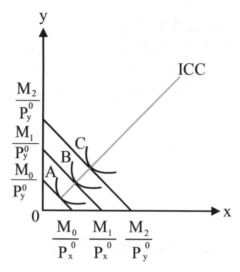

四、由所得消費曲線（ICC）判斷財貨性質

1. ICC_1為負斜率：x為劣等財，y為正常財。
2. ICC_2為垂直線：x為中性財，y為正常財。
3. ICC_3為正斜率：x為正常財，y為正常財。
4. ICC_4為水平線：x為正常財，y為中性財。
5. ICC_5為負斜率：x為正常財，y為劣等財。

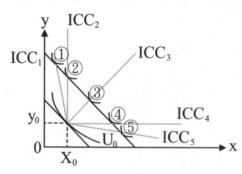

五、由所得消費曲線（ICC）導出恩格爾曲線（Engle's curve）

1. x為正常財，恩格爾曲線為正斜率。

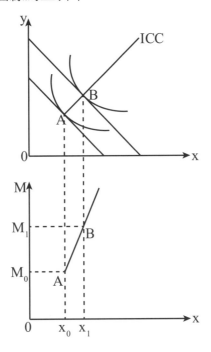

2. x為劣等財，恩格爾曲線為負斜率。

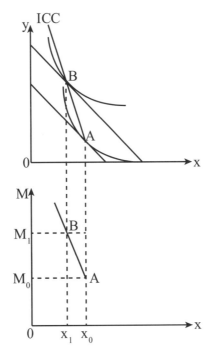

3. x為中性財,恩格爾曲線為垂直線。

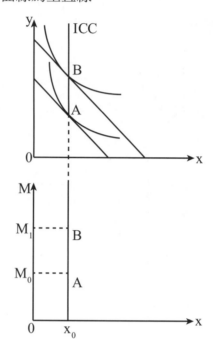

牛刀小試

( ) 假設黃先生只消費三明治及奶茶,並追求效用最大。假設對黃先生而言,三明治為正常財,但奶茶為劣等財。今黃先生的所得減少,但三明治及奶茶的價格與其他條件都不變,則黃先生會:
(A)增加三明治及奶茶的消費量
(B)增加三明治的消費量,但減少奶茶的消費量
(C)減少三明治的消費量,但增加奶茶的消費量
(D)減少三明治及奶茶的消費量。

解答與解析

(C)。正常財:$\dfrac{\Delta Q^d}{\Delta I} > 0$,劣等財 $\dfrac{\Delta Q^d}{\Delta I} < 0$,如果三明治是正常財,當所得減少時,三明治的消費量減少,如果奶茶是劣等財,當所得減少時,奶茶的消費者增加。

3.6　消費者剩餘（C.S）與生產者剩餘（P.S）

一、消費者剩餘（Consumer Surplus）

消費者心中所願支付最高金額減去實際支付之金額。

例如：消費Q_0，消費者願支付的金額為$0ABQ_0$。實際支付的金額為$0P_0BQ_0$，故消費者剩餘（C.S）為：$C.S = 0ABQ_0 - 0P_0BQ_0 = AP_0B$

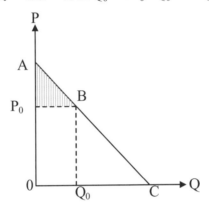

牛刀小試

(　　) **1** 假設供給需求則成立，在其他條件不變下，蘋果的市場供給減少會使消費者剩餘：

(A)增加　(B)不變　(C)減少　(D)資訊不足，無法判斷。

(　　) **2** 消費者剩餘的大小與下列何者一定成負相關？

(A)市場價格　　　　　　(B)願付價格

(C)所得　　　　　　　　(D)消費數量。

(　　) **3** 某甲對財貨G的需求函數為$Q = 300 - 20P$，式中Q為數量，P為價格。若市場價格為$P = 10$，請問消費者剩餘為多少？

(A)50　　　　　　　　　(B)250

(C)1,000　　　　　　　　(D)1,250。　　　　　　　　【統測】

(　　) **4** 人們逛街購物時通常會認為貨比三家不吃虧，主要是希望能夠增加？

(A)均衡價格　　　　　　(B)邊際收益

(C)消費者剩餘　　　　　(D)生產者剩餘。　　　　　　【統測】

解答與解析

1 (C)。當$S=S_0$時，消費者剩餘為P_0BA，當供給減少時，$S=S_1$，消費者剩餘為P_1BC。

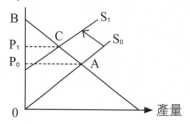

2 (A)。如圖：$P=P_0$時，消費者剩餘為P_0AB，$P=P_1$時，消費者剩餘為P_1AC，故價格由P_0下降到P_1，消費者剩餘會提高。

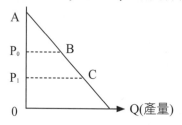

3 (B)。如圖：$P=10$，代入$Q=300-20P$，得$Q=100$

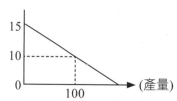

4 (C)

二、生產者剩餘（Producer Surplus）

生產者的收入減去所要求的最低報酬。

例如：生產Q_0，生產者所要求的最低報酬為$0ABQ_0$。實際的收入為$0P_0BQ_0$，故生產者剩餘（P.S）為：$P.S=0P_0BQ_0-0ABQ_0$
$=AP_0B$

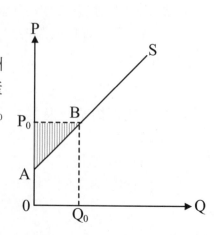

牛刀小試

( ) **1** 若某財貨的需求線為$Q_d=54-3P$，供給線為$Q_s=P-10$，其中Q_d為需求量，Q_s為供給量，P為價格。在市場均衡時，下列敘述何者正確？ (A)均衡價格為10　(B)生產者剩餘為6　(C)消費者剩餘為14　(D)均衡數量為6。【統測】

( ) **2** 某財貨之市場供給與需求曲線如下圖所示。假設供給曲線為S_1，原來之需求曲線為D_1。而政府在此市場有價格上限之管制，其所定的價格上限為P_1。其後，需求產生變動，使需求曲線外移至D_2。請問在需求變動後，下列有關此價格上限對市場影響的敘述，何者正確？

(A)產生AB間的超額供給
(B)社會淨福利損失為ABDC區域
(C)生產者剩餘減少了P_2BDP_1區域
(D)產生CD間的超額需求。　【統測】

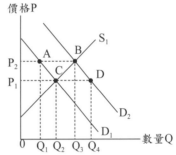

解答與解析

1 (D)。$Q_d=54-3P$，$Q_s=P-10$，聯立求解得P＝16，Q＝6，消費者剩餘$(18-16)\times6\times\dfrac{1}{2}=6$，生產者剩餘$(16-10)\times6\times\dfrac{1}{2}=18$

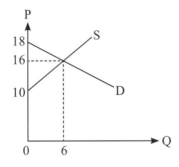

2 (D)。 (A)把價格訂在P_2才會有$\overline{AB}$的超額供給。
(B)社會淨福利損失為$\triangle CBD$。
(C)價格在P_2當需求線由D_1移到D_2，將使消費者剩餘增加P_2BDP_1區域。

三、消費者運動

1. **消費者運動的意義及目的**：消費者運動是由民間及政府所發起的一種社會運動，要求給予消費者產品的充分資訊及防止商業的不當行為而傷害到消費者。其目的在提高買方相對於賣方的權利和力量，保障消費者的權益。

2. **消費者運動的發展**：美國是消費者運動的發源地，也是保護消費者制度最健全的國家，其發展如下：

   (1) 1936年美國已成立「消費者聯盟」的組織。

   (2) 1962年甘迺迪總統促國會通過消費者四大基本權利法案：

   　　A. 安全的權利。

   　　B. 申訴的權利。

   　　C. 選擇的權利。

   　　D. 知的權利。

   (3) 1969年尼克森總統再補提出第五項權利－求償的權利。

   (4) 1987年聯合國大會通過聯合國保護消費者準則。

3. **我國的消費者運動**

   (1) 民國57年成立「中華民國消費者協會」，為我國第一個消費者團體。

   (2) 民國69年11月成立「中華民國消費者文教基金會」（簡稱消基會）。

   (3) 民國70年5月消基會出版「消費者報導」雜誌。

   (4) 民國80年2月4日「公平交易法」公布實施。

   (5) 民國83年1月13日「消費者保護法」公布實施。

實戰演練

( ) **1** 消費者的生命、健康和財產有不受危險商品傷害的權利，這是消費者的何種權利？ (A)求安全 (B)求償 (C)選擇 (D)獲知真相。

( ) **2** 一般而言，若消費者均衡，對其所有財貨的消費量均大於0，則此均衡具有下列哪一性質？ (A)邊際效用達到最大 (B)消費各種財貨的每一元，均獲得相同的效用 (C)購買組合不再改變 (D)以上皆是。

( ) **3** 兩財貨A與B，財貨A的價格為10，而其對應的邊際效用為50；財貨B的邊際效用為40，為達消費者均衡，財貨B的價格應為？ (A)2 (B)4 (C)5 (D)8。

( ) **4** 當消費者以其有限的所得從事消費，達到消費者均衡時？ (A)此時邊際效用等於零 (B)消費者的支出用於各種財貨的每一元均獲得相同的邊際效用 (C)此時總效用達到最大 (D)以上皆是。

( ) **5** 假設王五為理性消費者，當她吃2分炸雞的總效用為30，若吃了第3分，其總效用仍為30，根據上述，下列何者正確？ (A)王五吃炸雞的邊際效用無限大 (B)王五應再來一分 (C)王五只要吃一分最理想 (D)炸雞帶給王五最大滿足時，其總效用為30。

( ) **6** 恩格爾曲線（Engel's curve）是表現： (A)所得和商品消費量關係的線 (B)所得和價格關係的線 (C)所得和投資關係的線 (D)兩物品之替代關係的線。

( ) **7** 在經濟學中，下列哪一個法則或理論指出：「糧食支出」在「家庭所得」中所佔的比例，會隨著所得的增加而降低？ (A)供給法則 (B)需求法則 (C)恩格爾法則 (D)剪刀式價值論。

( ) **8** 假設某人消費橘子5個，總效用為160單位；消費第6個之後，總效用為180單位，請問消費第6個橘子之邊際效用為多少？ (A)100 (B)40 (C)30 (D)20。

( ) **9** 若X財貨價格為10元時，某人購買4個，此時其邊際效用（MU_x）為500用單位，試問貨幣的邊際效用（MU_m）為多少？ (A)5,000效用單位 (B)2,000效用單位 (C)125效用單位 (D)50效用單位。

（　　）**10** 根據恩格爾法則，家庭所得增加，用於下列哪一項消費支出的比例會降低？　(A)房租　(B)衣服　(C)教育　(D)糧食。

（　　）**11** 邊際效用均等法則成立時，不具有下列何種特性？　(A)邊際效用最大　(B)消費者均衡存在　(C)購買量不再改變　(D)總效用最大。

（　　）**12** 關於效用，下列敘述何者錯誤？
(A)效用是一種主觀的心理狀態
(B)TU為購得財貨之MU總和
(C)在正常情況下，鑽石的價格高是因為量少而MU低
(D)邊際效用均等法則是指導人們在消費方面如何進行選擇，以獲得最大滿足的一個法則。

（　　）**13** 炎炎夏日，李四常喝西瓜汁來止渴，假設李四在特定期間內連續飲用4杯西瓜汁的邊際效用如下表，則？　(A)x＝2，y＝10　(B)x＝2，y＝8　(C)x＝3，y＝10　(D)x＝3，y＝11。

財貨單位	第1單位	第2單位	第3單位	第4單位
週際效用	6	x＝?	2	0
總效用	6	9	11	y＝?

（　　）**14** 若已知某乙對於財貨X與財貨Y兩者之邊際效用分別為MU_x＝40，MU_y＝30。若P_x為財貨X的價格，P_y為財貨Y的價格，在追求最大滿足且不考慮所得限制的假設下，若其他條件不變，下列有關某乙對於兩財貨消費決策的敘述，何者正確？
(A)當P_x＝8而P_y＝10，會多買財貨X且少買財貨Y
(B)當P_x＝5而P_y＝6，會多買財貨Y且少買財貨X
(C)當P_x＝4，而P_y＝3，會多買財貨Y且少買財貨X
(D)當P_x＝8而P_y＝5，兩財貨的購買量皆不再變動。

（　　）**15** 水的價格低是因為？　(A)水的用途多　(B)水的使用價值高　(C)水的邊際效用低　(D)水的總效用高。

（　　）**16** 水對某甲洗澡、洗車、澆花三種用途的邊際效用如下表，今某甲有6桶水，為獲得最大效用，洗車應用水？　(A)4桶　(B)3桶　(C)2桶　(D)1桶。

效用 水	用途 洗澡	洗車	澆花
第一桶水	10	8	6
第二桶水	8	6	4
第三桶水	6	4	2

( ) **17** 消費者剩餘為： (A)水平的價格線、垂直的數量線、縱軸及橫軸之間的四角形面積 (B)需求曲線、垂直的數量線、縱軸與橫軸之間的梯形面積 (C)需求曲線、水平的價格線與縱軸之間的三角形面積 (D)需求曲線、縱軸與橫軸之間的三角形面積。

( ) **18** 消費者的反應和觀點，應有適當途徑反應給廠商，是屬於何種消費者權利？ (A)安全 (B)表達意見 (C)選擇 (D)求知。

( ) **19** 下列有關恩格爾法則的敘述正確者有幾項？
(1)人們對糧食的支出金額通常隨所得的增加而增加，但糧食支出金額占所得的比例，隨所得增加而減少
(2)當所得增加、家庭、一般支出（衣服、住宅、燃料）的金額大致固定
(3)當所得增加教育、娛樂、休閒、衛生、旅遊等文化、服務費用的支出金額占所得的比例將提高
(4)恩格爾數為糧食費用占家庭總所得的比例，係數愈高代表生活水準愈高
(A)1項 (B)2項
(C)3項 (D)4項。

( ) **20** 由恩格爾曲線的斜率可看出？ (A)人口結構 (B)生活水準高低 (C)財貨性質 (D)消費者剩餘大小。

( ) **21** 下列哪一個例子可用來說明人類的慾望具有「替代性」？ (A)某人每週一定要看一場電影 (B)飯後甜點吃奶酪或優格都可以 (C)吃麵包，就想喝 (D)連續吃2個蛋糕後，第3個蛋糕就不想吃了。

實戰演練

(　　) **22** 若某丙連吃三瓶優格的效用分別為10、6、2，他吃第二瓶優格的
　　　　　邊際效用為多少？　(A)10　(B)6　(C)2　(D)4。

(　　) **23** 國內許多公司設立消費者免費（0800…）服務專線電話，讓消費
　　　　　者有適當的途徑表達意見，這是屬於消費者的？　(A)選擇的權利
　　　　　(B)申訴的權利　(C)表達意見的權利　(D)求償的權利。

(　　) **24** 若需要付費，理性的消費者在購買財貨時應先選擇？
　　　　　(A)邊際效用最大者　　　　　(B)每一元的邊際效用最大者
　　　　　(C)價格最高者　　　　　　　(D)價格最低者。

(　　) **25** 恩格爾曲線可呈現在其他條件不變下的哪一種情況？
　　　　　(A)某項財貨價格變動與另一財貨消費量變化的關係
　　　　　(B)財貨需求量變動與本身財貨價格變動的關係
　　　　　(C)可藉以判斷兩財貨間的關係
　　　　　(D)所得變化與某項財貨消費量的變化關係。

第4章　生產理論

這一章是由生產者的立場來介紹生產者最關心的事情，廠商如何追求利潤最大？生產多少才會利潤最大，僱用多少勞動力，使用多少機器設備才會利潤最大。反之，固定生產產量要用什麼方式才可以使廠商支出最少，注意是支出最小，賺要賺愈多愈好，但花費成本是愈少愈好。

重點提示如下：

1. 期間的概念
2. TP_L 與 MP_L，AP_L 之關係
3. 生產三階段
4. 最適要素僱用量（考計算題）

4.1　生產的一般概念

一、生產的意義

創造或增加效用的活動，均屬於生產的範圍。可區分成有形財貨與無形的勞務兩種。

二、生產的方式

方式	說明	實例
直接生產	以簡易的工具採勞動方式來生產。	撒網捕魚，鋤頭鬆土。
間接生產	先生產機器設備，再以機器設備來生產產品，又更「迂迴生產」。	紡織機生產衣服。

三、生產的種類

種類	說明	增創	實例
原始生產	直接利用自然資源所從事的生產，農、林、漁、牧，礦業等生產活動皆是。	原始效用或本源效用。	種田、種花、捕魚、放牧、挖礦。
形式生產	又稱工業生產，將一財貨透過加工，改變其形或性質，而創造出另一種新財貨的生產活動。	形式效用	將「牛乳」製成「奶油」。 將「小米」製成「小米酒」。

種類	說明	增創	實例
商業生產	改變財貨的儲存地點：使用時間或所有權移轉，以及有助於所有權移轉的商業活動均屬之。	1.地域效用：又稱空間效用或地方效用。	1.運輸業將三星蔥由產地宜蘭運送到都市台北販售。
		2.時間效用	2.倉儲業將夏天的芒果冷藏後，在冬天時節販售。
		3.產權效用	3.張三到機車行購買一輛光陽機車，則該機車的所有權就由老闆轉移到張三。
勞務生產	提供勞務（服務）以滿足消費者需求的生產活動。	勞務效用	1.水電提供維修服務。 2.搬家公司提供搬運服務。

四、生產要素

種類	說明	實例
土地	土地是指一切的自然資源。	山川、河流、森林、礦藏。
勞動	為生產以「獲取報酬」為目的所付出的各種心力。	上班族工作、作家寫作、物流送貨。
資本	在生產過程中所投入的一切人造生產工具。	廠房、機器設備。
企業家精神	指企業家展現其經營才能，整合運用各種生產要素，帶領企業追求利潤與成長的能力。	輝達（NVIDIA）晶片大廠的執行長黃仁勳。

4.2　生產函數

一、生產函數之定義

即在一定技術水準下，各種要素投入量與最大產出量之函數關係。

二、期間的概念

1. **極短期：**

   即生產因素及產量皆固定不變的期間。

2. **短期：**

   廠商沒有足夠的時間來調整某些生產因素的投入量，或至少有一種生產因素的投入量是固定不變的。

3. **長期：**

   廠商有足夠的時間來調整所有生產因素的投入量，及所有生產因素的投入量均可隨生產所需要的變動而調整。

4. **極長期：**

   不但所有的生產因素都可改變，甚至連技術水準也可以改變的期間。

4.3　總產量、平均產量、邊際產量

一、總產量

指其他條件不變，使用一定量的生產因素（例如：勞動），所能生產產品的總數量。

$TP_L = Q = f(L, \overline{K}) = f(L)$，$\overline{K}$表示K是固定的。

式中TP_L，稱為產量。

圖形：

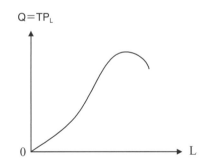

二、平均產量

指平均每一單位勞動所能生產的數量。

$$AP_L = \frac{TP_L}{L} = \frac{Q}{L}$$

式中AP_L，稱為平均勞動產量。

三、邊際產量

指勞動量每增加一單位時，總產量的增量。

$$MP_L = \frac{\Delta TP_L}{\Delta L} = \frac{\Delta Q}{\Delta L} = \frac{Q_n - Q_{n-1}}{L_n - L_{n-1}}$$

Q_n：第n單位勞動投入量的總產量。

Q_{n-1}：第n－1單位勞動投入量的總產量。

L_n：第n單位的勞動投入量。

L_{n-1}：第n－1單位的勞動投入量。

四、TP_L與MP_L，AP_L之關係

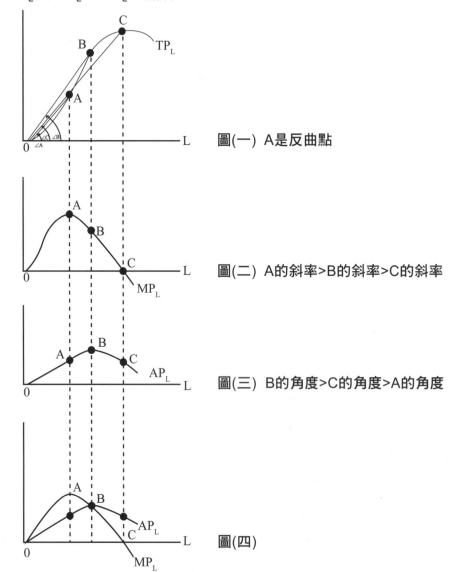

圖(一) A是反曲點

圖(二) A的斜率>B的斜率>C的斜率

圖(三) B的角度>C的角度>A的角度

圖(四)

關係	說明
1.TP_L和MP_L的關係	由圖(一)和圖(二)，MP_L曲線是由TP_L的斜率所組成的軌跡，在A點的斜率最大，在C點的斜率等於0。
2.TP_L和AP_L的關係	由圖(一)和圖(三)，AP_L曲線是過原點射線與TP_L線上的每一點的夾角所組成的軌跡，在B點的角度最大。
3.AP_L和MP_L的關係	由圖(四)，即圖(二)和圖(三)合併，MP_L在下降中通過AP_L的最高點。只要MP_L大於AP_L，AP_L必定在上升階段；反之，當MP_L低於AP_L時，AP_L就會處於下降中；當MP_L等於AP_L時，是AP_L的最高點。

牛刀小試

( ) **1** 下列敘述何者正確？ (A)邊際產量大於零時，總產量會遞增 (B)邊際產量大於平均產量時，平均產量會遞減 (C)邊際產量等於平均產量時，邊際產量會最大 (D)邊際產量小於零時，總產量會最大。 【統測】

( ) **2** 下列敘述何者正確？
(A)生產函數表示在已知勞動數量下，廠商生產之最少產量
(B)一位勞工可生產5張椅子，而生產10張椅子時須雇用3位以上勞工，此乃邊際報酬遞減現象
(C)如果廠商之經濟利潤為零，則表示該廠商應退出該產業
(D)廠商在長期可以變動所有生產因素，但卻無法改變其生產因素之組合。 【統測】

解答與解析

1 (A)

2 (B)。一位勞工可生產5張椅子，則邊際報酬為：$MP_L = \dfrac{\Delta Q}{\Delta L} = \dfrac{5-0}{1-0} = 5$，

10張椅子則需雇用3位以上勞工，則第三位勞工的邊際報酬為：

$MP_L = \dfrac{\Delta Q}{\Delta L} = \dfrac{10-5}{3-1} = \dfrac{5}{2}$，表示隨著勞工的增加，邊際報酬減少，此乃邊際報酬遞減現象。

4.4　生產三階段

以AP_L和MP_L的圖形，在固定生產要素不變的情況，討論廠商在生產過程中，會在哪一個階段中從事生產。

第I階段	1. 範圍：AP_L在上升階段，即$0B$。 2. 因AP_L仍處於上升階段，表示「固定生產要素」浪費。
第II階段	1. 範圍：從AP_L的最高點至$MP_L=0$的階段，即BL_3。 2. 因$AP_L>MP_L>0$且TP_L最大，故稱為「合理生產階級」。
第III階段	1. 範圍：從$MP_L=0$之後的階段，即L_3之後的MP_L線。 2. 因$MP_L<0$，表示「變動生產要素」浪費。

圖形：

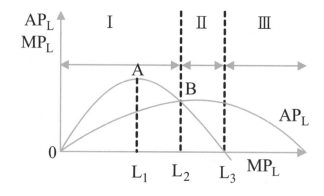

實戰演練

( )　**1** 有理性的生產廠商，會選擇「生產三階段」中，第二階段來從事生產，在第二階段中，總產量（TP）、平均產量（AP）及邊際產量（MP）之關係式，應屬於下列哪一項？　(A)AP＞MP＞0　(B)MP＞AP＞0　(C)MP＜0　(D)資料不足，無法判斷。

( )　**2** 生產第一階段的特徵不包括下列哪一點？　(A)AP與MP遞增　(B)AP＜MP　(C)報酬先遞增後遞減　(D)固定要素太少，變動要素太多。

( )　**3** 有關生產函數的敘述，何者正確？
(A)生產函數指「生產要素投入量」與「最大產出量」之間的關係
(B)所謂「短期」指存在固定要素，無法調整投入量
(C)所謂「長期」指只有變動要素，所有生產要素投入量皆可調整
(D)以上皆是。

( )　**4** 下列哪些敘述正確？　(1)形式生產又稱為商業生產　(2)種植青梅的農夫將青梅釀成梅酒，乃是創造了形式效用　(3)周杰倫創作歌曲是屬於勞務生產　(4)財貨所有權從賣方轉至買方所產生的效用，稱為產權效用。　(A)(1)(2)(3)(4)　(B)(2)(3)(4)　(C)(1)(2)(4)　(D)(1)(3)。

( )　**5** 生產者選擇變動要素使用量時，若區分成三階段，應在？　(A)第一階段，方為合理　(B)第二階段，方為合理　(C)第三階段，方為合理　(D)第三階段以後，方為合理。

( )　**6** 下列有關平均產量AP與邊際產量MP的敘述何者錯誤？　(A)當MP＞AP時，AP上升　(B)MP＜AP時，AP下降　(C)MP＝AP時，為AP轉折點（反曲點）　(D)以上皆非答案。

( )　**7** 「奕順軒」麵包店內的麵包烤箱屬於何種生產要素？　(A)土地　(B)勞動　(C)資本　(D)企業家精神。

( )　**8** 在短期內，假設尚未達到產量最大，總產量會？　(A)一直遞增式增加　(B)先遞增式增加，後遞減式增加　(C)先遞減式增加，後遞增式增加　(D)一直遞減式增加。

(　) **9** 若AP處於遞增狀態，則：
(A)MP先遞增後遞減
(B)MP必定處於遞減狀態
(C)必定位於生產三階段中之第二階段
(D)MP＝0。

(　) **10** 先生產機器、工具，再利用這些機器，工具生產消費財的生產方式
為？　(A)聯合生產　(B)直接生產　(C)迂迴生產　(D)以上皆非。

(　) **11** 當MP＝AP時，下列何者正確？　(A)AP最大　(B)MP最大　(C)TP
最大　(D)MP＝0。

(　) **12** 陽明海運將美國西岸的馬鈴薯運送到台灣，請問就生產的種類而
言，上述情形屬於何種生產活動？　(A)形式生產　(B)商業生產
(C)勞務生產　(D)原始生產。

(　) **13** 商業生產可創造哪些效用？　(1)空間效用　(2)原始效用　(3)時間
效用　(4)產權效用　(5)形式效用　(6)勞務生產。　(A)(1)(2)(3)
(4)(5)　(B)(1)(3)(4)(5)　(C)(3)(4)(5)　(D)(1)(3)(4)。

(　) **14** 下列何者屬於合理的生產階段？
(A)MP最高點至TP最高點　　　　(B)MP先遞增後遞減、AP遞減
(C)AP＞MP＞0　　　　　　　　　(D)MP、AP、TP都遞減。

(　) **15** 以下有關短期分析時之生產三階段的敘述有幾項正確？
(1)第一階段，平均產量（AP）是遞增且在AP最高點時與邊際產量
　（MP）曲線相交
(2)第二階段，總產量（TP）增加的速度遞減
(3)第三階段，MP為負，TP遞增
(4)理性的生產者應選擇MP處於遞增的階段來生產。
(A)(1)　　　　　　　　　　　　　(B)(1)(2)
(C)(2)(4)　　　　　　　　　　　(D)(1)(3)(4)。

(　) **16** 下列有關總產量（TP）與邊際產量（MP）之敘述，何者為非？
(A)MP遞增，TP必遞增　(B)MP遞減，TP必遞減　(C)MP＝0，TP
最大　(D)MP＜0，TP遞減。

( ) **17** 下列何者不屬於商業生產可以創增的效用？　(A)地域效用　(B)形式效用　(C)時間效用　(D)產權效用。

( ) **18** 關於邊際報酬遞減法則，下列敘述何者正確？
(A)在生產第二階段才開始發生邊際報酬遞減現象
(B)邊際產量大於平均產量時，不會發生邊際報酬遞減現象
(C)邊際產量大於零時，可能會發生負報酬現象
(D)邊際產量及平均產量均大於零，平均產量大於邊際產量，是合理的生產階段。

( ) **19** 下列何者為「如何生產」之經濟問題？
(A)甲公司正在評估是否要以機器人取代現有的人力來提高生產力
(B)乙擬開店做生意，其正在評估要賣飲料或賣糕點
(C)丙公司正在評估在2017年或2018年增加一個新的銷售據點
(D)丁公司正在評估要在印尼或越南設立海外分公司。

( ) **20** 「奕順軒」麵包店內的麵包烤箱屬於何種生產要素？　(A)土地　(B)勞動　(C)資本　(D)企業家精神。

第5章　成本理論

這一章將告訴我們經濟學對成本是如何認定，而利潤又是如何衡量的，廠商要追求利潤，對於成本的控制是很重要的，但期間的長短，所面臨的成本完全不同，所以我們將討論不同的成本結構，唯有了解成本結構，廠商才有能力去面對市場競爭。

重點提示如下：
1. 成本與利潤
2. AFC、AVC、MC、AC之關係

5.1　成本與利潤

一、外顯成本（或會計成本）

指廠商雇用生產要素，所支付的成本如員工薪水、水電費等。

二、隱藏成本

指廠商投入自己擁有的資源，雖然未實際支付報酬，但卻是犧牲了其他用途的成本。

三、機會成本（或經濟成本）

機會成本＝外顯成本＋隱藏成本，又可定義成為獲取某一物所須放棄其他機會中最高代價者。或是多生產一單位財貨，所須放棄另一財貨之數量。

四、會計利潤

會計利潤＝總收益－外顯成本（或稱為會計成本）

五、經濟利潤

經濟利潤＝總收益－機會成本（或稱為經濟成本）
　　　　＝總收益－（外顯成本＋隱藏成本）
　　　　＝會計利潤－隱藏成本
　　　　＝會計利潤－正常利潤

六、超額利潤，正常利潤，損失

$\pi > 0$（即$TR - TC > 0$） ▶ 經濟利潤大於0，稱為超額利潤。

$\pi = 0$（即$TR - TC = 0$） ▶ 經濟利潤等於0，稱為正常利潤。

$\pi < 0$（即$TR - TC < 0$） ▶ 經濟利潤小於0，稱為經濟損失。

式中，π：經濟利潤，TR：總收益，TC：機會成本（或是經濟成本）

牛刀小試

( ) **1** 阿呆在速食店工作時薪100元，為了與女友歡度情人節，阿呆向店長請假3小時，花200元買了一束玫瑰花並請女友吃西餐用掉1,000元。阿呆過情人節的經濟成本是多少？
(A)200元　(B)1,000元　(C)1,200元　(D)1,500元。

( ) **2** 下列有關經濟成本（economic costs）的敘述，何者錯誤？
(A)包括外顯成本與隱藏成本
(B)可以貨幣單位或貨物數量衡量
(C)某一資源的使用具經濟成本係因其稀少且具有多種用途
(D)一般符合邊際成本遞減法則。

( ) **3** 陳先生若受雇於人，其工作月薪為4萬元。而其有一間店面，若出租之月租為3萬元。陳先生現以自有店面開飲料店，一個月開店各項費用為20萬元，但其不支薪給自己，也不用付店租，而營業收入為25萬元。下列有關其損益的敘述，何者正確？
(A)有經濟利潤5萬元　　　(B)有經濟損失5萬元
(C)有經濟損失2萬元　　　(D)有經濟利潤2萬元。　　　【統測】

( ) **4** 在成本觀念中，下列哪一項與「即使是自己的貢獻，也應該付錢給自己」的概念相近？　(A)隱含成本（implicit cost）　(B)會計成本（accounting cost）　(C)外顯成本（explicit cost）　(D)外顯成本（externality cost）。　　　【統測】

解答與解析

1 **(D)**。外顯成本＝1000＋200＝1,200
　　　　隱藏成本＝100×3＝300
　　　　經濟成本＝外顯成本＋隱藏成本＝1,200＋300＝1,500

2 **(D)**。經濟成本和生產的邊際成本是沒有關聯的。

3 **(C)**。經濟利潤＝總收入－（外顯成本＋內含成本）
　　　　　　　＝25－(20＋4＋3)＝－2（萬）

4 **(A)**

5.2　短期成本

一、總固定成本（TFC）

意義：短期內不會隨著產量變動而變動的成本。
實例：租金、機器設備的折舊費用，管理倉庫或
警衛的薪資。

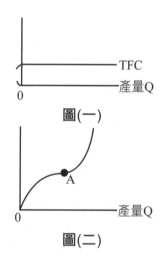

圖(一)

二、總變動成本（TVC）

意義：短期內會隨產量變動而變動的成本。
實測：原物料費用、水電費、按件計的工資。

圖(二)

三、總成本（TC）

意義：即總固定成本加總變動成本的總和，即
TFC+TVC=TC。

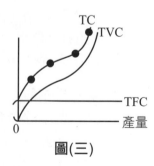

圖(三)

四、平均固定成本（AFC）

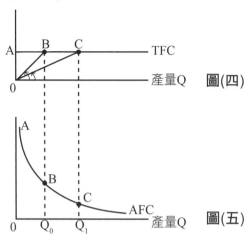

圖(四)

圖(五)

說明：

圖(四)從0到A的夾角，對應圖(五)的0A。

圖(四)從0到B的夾角，對應圖(五)的BQ_0。

圖(四)從0到C的夾角，對應圖(五)的CQ_1。

將圖(五)的ABC連成一線，得到AFC。

公式：$AFC = \dfrac{TFC}{Q}$。

五、平均變動成本（AVC）

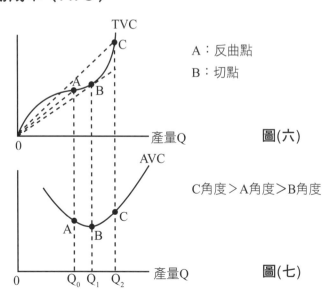

A：反曲點

B：切點

圖(六)

C角度＞A角度＞B角度

圖(七)

說明：

圖(六)從0到B的射線與橫軸所夾的角度，對應圖(七)的BQ_1。

圖(六)從0到A的射線與橫軸所夾的角度，對應圖(七)的AQ_0。

圖(六)從0到C的射線與橫軸所夾的角度，對應圖(七)的CQ_2。

將圖(七)的ABC連成一線，得到AVC。

公式：$AVC = \dfrac{TVC}{Q}$。

六、邊際成本（MC）

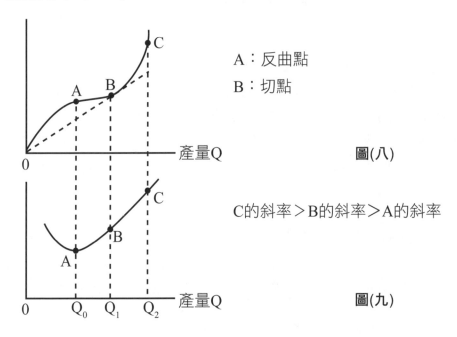

A：反曲點

B：切點

圖(八)

C的斜率＞B的斜率＞A的斜率

圖(九)

說明：

圖(八)在A的切線斜率，對應圖(九)的AQ_0。

圖(八)在B的切線斜率，對應圖(九)的BQ_1。

圖(八)在C的切線斜率，對應圖(九)的CQ_2。

將圖(九)的ABC連成一線，得到MC。

公式：$MC = \dfrac{\Delta TC}{\Delta Q} = \dfrac{\Delta(TFC+TVC)}{\Delta Q} = \dfrac{\Delta TFC}{\Delta Q} + \dfrac{\Delta TVC}{\Delta Q} = 0 + \dfrac{\Delta TVC}{\Delta Q}$

七、AFC、AVC、MC、AC之關係

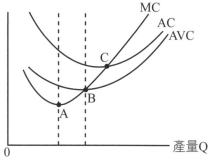

A：是對應TVC的反曲點
B：是對應TVC的切點

圖(十)

關係	說明	
MC和AVC的關係	MC	AVC
	MC<AVC	AVC下降
	MC=AVC	AVC最低（如B點）
	MC>AVC	AVC上升
MC和AVC的關係	MC	AC
	MC<AC	AC下降
	MC=AC	AC最低（如C點）
	MC>AC	AC上升
AC和AVC的關係	AC－AVC=AFC，即隨著產量Q的增加，AFC（兩線的距離）是愈來愈小。	

牛刀小試

(　　) **1** 在各項短期成本中，下列敘述何者正確？　(A)只有總固定成本會受到產量影響　(B)只有總變動成本會受到產量影響　(C)總成本與總變動成本都會受到產量影響　(D)總成本與總固定成本都會受到產量影響。

(　　) **2** 關於總固定成本之公式，下列敘述何者正確？　(A)總固定成本＝總成本＋總變動成本　(B)總固定成本＝總變動成本－總成本　(C)總固定成本＝總成本÷總變動成本　(D)總固定成本＝總成本－總變動成本。

解答與解析

1 **(C)**。TC＝TVC＋TFC＝VC×Q＋TFC，VC：單位變動成本。
TVC＝VC×Q，若Q上升則TVC上升，而TC也上升。

2 **(D)**。總成本＝總固定成本＋總變動成本，移項後可寫成，總固定成本＝總成本－總變動成本。

5.3　長期成本

所有的投入都是可以變動的，所以長短期成本的主要差別是短期有固定成本而長期沒有。

一、長期總成本（LTC）

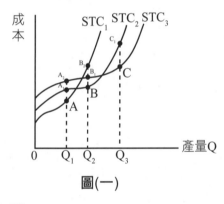

圖(一)

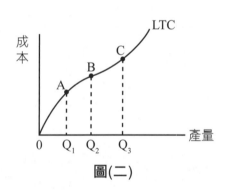

圖(二)

如圖(一)

1. 有三個生產規模，$STC_3 > STC_2 > STC_1$，當廠商生產Q_1時，最適的規模為STC_1，生產Q_2時，最適規模為STC_2，生產Q_3時，最適規模為STC_3。把A、B、C三點連成一線，如圖(二)即得到LTC。

2. LTC線是STC線的包絡線。

3. LTC線上的作一點，必與某條STC線上的某一點相切。

4. 除了「相切點」以外，STC線上的其他點皆高於LTC線上的點。

二、長期平均成本（LAC）

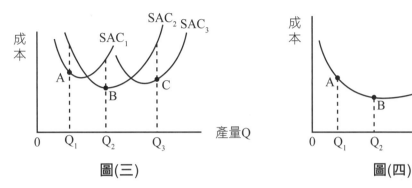

圖(三)　　　　　　　　　　圖(四)

1. 如圖(一)有三個生產規模SAC₃>SAC₂>SAC₁，當廠商生產Q₁時，最適的規模為SAC₁，生產Q₂時，生產Q₂時，最適規模為SAC₂，生產Q₃時，最適規模為SAC₃，把A、B、C三點連成一線，如圖(三)即得到LAC。

2. LAC線是SAC線的包絡線。

3. LAC線上的任一點，必與某條SAC線上的某一點相切。

4. 除了「相切點」以外，SAC線上的其他點皆高於LAC線上的點。

三、長期邊際成本（LMC）

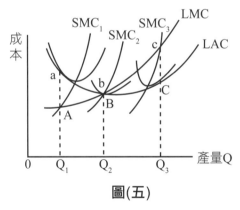

圖(五)

1. LAC和SAC₁相切的點a：其量產Q₁所對應的SMC₁，如A點。
　 LAC和SAC₂相切的點b：其產量Q₂所對應的SMC₂，如B點。
　 LAC和SAC₃相切的點c，其產量Q₃所對應的SMC₃，如C點。
　 把A、B、C三點連成一線，即得到LMC。

2. LMC線不是SMC線的包絡線。

四、LAC線、SAC線與LMC線的關係

LAC線的位置	與SAC線相切的位置	LAC與LMC
下降	下降	LAC>LMC
最低	最低	LAC=LMC
上升	上升	LAC<LMC

五、長期平均成本（LAC）的形狀

規模報酬遞增，有利因素使生產有效：

1. 廠商進行分工與專業化生產。
2. 以機器代替人工，一貫作業生產。
3. 副產品與廢料的充分利用。
4. 有效率的管理，使經營管理費用節省。

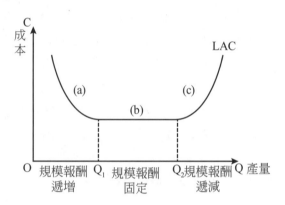

六、長期平均成本（LAC）的移動

外部不經濟使LAC往上移動，造成外部不經濟的「不利因素」如：

1. 生產要素價格上漲。
2. 政府提高租稅。
3. 進口原料價格上漲。
4. 公共建設不足。

外部經濟使LAC往下移動，造成外部經濟的「有利因素」如：

1. 生產要素價格下降。
2. 政府降低租稅。
3. 生產技術的進步。
4. 進口原料價格下跌。

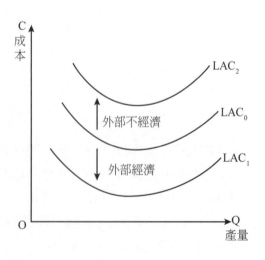

實戰演練

( ) **1** 機會成本為： (A)該物品在其他可能使用機會中所可得之最高價值 (B)間接成本 (C)貨幣成本 (D)可達成之最佳選擇。

( ) **2** 國道六號「水沙連高速公路」通車，大幅縮短了埔里花農配送花卉的時間與運輸成本，使得埔里花農的LAC線整條向下移動，此現象謂之？ (A)外部經濟 (B)內部經濟 (C)規模經濟 (D)規模報酬遞增。

( ) **3** 根據右圖邊際成本（MC）、平均成本（AC）及平均變動成本（AVC）的關係，判斷下列敘述何者正確？
(A)產量7單位的總固定成本為64
(B)產量4單位的總固定成本為64
(C)產量7單位的總成本為224
(D)產量2單位的總成本為120。

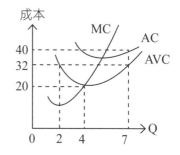

( ) **4** 下列何者不屬促成內部經濟的原因？
(A)規模擴大可採行分工以降低成本
(B)規模擴大可利用副產品
(C)規模擴大可降低採購原料成本
(D)政府為扶植產業發展，給予該產業所有廠商租稅減免。

( ) **5** 已知某甲開設的成衣廠其短期總成本函數為STC（Q）＝100＋10Q^2，則當Q＝10時，總固定成本為？ (A)10 (B)100 (C)110 (D)1,100。

( ) **6** 下列短期成本曲線，何者非呈現「U」字形？ (A)AC (B)AVC (C)MC (D)AFC。

( ) **7** 平均固定成本（AFC）是？
(A)TFC線上任何一點的切線斜率
(B)TC與TVC之差額
(C)每增加一單位產量所須負擔的固定成本
(D)與產量呈反比關係。

(　　) **8** 老王經營一玩具公司，玩具生產的固定成本為200元，總變動成本如下表，請問生產效率最高的情況下，老王玩具公司玩具生產的數量應為多少？　(A)3　(B)4　(C)5　(D)6。

玩具生產數量	1	2	3	4	5	6	7
總變動成本（元）	10	20	40	80	160	320	640
TC＝TVC＋TFC	210	220	240	280	360	520	840
AC＝TC/Q	210	110	80	70	72	86.7	120

(　　) **9** 造成長期平均成本曲線整條下移的原因為？　(A)外部不經濟　(B)規模報酬遞增　(C)外部經濟　(D)規模報酬遞減。

(　　) **10** 陳先生若受僱於人，其工作月薪為4萬元，而其有一間店面，若出租之月租為3萬元，陳先生現以自有店面開飲料店，一個月開店各項費用為20萬元，但其不支薪給自己，也不用付店租，而營業收入為25萬元，下列有關其損益的敘述，何者正確？　(A)有經濟利潤5萬元　(B)有經濟損失5萬元　(C)有經濟損失2萬元　(D)有經濟利潤2萬元。

(　　) **11** 下列有關短期成本結構的敘述何者正確？　(A)TFC指短期內不隨產量變動而變動的成本，故TFC為一條水平直線　(B)短期停工，廠商仍須負擔TFC　(C)TC與TVC形狀完全相同，其垂直距離固定不變，即為TFC　(D)以上皆是。

(　　) **12** 廠商使用他人的生產要素所實際支付的成本，在經濟學上稱為？　(A)外顯成本　(B)內含成本　(C)經濟成本　(D)機會成本。

(　　) **13** 企業家繼續保留資源於生產事業的最低條件是擁有？　(A)超額利潤　(B)經濟利潤　(C)正常利潤　(D)會計利潤。

(　　) **14** 下列敘述何者錯誤？　(A)LAC在下降階段與SAC相切，切點也在SAC下降階段　(B)LAC是由每一條SAC的最低點所組成　(C)LAC為SAC的包絡線　(D)以上皆非答案。

(　　) **15** 下列哪兩條線的形狀類似？　(A)TC與MC　(B)AFC與AVC　(C)AFC與MC　(D)TC與TVC。

（　）**16** 甲工廠產量為20時，TC＝400；產量為30時，TC＝550。試計算產量由20增至30的邊際成本為？　(A)10　(B)15　(C)150　(D)950。

（　）**17** 若甲廠商的長期平均成本線（LAC）與長期邊際成本線（LMC）皆為一平滑U型曲線，且LAC的最低點產量Q＝500，則下列敘述何者正確？
(A)當Q＝300時，LMC＞LAC
(B)當Q＝400時，此廠商的生產處於規模報酬遞增的階段
(C)外部經濟會使LAC線整條向上移動
(D)當Q＝600時，短期平均成本（SAC）會小於長期平均成本（LAC）。

（　）**18** 某丙經營手機吊飾專賣店，每月的總收益為100,000元，會計利潤為70,000元，經濟利潤為50,000元，試問每月的內含成本為多少元？　(A)20,000元　(B)30,000元　(C)40,000元　(D)50,000元。

（　）**19** 在成本觀念中，下列何者錯誤？
(A)「即使是自己的貢獻，也應該付錢給自己」的概念是為隱含成本
(B)經濟成本為會計成本與正常利潤之和
(C)工廠排放未處理完全的汙水，會增加外部成本
(D)外顯成本是廠商決定繼續經營企業的基本條件。

（　）**20** 短期變動要素僱用量為3單位時，總產量為100單位，總固定成本為6,000元，總成本為7,200元，變動要素僱用量為4單位時，總產量為150單位，總變動成本為1,600元，則此時的邊際成本為多少元？　(A)8　(B)32　(C)40　(D)400元。

（　）**21** 王五種青蔥，投入蔥苗、肥料及農藥等成本共計10,000元，熟成預計採收200公斤，目前請工人採收的總工資為2,000元；當青蔥市價每公斤70元，則王五應如何抉擇？　(A)應請人採收，利潤有2,000元　(B)應請人採收，利潤有1,000元　(C)不應請人採收，因毫無利潤　(D)不應請人採收，因有損失2,000元。

（　）**22** 某資源由於生產X產品，而不得不減少對Y、Z等的生產，此即生產X產品？　(A)會計成本　(B)內含成本　(C)機會成本　(D)外創成本。

（　）**23** 若廠商短期成本與市場價格如圖，為追求最大利潤，則廠商的抉擇為何？　(A)損失大於總固定成本，應停業　(B)繼續營運賺回正常利潤　(C)損失小於總固定成本，繼續營運　(D)繼續營運賺取更多超額利潤。

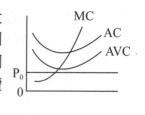

（　）**24** 在AC遞增階段，下則各曲線的狀況何者錯誤？　(A)AFC遞增　(B)AVC遞增　(C)MC遞增　(D)TVC遞增。

（　）**25** 若廠商短期成本與收益如圖，則利潤最大之產量為多少單位？
(A)60
(B)50
(C)67
(D)75。

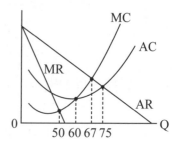

（　）**26** 在成本觀念中，下列哪一項與「小當家在自營餐館當大廚，應該付薪水給自己」的概念相近？　(A)隱含成本（implicit cost）　(B)會計成本（accounting cost）　(C)外顯成本（explicit cost）　(D)外部成本（externality cost）

（　）**27** 設某一玩具工廠，當產量為200單位時，平均變動成本為48元，平均固定成本為12元，若多增僱2名勞工，產量增為240單位，平均成本為80元，則下列何者正確？　(A)邊際產量為40單位　(B)邊際成本為180元　(C)平均固定成本為8元　(D)總變動成本為9,600元。

（　）**28** 有關廠商短期成本結構的敘述，下列何者正確？　(A)TVC呈遞減式增加時，是因為此時生產處於報酬遞增階段　(B)AVC最低點在AC最低點的右方　(C)當MC等於AC時，MC達到最小　(D)TC呈遞增式增加時，MC下降。

（　）**29** 經濟學所稱的成本，一般是指？　(A)會計成本　(B)內含成本　(C)機會成本　(D)社會成本。

（　）**30** 下列何者為固定成本？　(A)購買固定資產的成本　(B)固定設備的折舊　(C)計時人員的薪水　(D)原料的成本。

第6章 市場結構與廠商收益

當廠商進入市場將面對是否有競爭者、如何訂價與產品是否有替代品等,這些都是屬於市場結構的問題。當廠商了解所面對的市場結構以後,接著就要去計算總收益(收入)與平均收益,再配合已知的成本就可以得出預估的利潤。所以這一章是討論廠商的收益,再配合第五章的成本分析,當收益減去成本就可以得到利潤了。

重點提示如下:
1. 市場結構(了解市場特徵,這是命題焦點)
2. 獨占的收益結構(TR、AR、MR之關係,幾乎每年都考)

6.1 市場結構

市場型態	市場特徵						
	廠商數目	產品性質	對價格影響力	加入與退出的程度	短期利潤	長期利潤	實例
完全競爭	非常多	同質產品	無	自由	$>$ $\pi=0$ $<$	$\pi=0$	農產品市場
壟斷性競爭	很多	異質產品	略有	自由	$>$ $\pi=0$ $<$	$\pi=0$	小吃店、飲料店、髮廊
寡占	不多	(1)同質產品 (2)異質產品	有	困難	$>$ $\pi=0$ $<$	$\pi\geq0$	石油輸出國家組織、連鎖速食
獨占	唯一	獨特而無替代品	顯著	不可能	$>$ $\pi=0$ $<$	$\pi\geq0$	自來水公司、台電公司

6.2　完全競爭廠商的收益結構

總收益、平均收益與邊際收益

1. 總收益（入）（Total revenue, TR）：
   指廠商銷售一定數量之財貨所獲得收益之總和。
   $TR = P \times Q$

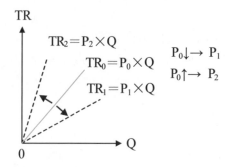

2. 平均收益（Average revenue, AR）：
   指廠商平均每銷售一單位財貨所獲得的收益。

   $$AR = \frac{TR}{Q} = \frac{P_0 \times Q}{Q} = P_0$$　　TR曲線上任何一點至原點連線的斜率。

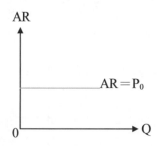

3. 邊際收益（Marginal revenue, MR）：
   廠商每增加一單位財貨的銷售總收益的變動量。

   $$MR = \frac{dTR}{dQ} = \frac{d(P_0 \times Q)}{dQ} = P_0$$　　TR曲線上任何一點的切線斜率。

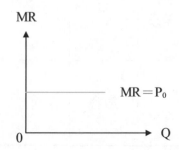

牛刀小試

( )市場為完全競爭下，關於平均收益線，下列何者正確？
　　(A)廠商的平均收益線即為總收益線
　　(B)廠商的平均收益線即為邊際成本線
　　(C)廠商的平均收益線即為邊際收益線
　　(D)廠商的平均收益線即為平均成本線。

解答與解析

(C)。 $AR = \dfrac{TR}{Q} = \dfrac{P \times Q}{Q} = P$

$$MR = \dfrac{\Delta TR}{\Delta Q} = \dfrac{\Delta P \times Q}{\Delta Q} = P\dfrac{\Delta Q}{\Delta Q} = P \text{，故} AR = MR$$

6.3　獨占廠商的收益結構

一、當需求曲線為一直線時廠商的收益函數

1. **總收益（入）（Total revenue, TR）**：

廠商銷售一定數量之財貨所獲得收益之總和。

$TR = P \times Q$，式中$P = f(Q)$

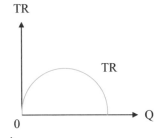

2. **平均收益（Average revenue, AR）**：

廠商平均每銷售一單位財貨所獲得的收益。

$AR = \dfrac{TR}{Q} = P$，式中$P = f(Q)$

3. **邊際收益（Marginal revenue, MR）：**

廠商每增加一單位財貨的銷售總收益的變動量。

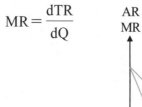

$$MR = \frac{dTR}{dQ}$$

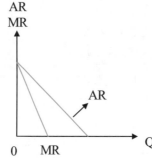

二、TR、AR、MR之關係

$$MR = \frac{dTR}{dQ} = P(1 - \frac{1}{|\varepsilon^d|})，$$

式中：MR：邊際收益

TR：總收益

ε^d：需求彈性

1. 若$|\varepsilon^d| > 1$則$MR > 0$。

2. 若$|\varepsilon^d| = 1$則$MR = 0$，即TR最高。

3. 若$|\varepsilon^d| < 1$則$MR < 0$，所以**獨占廠商不可能在$|\varepsilon^d| < 1$之處生產**。

實戰演練

( )　**1** 下列哪一項是造成自然獨占的原因？　(A)專利權　(B)規模經濟　(C)獨家擁有生產要素　(D)邊際報酬遞增。

( )　**2** 下列各條件所代表的經濟意義，何者正確？　(A)AR＝AC，利潤最大　(B)MR＝MC，總收益最大　(C)P＝MC，社會福利最大　(D)AC＝MC，經濟效率最高。

( )　**3** 商業廣告中特別強調產品之品牌及產品差異性，如一般日用百貨品，其市場競爭型態為？　(A)完全競爭市場　(B)完全獨占市場　(C)獨占性競爭市場　(D)寡占市場。

( )　**4** 路邊及夜市常見的手搖杯飲料店應歸屬於下列何種市場型態？　(A)完全競爭市場　(B)獨占市場　(C)寡占市場　(D)獨占性競爭市場。

( )　**5** 下列有關不同市場結構下廠商利潤的敘述，何者正確？　(A)完全競爭廠商在長期均衡下的會計利潤必為零　(B)獨占性競爭廠商在短期均衡下的經濟利潤必為零　(C)採取平均成本訂價法之獨占廠商只能賺取正常利潤　(D)採取平均成本加成訂價法之寡占廠商之經濟利潤為零。

( )　**6** 下列何者不是市場結構分類的依據？　(1)買賣者人數多寡　(2)廠商規模的大小　(3)產品性質的差異　(4)產品價格的高低　(A)(1)(3)　(B)(2)(4)　(C)(1)(2)　(D)(3)(4)。

( )　**7** 在任何市場結構下的共同特質，下列何者錯誤？　(A)追求最大利潤的廠商以P＝MC決定最適產量　(B)廠商均衡僅有正常利潤時，AR＝AC　(C)短期下，當廠商之AVC＜P＜AC時，雖有虧損仍會繼續生產　(D)長期均衡時，必定沒有虧損。

( )　**8** 在下列臺灣的產業中，何者最接近完全競爭？　(A)泡沫紅茶店　(B)農產品市場　(C)電信業者　(D)汽車製造廠。

( )　**9** 買賣雙方皆為「價格接受者」是指？　(A)完全競爭市場　(B)完全獨占市場　(C)獨占性競爭市場　(D)寡占市場。

( )　**10** 在完全競爭市場中，價格如何決定？　(A)消費者決定　(B)政府決定　(C)供需雙方共同決定　(D)廠商決定。

（　　）**11** 獨占性競爭廠商對產品價格具有決定能力，是因為？　(A)廠商家數少　(B)訊息不靈通　(C)產品異質　(D)廠商可自由進出市場。

（　　）**12** 市場類型：(1)完全競爭、(2)完全獨占、(3)獨占性競爭、(4)寡占；會導致社會福利受損的市場型態為何者？　(A)(1)(3)　(B)(2)(4)　(C)(2)(3)(4)　(D)(1)(2)(3)(4)。

（　　）**13** 下列何者不是寡佔（Oligopoly）市場的特色？　(A)只有一家廠商存在該產業　(B)加入該產業存在障礙　(C)不同廠商之間的產品品質可能相同　(D)廠商家數少。

（　　）**14** 市場廠商可能生產同質或異質產品，彼此競爭性大，依賴性也大的市場為？　(A)完全競爭市場　(B)完全獨占市場　(C)寡占市場　(D)獨占性競爭市場。

（　　）**15** 市場類型：(1)完全競爭、(2)完全獨占、(3)寡占、(4)獨占性競爭；若將廠商對市場價格的控制力由大到小排序，下列何者正確？　(A)(1)(4)(3)(2)　(B)(2)(3)(4)(1)　(C)(3)(2)(4)(1)　(D)(2)(4)(3)(1)。

（　　）**16** 有線電視台屬於下列何種市場結構？　(A)獨占市場　(B)寡占市場　(C)獨占性競爭市場　(D)完全競爭市場。

（　　）**17** 下列何者不屬於「非價格競爭」的種類？　(A)廣告　(B)贈品與摸彩　(C)產品保證與售後服務　(D)差別訂價。

（　　）**18** 下列哪些屬於獨占性競爭市場的特質？　(1)廠商有訂價能力　(2)廠商進出市場的障礙高　(3)產品具同質性　(4)產品具異質性　(5)廠商家數相當多　(A)(1)(2)(3)　(B)(1)(2)(4)　(C)(1)(4)(5)　(D)(2)(3)(5)。

（　　）**19** 某公司研發出可以替代日光燈的新型發光設備，並取得20年的專利權。在20年內，此公司為市場中的獨占廠商。試問該公司能夠成為獨占廠商的原因為何？　(A)規模經濟　(B)法律賦予權利　(C)自然資源容易被控制　(D)經營效率使然。

（　　）**20** 完全競爭廠商短期內雖然虧損，但仍繼續生產，若其產品價格為50元，則下列敘述何者正確？　(A)AVC必定小於50元　(B)AC必定小於50元　(C)MC必定小於50元　(D)AFC必定小於50元。

第7章 完全競爭市場產量與 價格的決定

 完全競爭市場是只有在理論上才存在的市場,現實環境裡很難找到與完全競爭市場相符的例子,由於完全競爭可以使經濟體系達到經濟效率,所以我們常以完全競爭市場為標準和其它市場作比較,所以這一章同學們一定要唸清楚。
重點提示如下:
1. 短期廠商的歇業點(經常考的觀念)
2. 短期廠商的供給曲線

7.1 完全競爭市場的基本條件

完全競爭市場的特性
1. 買者與賣者皆為市場價格的接受者。　2. 市場的情報完全靈通。
3. 產品為性質相同者。　　　　　　　　4. 長期廠商可以自由進出該產業。
例如:農產品市場(稻米、小麥、玉米等)。

7.2 短期廠商的均衡條件及供給曲線

一、短期廠商均衡條件

1. 必要條件為MR＝MC。　　　　2. 充分條件為 $\dfrac{dMR}{dQ} < \dfrac{dMC}{dQ}$。

二、短期廠商均衡條件的分析

1. $\pi > 0$ 有超額利潤。　　　　　　2. $\pi = 0$ 有正常利潤。
3. $\pi < 0$ 有損失。

由情況3可知 $\pi < 0$ 在有損失的情況下,廠商是否會繼續生產呢?廠商如果還想繼續經營,雖然發生了經濟損失,但只要損失小於總固定成本,即TC－TR ≤ TFC,此時廠商仍會繼續生產下去。

將 $TC - TR \leq TFC$ 各除 Q 得：$\dfrac{TC}{Q} - \dfrac{TR}{Q} \leq \dfrac{TFC}{Q} \Rightarrow \dfrac{TC}{Q} - \dfrac{TFC}{Q} \leq \dfrac{TR}{Q}$

$\Rightarrow \dfrac{TVC}{Q} \leq \dfrac{TR}{Q}$

$\Rightarrow \dfrac{TVC}{Q} \leq \dfrac{P \times Q}{Q} \Rightarrow AVC \leq P$（廠商繼續經營的條件）

三、廠商短期的供給曲線

廠商短期的供給曲線為：AVC最低點以上正斜率的MC曲線（即ABC）。

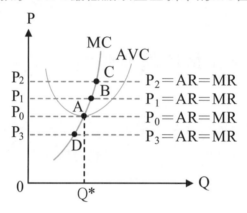

( ) **1** 右圖是某廠商之平均線總成本
ATC、平均變動成本AVC以及
邊際成本MC曲線。因為(1)才有
(2)，所以此圖形描述的是廠商之
(1)生產行為。前段文字敘述中，
(1)及(2)應分別填入：
(A)長期及固定成本
(B)長期及勞動成本
(C)短期及固定成本
(D)短期及勞動成本。

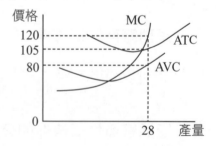

( ) **2** 承上題，當市場價格等於120元時，追求利潤最大的廠商其利潤
為： (A)420元 (B)1,120元 (C)2,240元 (D)3,360元。

( ) **3** 右圖顯示在短期之下，某完全競
爭廠商的平均成本曲線（AC）、
平均變動成本曲線（AVC），以
及邊際成本曲線（MC）。若此時
市場價格為10，則該廠商的利潤
為多少？ (A)32 (B)42 (C)48
(D)60。

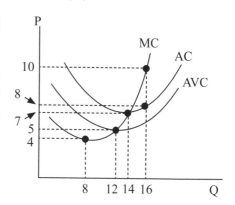

( ) **4** 承上題，哪一個價格是在短期廠商
會歇業（shut down）的臨界值？
(A)4 (B)5
(C)7 (D)8。

( ) **5** 在下列何種情況下，廠商雖然虧損，短期仍會繼續經營而不關門？
(A)總收益超過總固定成本
(B)平均固定成本大於平均變動成本
(C)價格足以支付平均變動成本
(D)平均變動成本大於邊際成本。

解答與解析

1 (C)。短期的總成本＝總變動成本＋總固定成本

2 (A)。由MR＝MC，P＝MR，即P＝MC，當P＝120時，
對應的Q＝28，利潤＝（120－105）×28＝420

3 (A)。利潤＝（10－8）×16＝32

4 (B)。P＝AVC＝5（停止歇業點）

5 (C)。P＞AVC，廠商在短期有虧損，仍會繼續經營下去。

7.3 長期廠商的均衡條件

長期廠商可自由加入或退出產業，所以僅有正常利潤。
均衡條件：P＝AR＝MR＝LMC＝SMC＝LAC＝SAC（E點）

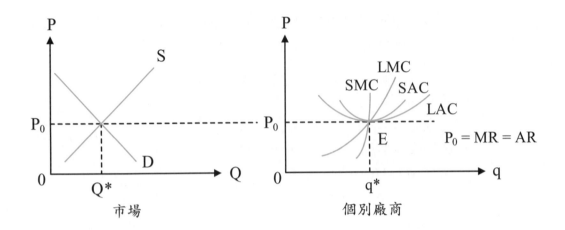

牛刀小試

( ) 完全競爭市場中,個別廠商所面對的需求曲線:

(A)為正斜率的直線

(B)為負斜率的直線

(C)為一條水平直線

(D)為一條垂直橫軸的直線。 【統測】

解答與解析

(C)。

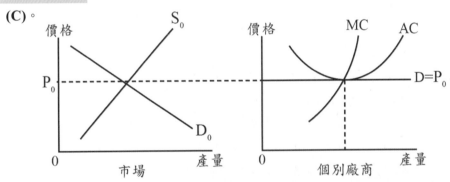

完全競爭市場的均衡價格為P_0,個別廠商就在P_0的價格,無限的供應商品或勞務,所以P_0的價格水準如同是個別廠商面對的需求線一般。

7.4 產業的長期供給曲線

可分成三種情況,成本遞增產業、成本固定產業與成本遞減產業。

情況一：成本遞增產業

結論：產業供需均衡變動結果，將A點和B點連線得產業長期供給曲線（LS）呈正斜率，一般產業屬之。

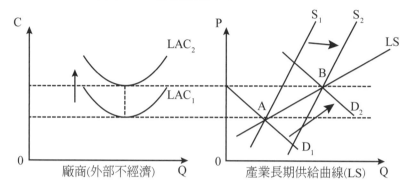

情況二：成本固定產業

結論：產業供需均衡變動結果，將A點和B點連線得產業長期供給曲線（LS）呈水平線。

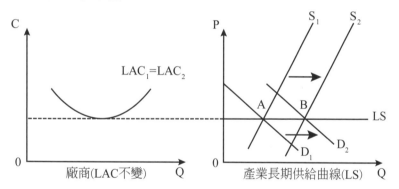

情況三：成本遞減產業

結論：產業供需均衡變動結果，將A點和B點連線得產業長期供給曲線（LS）呈負斜率。

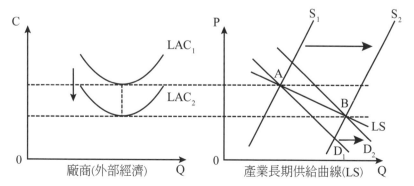

實戰演練

(　　) **1** 完全競爭市場廠商長期均衡點具有何種意義？　(A)具有生產效率　(B)具有配置效率　(C)以上皆是　(D)存在超額利潤。

(　　) **2** 在短期均衡時，廠商有利可圖或虧損，可從下列哪兩者得知？　(A)MR與MC大小　(B)AR與AVC大小　(C)AR與AC大小　(D)AR與MC大小。

(　　) **3** 在長期，完全競爭廠商的利潤達到極大時，產量水準應該位於價格等於下列何種成本的最低點？　(A)總變動成本　(B)長期總成本　(C)長期邊際成本　(D)長期平均成本。

(　　) **4** 在一個完全競爭的產業裡，當市場價格為29時，某廠商的MC＝AC＝30的情況下進行生產。在此產量水準下，AVC為20。為了求取利潤極大，讓廠商應該？　(A)歇業　(B)增加產量　(C)減少產量　(D)維持目前的產出水準。

(　　) **5** 若某完全競爭市場財貨的市場需求函數$Q_d＝100－2P$，市場供給函數為$Q_s＝-20＋P$，某廠商到達短期均衡時的平均成本為30，平均變動成本為20，則邊際成本為？　(A)40　(B)30　(C)20　(D)10。

(　　) **6** 價格等於邊際成本（P＝MC）的主要經濟意義？　(A)社會福利最大　(B)利潤最大　(C)成本最低　(D)損失最少。

(　　) **7** 完全競爭廠商短期若面臨虧損，則下列敘述何者正確？　(A)此時必定為AC＞AVC＞P　(B)廠商應立即停業　(C)若P＜AVC，仍應繼續營業以回收全部變動成本　(D)若P＞AVC，仍應繼續營業以回收部分固定成本。

(　　) **8** 下列何者為長期時，完全競爭市場廠商有經濟利潤之可能調整方式？　(A)原有廠商維持生產規模　(B)新廠商加入市場　(C)新廠商退出市場　(D)原有廠商縮減生產規模。

(　　) **9** 已知一完全競爭市場之廠商的邊際成本函數為MC＝2Q＋30，總收益函數為TR＝60Q，則該廠商利潤極大之總收益為？　(A)900　(B)600　(C)500　(D)200。

（　） **10** 若已知一完全競爭之廠商，在價格P＝20時，其均衡數量Q＝100，則下列有關此廠商在Q＝100時之敘述，何者錯誤？　(A)邊際收入小於20　(B)平均收入等於20　(C)總收入等於2,000　(D)需求的價格彈性為無窮大。

（　） **11** 下列何種情況可以確保完全競爭廠商達到利潤最大或損失最小？(A)市場價格大於廠商的總成本　(B)市場價格大於廠商的邊際收益　(C)市場價格等於廠商的邊際成本　(D)市場價格等於廠商的邊際收益。

（　） **12** 若完全競爭市場廠商具生產效率（production efficiency），廠商應符合哪一項條件？　(A)價格等於長期邊際成本時生產　(B)價格等於邊際收益時生產　(C)價格等於長期平均成本的最低點時生產　(D)邊際成本等於邊際收益時生產。

（　） **13** 在哪個情況下，廠商短期均衡的最適產量會對應於AVC最低點？(A)P＝AC　(B)P＞AC　(C)P＝AVC　(D)P＜AVC。

（　） **14** 設完全競爭市場某廠商的短期成本結構如下表，若產品價格為60元，則下列敘述何者錯誤？
(A)此廠商的均衡產量為3單位
(B)廠商的邊際收益為60
(C)廠商均衡時可賺得經濟利潤
(D)廠商均衡時，平均成本處於最低點。

產量	1	2	3	4	5
平均成本	80	60	60	70	90
邊際成本	20	40	60	80	100

（　） **15** 完全競爭市場均衡價格為90元，某廠商的均衡產量為50單位，均衡時的平均成本為100元，平均變動成本為80元，則該廠商會？
(A)停工歇業　(B)繼續營業，賺取500元的經濟利潤　(C)退出市場
(D)繼續營業，忍受500元的經濟損失。

（　） **16** 對一個廠商而言，MR＝MC的主要經濟意義為：　(A)效用最大
(B)利潤最大　(C)社會福利最大　(D)損失最大。

實戰演練

(　　) **17** 完全競爭廠商，產品價格為20元，產量100，平均成本25元，平均
變動成本18元，則短期內廠商會？
(A)停止生產　　　　　　　(B)繼續生產
(C)因虧損而破產　　　　　(D)暫時停工。

(　　) **18** 某完全競爭廠商的總成本函數為$TC＝4Q^2－4Q＋32$，邊際成本函
數為$MC＝8Q－4$，產品價格為12元，則廠商達到均衡狀態時，下
列何者有誤？
(A)產量為2單位　　　　　(B)平均成本為20元
(C)有經濟損失16元　　　　(D)廠商應選擇歇業較有利。

(　　) **19** 某一完全競爭產業面對的需求曲線為$Q＝13－P$，邊際成本$MC＝Q$
$＋1$，請問消費者剩餘為多少？
(A)15　　　　　　　　　　(B)18
(C)23　　　　　　　　　　(D)31。

(　　) **20** 在哪個情況下，廠商一定會選擇停工歇業？
(A)$P＜AC$　　　　　　　(B)$P＜MC$
(C)$P＝AVC$　　　　　　(D)$P＜AVC$。

第8章　完全獨占市場產量與價格的決定

獨占和完全競爭市場是市場結構的兩個極端，而獨占在目前的經濟環境卻是常見的，例如自來水公司、臺灣電力公司等。獨占對大家有什麼影響、為什麼會形成獨占、政府如何對獨占施以管制、又會造成什麼影響？這些是我們這一章所要討論的內容。

重點提示如下：
1. 形成獨占的原因
2. 自然獨占的價格管制（考試題目經常會考這三種價格管制各造成什麼影響）
3. 差別取價（第三級差別取價，常考計算題）

8.1　獨占市場的基本條件

一、獨占市場（Monopoly）的特徵

單獨面對市場需求曲線　　　　　　僅此一家

獨占市場（Monopoly）

加入與退出相當困難　　　　　　市場價格的決定者

二、形成獨占的原因
1. 法律的限制。例如：自來水公司。
2. 自然獨占。例如：臺灣電力公司。
3. 擁有特殊的生產要素或特別之技術。

牛刀小試

(　)　有關自然獨占的形成原因，與下列何者最無關聯？　(A)市場大小　(B)規模經濟　(C)專利權法　(D)成本結構。

解答與解析

(C)。專利權法和形成自然獨占的原因較無關聯。

8.2　獨占廠商之短期均衡分析

一、短期廠商的均衡條件

1. 必要條件為MR＝MC。

2. 充分條件為$\dfrac{dMR}{dQ} < \dfrac{dMC}{dQ}$。

二、獨占廠商是否有短期之供給曲線

1. 相同的價格可對應不同的數量。

2. 相同的產量可對應不同的價格。

綜合1、2所述，無法找出一個價格對應一個數量，所以獨占廠商短期供給曲線並不存在。

8.3　獨占廠商之長期均衡分析

獨占廠商在長期有超額利潤（$\pi > 0$）或正常利潤（$\pi = 0$）

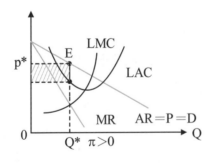
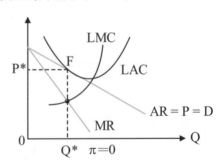

均衡條件：P＝AR＞MR＝LMC＝SMC＜LAC＝SAC（E點）

　　　　　P＝AR＞MR＝LMC＝SMC＝LAC＝SAC（F點）

牛刀小試

( ) **1** 下列有關獨占市場的敘述,何者錯誤?
(A)自然獨占形成原因為產業具有規模經濟
(B)獨占市場產品無近似替代品
(C)獨占廠商為價格決定者
(D)廠商可以自由進出獨占市場。 【統測】

( ) **2** 某產品為獨占市場如圖所示,AC為平均成本線,MC為邊際成本線,MR為邊際收入線,AR為平均收入線。該獨占廠商未採差別訂價,在追求利潤最大的前提下,短期均衡時,其產量(Q)與價格(P)的組合應為(Q,P)=?
(A)(Q_1, P_4)
(B)(Q_1, P_1)
(C)(Q_2, P_2)
(D)(Q_3, P_3)。 【統測】

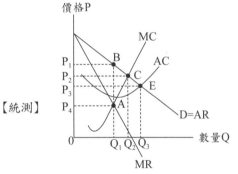

解答　　**1 (D)**　　**2 (B)**

8.4　自然獨占的價格管制

一、MR=MC訂價法(最大利潤訂價法)

說明:價格P^*,產量為Q^*,有△ABC之社會福利損失。廠商有超額利潤P^*BDE。

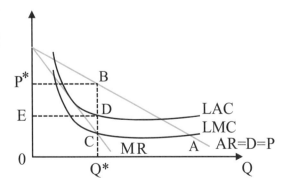

二、P＝MC訂價法（**邊際成本訂價法**）

說明：價格P_M產量為Q_M無社會福利損失，但廠商有虧損$P_M ABD$，政府反而
　　　要給予補貼，否則獨占者可能會退出市場。

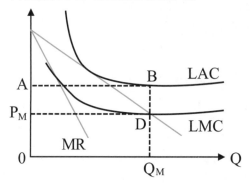

三、P＝AC訂價法（**平均成本訂價法**）

說明：價格為P_A產量為Q_A，有社會福利損失$\triangle ABC$（而小於利潤最大訂價
　　　法之福利損失），但廠商沒有虧損。

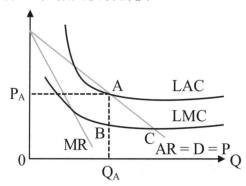

綜合上述訂價法以自然獨占而言，在社會福利損失最小及廠商的超額利潤
最低的雙重考量下，採P＝AC訂價法較適當。

8.5　差別取價（或價格歧視）

一、差別取價實行條件

1. 廠商對市場價格具有影響力。
2. 廠商能夠對不同需求彈性的消費者，加以區隔成為不同的消費群或集團。
3. 廠商能阻止低價產品在高價產品市場轉售。

二、差別取價之分類

差別取價有三種訂價方式：

1. 第一級差別取價（完全差別取價）：

   獨占廠商以相同產品每單位按消費者之需求價格來出售，廠商獲得全部的消費者剩餘。

2. 第二級差別取價（區間訂價法、分段訂價法）：

   獨占廠商以相同產品，按消費者不同購買數量（非每一單位），收取不同的價格，此時剝奪了消費者部分之消費剩餘。

3. 第三級差別取價（市場分割訂價法）：

   獨占廠商以相同產品對完全阻隔且市場需求價格彈性不同者，收取不同的價格。若市場需求價格彈性小則訂價高，而市場需求價格彈性大則訂價低。

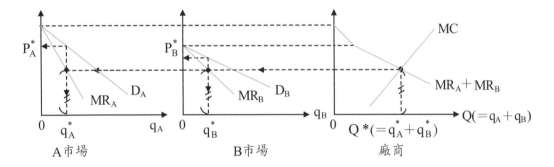

如圖：A市場之 $\left|\varepsilon_d^A\right|$ 較小訂價較高（ P_A^* ），B市場之 $\left|\varepsilon_d^B\right|$ 較大訂價較低（ P_B^* ）。

即 $P_A(1-\dfrac{1}{\left|\varepsilon_d^A\right|}) = P_B(1-\dfrac{1}{\left|\varepsilon_d^B\right|})$ 。

牛刀小試

(　　) **1** 下列有關訂價的敘述，何者錯誤？

(A)第一級差別訂價會使消費者剩餘為零

(B)邊際成本訂價法為價格等於邊際成本

(C)第三級差別訂價會對需求價格彈性較小的市場訂價較高

(D)追求最大利潤的廠商，其訂價條件為邊際收入等於變動成本。

【統測】

(　　) **2** 為獲取最大利潤，下列哪一種市場的廠商會將市場做有效區隔，並
對產品進行差別訂價（price discrimination）？
(A)完全競爭市場的廠商
(B)獨占性競爭市場的廠商
(C)寡占市場的廠商
(D)獨占市場的廠商。　　　　　　　　　　　　　　　　　【統測】

(　　) **3** 假設獨占廠商為追求利潤最大，對於購買同質商品之成人及學生實
施差別取價。若一般成人之需求的價格彈性為2，訂價為100元，
則下列敘述何者正確？
(A)若學生之需求的價格彈性為3時，訂價應高於100元
(B)若學生之需求的價格彈性為3時，訂價應低於100元
(C)若學生之需求的價格彈性為2時，訂價應高於100元
(D)若學生之需求的價格彈性為1時，訂價應低於100元。
　　　　　　　　　　　　　　　　　　　　　　　　　　　【統測】

解答與解析

1 (D)。追求最大利潤的廠商，其生產條件為邊際收入等於邊際成本。

2 (D)

3 (B)。由 $P_1(1-\dfrac{1}{|\varepsilon_1|}) = P_2(1-\dfrac{1}{|\varepsilon_2|})$ ，已知 $P_1 = 100$ ， $|\varepsilon_1| = 2$ ， $|\varepsilon_2| = 3$

代入 $100(1-\dfrac{1}{2}) = P_2(1-\dfrac{1}{3})$ ，得 $P_2 = 75$ ，該訂價低於100元。

實戰演練

(　) **1** 關於獨占者的行為，以下敘述何者正確？ 　(A)因為是價格決定者，永遠都有利可圖 　(B)均衡時，邊際收益不一定等於邊際成本 (C)如果最適訂價低於長期平均成本，則應該退出市場 　(D)長期均衡時價格高於邊際成本。

(　) **2** 若某一獨占者銷售商品的邊際成本（MC）等於20，需求彈性為2，目前商品之訂價為40，請從經濟顧問的角度，提供此一獨占者適當之訂價策略？ 　(A)建議其抬高價格 　(B)建議其降低價格 (C)價格不需改變 　(D)需要更詳細的實料，方可做出建議。

(　) **3** 假設獨占廠商為追求利潤最大，對於購買同質商品之成人及學生實施差別取價，若一般成人之需求的價格彈性為2，訂價為100元，則下列敘述何者正確？
(A)若學生之需求的價格彈性為3時，訂價應高於100元
(B)若學生之需求的價格彈性為3時，訂價應低於100元
(C)若學生之需求的價格彈性為2時，訂價應高於100元
(D)若學生之需求的價格彈性為1時，訂價應低於100元。

(　) **4** 棒球賽中之內野票比外野票價貴，是因為廠商採用？
(A)完全差別訂價　　　　　　(B)分段訂價法
(C)第二級差別訂價　　　　　(D)第三級差別訂價。

(　) **5** 下列有關完全競爭與獨占的敘述，何者錯誤？
(A)完全競爭市場之產業需求曲線為負斜率
(B)完全競爭廠商的總收益會隨銷售量變動而等比例變動
(C)面對負斜率需求線的單一訂價獨佔廠商，其平均收益會隨數量增加而遞增
(D)面對負斜率需求線的獨占廠商之總收益為最大時，其邊際收益等於零。

(　) **6** 獨占廠商面對甲、乙二個不同市場。若甲市場的需求彈性為1.5，乙市場的需求彈性為1.2，為求最大利潤，則在乙市場訂價應？
(A)高於甲市場 　(B)等於甲市場 　(C)低於甲市場 　(D)以上皆有可能。

(　) 7 短期時，有關獨占廠商行為的敘述，何者錯誤？
(A)廠商在決定價格時，須考慮產品的需要彈性與生產成本
(B)廠商追求利潤極大，一定會選在需要彈性小於1的階段生產
(C)廠商長期可保有超額利潤，其主要原因為沒有新廠商加入競爭
(D)廠商的短期供給曲線不存在。

(　) 8 獨占廠商面對甲、乙、丙三個不同市場，廠商的邊際成本為400元，為求最大利潤採取差別訂價，甲市場訂價600元，乙市場需求彈性為5，丙市場需求彈性為2，則下列敘述何者正確？　(A)甲市場的需求彈性最大　(B)丙市場的訂價最高　(C)甲市場需求彈性最小　(D)乙市場訂價最高。

(　) 9 下列哪一項不合乎企業獨占的條件？　(A)獨占企業一定有暴利　(B)產品無代替品　(C)生產者只此一家　(D)介入生產頗為困難。

(　) 10 下列敘述，何者正確？
(A)一般而言，完全獨占廠商具有資源配置效率佳與創新研發的優勢
(B)與日常生活最密切相關的市場型態是寡占
(C)不論個人對社會有多少貢獻，都得到相同的報酬，此為齊頭式的假平等
(D)以上皆是。

(　) 11 在長期均衡下，對於存在著進入障礙的獨占者之敘述何者錯誤？
(A)位於平均成本的最低點　(B)可以保有超額利潤　(C)訂價會高於邊際成本　(D)會有生產上的無效率。

(　) 12 右圖為某獨占廠商的成本收益圖，利潤最大時，產量為何？
(A)60
(B)64
(C)70
(D)以上皆有可能。

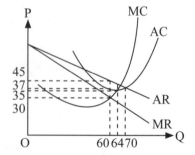

(　) 13 獨占者長期保有超額利潤，其主要原因為？　(A)廠商可控制價格與數量　(B)沒有新廠商加入競爭　(C)生產規模大，成本低　(D)以上皆非。

( )**14** 某一獨占廠商TR＝120Q－3Q^2，且AC＝MC＝60，則下列何者正確？ (A)當Q＝20時，利潤最大 (B)當Q＝30時，TR最大 (C)利潤最大為300，TR最大為1200元 (D)利潤最大時，其需要彈性為2。

( )**15** 獨占下，物品的需求彈性愈小，獨占者操控價格的能力就？ (A)愈小 (B)愈大 (C)不一定 (D)不受影響。

( )**16** 在一定時間內，人們連續消費某一種財貨時，消費量會慢慢減少，此即表示人們的慾望強度具有？ (A)替代性 (B)互補性 (C)遞減性 (D)再生性。

( )**17** 目前世界上最大的卡特爾組織是？ (A)石油輸出國家組織（OPEC） (B)東南亞國協（ASEAN） (C)經濟合作發展組織（OECD） (D)亞太經合會議（APEC）。

( )**18** 假設獨占廠商在鄉村及都市實施差別訂價，若都市之需求彈性為3，鄉村之需求彈性為4，又都市訂價為900元，則鄉村訂價為若干元？ (A)500元 (B)600元 (C)700元 (D)800元。

( )**19** 獨占廠商為求利潤最大，應該選擇在哪一種情況下生產？ (A)需求彈性大於1 (B)需求彈性等於1 (C)需求彈性小於1 (D)需求彈性等於0。

( )**20** 台灣電力公司對商業用、工業用、家庭用電分別訂定不同的用電費率，且夏季用電費率亦高於冬季用電費率，這是屬於下列哪一種訂價方式？ (A)平均成本訂價 (B)競爭價格 (C)差別訂價 (D)均衡價格。

實戰演練

第9章　不完全競爭市場產量與價格的決定

便利商店、理髮店、餐廳等這些市場都是屬於不完全競爭市場。在我們的經濟環境裡幾乎隨處可見，我們稱為獨占性競爭市場，另外有一種成立時需要龐大資金，但市場僅有幾家廠商的，例如有線電視、電信業者等，這些市場也是不完全競爭市場，我們稱這些市場為寡占市場。

重點提示如下：
1. 獨占性競爭的基本條件
2. 獨占性競爭的長期均衡分析
3. 拗折的需求曲線（史威茲模型）

9.1　獨占性競爭的基本條件

1. 買方人數：眾多。
2. 賣方人數：眾多。
3. 產品性質：異質。
4. 其他廠商可自由加入或退出，所以長期而言僅有正常利潤。
5. 市場訊息：完全流通。
6. 因產品有差異性，對產品價格有影響力。例如：小吃店、飲料店、髮廊等。

9.2　個別廠商之收益結構

1. dd：表示個別廠商自己認為的需求曲線。
2. DD：表示市場的需求曲線。

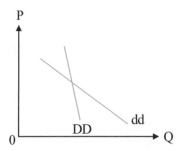

9.3　獨占性競爭廠商之短期均衡分析

1. MR＝MC且對應在dd與DD需求線的交點上。

2. $\dfrac{dMC}{dQ} > \dfrac{dMR}{dQ}$。

3. P ≥ AVC。

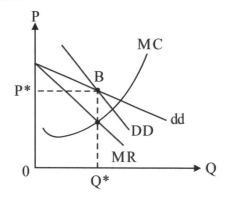

9.4　獨占性競爭之長期均衡分析

長期均衡條件是：

1. MR＝LMC且對應在dd與DD需求線的
   交點上。

2. P_0＝SAC＝LAC＞MR＝LMC。

3. π＝0均衡點為B點。

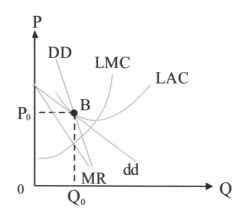

9.5　寡占市場之基本條件

1. 買方人數：多。

2. 賣方人數：少數，少到廠商彼此間相互牽制，且對市場價格均具有影響
   力，為價格決定者。

3. 產品性質：異質或同質。

4. 要素移動：不自由。

5. 對市場之訊息：不完全。

6. 避免價格競爭，採非價格競爭之方式。例如：石油輸出國家組織（OPEC）、
   連鎖速食、連鎖超商。

9.6 史威茲（Sweezy）模型（拗折的需求曲線）

1. 在P*以上之價格（即漲價），其它廠商不會跟進，所以需求線為AB，在P*以下之價格（即降價）則其它廠商會跟進，所以需求線為BD_2，根據上述之假設需求線為ABD_2，而邊際收益線為$ACDMR_2$。

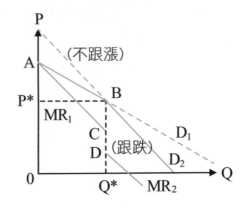

2. 若MC線在CD之間範圍內變動，則均衡的價格（P*）與產量（Q*）均維持不變。

3. 拗折需求模型說明了寡占市場中價格具有穩定性或稱為價格僵固性。

牛刀小試

( )　**1** 下列有關寡占市場的敘述，何者正確？ (A)廠商的家數眾多 (B)寡占廠商為價格接受者 (C)產品必定為同質化產品 (D)廠商偏好非價格競爭。 【統測】

( )　**2** 從資訊流通的角度來說，市場消息靈通但是產品異質的市場是屬於： (A)完全競爭市場 (B)獨佔市場 (C)獨佔性競爭市場 (D)寡占市場。 【統測】

( )　**3** 拗折的需求曲線在說明： (A)獨佔性競爭市場的價格現象 (B)獨佔市場的差別訂價現象 (C)完全競爭市場的訂價過程 (D)寡占市場的價格僵固現象。 【統測】

( )　**4** 下列有關寡占市場的敘述，何者不正確？ (A)廠商做決策時，相當關心同業的反應與作為，因此同業間彼此牽制、互相依賴 (B)拗折的需求曲線用來說明寡占市場產品價格的僵固性 (C)拗折的需求曲線是假設廠商在訂價時「跟跌不跟漲」所得到 (D)寡占市場廠商因同業間彼此牽制，不會產生勾結行為。 【統測】

解答　　**1 (D)**　　**2 (C)**　　**3 (D)**　　**4 (D)**

實戰演練

( ) **1** 下列敘述，何者正確？
(A)經濟學者會認為「各取所值」的所得分配方式較能為社會大眾所接受
(B)假設其他條件不變，若所有完全競爭廠商都增加供給，市場的均衡價格必會下跌
(C)寡占市場廠商若以削價方式競爭，部分廠商將價格降至平均成本以下，此稱為割頸式價格競爭
(D)以上皆是。

( ) **2** 關於完全競爭廠商與獨占性競爭廠商的比較，下列敘述何者錯誤？
(A)兩者皆面對許多潛在競爭者 (B)兩者長期皆為零利潤 (C)兩者皆以價格等於邊際成本決定利潤極大之產量 (D)前者為價格接受者，後者不是價格接受者。

( ) **3** 下列有關寡占市場的敘述，何者不正確？ (A)廠商做決策時，相當關心同業的反應與作為，因此同業間彼此牽制、互相依賴 (B)拗折的需求曲線用來說明寡占市場產品價格的僵固性 (C)拗折的需求曲線是假設廠商在訂價時「跟跌不跟漲」所得到 (D)寡占市場廠商因同業間彼此牽制，不會產生勾結行為。

( ) **4** 完全獨占與不完全競爭廠商，其平均收益曲線上在需要彈性等於1時，下列狀況何者正確？ (A)邊際收益最大 (B)總收益等於0 (C)平均收益小於0 (D)平均收益大於邊際收益。

( ) **5** 不輕易採取價格競爭，因此市場價格很穩定的市場為？ (A)完全競爭市場 (B)完全獨占市場 (C)寡占市場 (D)獨占性競爭市場。

( ) **6** 下列哪一種廠商面對的需求彈性最大？ (A)完全競爭廠商 (B)寡占廠商 (C)獨占性競爭廠商 (D)獨占廠商。

( ) **7** 寡占市場拗折需求曲線模型中，下列何者會產生垂直缺口？ (A)平均收益線 (B)需求曲線 (C)邊際收益線 (D)邊際成本線。

( ) **8** 當獨占性競爭廠商達到短期均衡，且經濟利潤＝0時，AR與AC的關係為？ (A)AC在遞減處與AR相切 (B)AC在最低點與AR相切 (C)AC在最低點與AR相交 (D)AC在遞增處與AR相切。

(　　)　**9** 有關寡占廠商的特質，下列敘述何者不正確？　(A)廠商所形成的勾結組織無法長期維持，乃因易遭受消費者抵制所致　(B)廠商彼此競爭性大，依賴性也大　(C)因資本龐大或技術取得困難，使新廠商加入不易　(D)廠商不適宜以價格競爭方式增加銷路。

(　　)　**10** 當產量為100單位時，某一獨佔者的邊際成本為35元，其所面對的邊際收益為30元。為求利潤最大，此獨佔者應作下列何種決定？　(A)生產少於100單位的產量　(B)生產100單位的產量　(C)生產多於100單位的產量　(D)退出市場。

(　　)　**11** 下列敘述，何者錯誤？　(A)獨占性競爭廠商長期均衡時，其平均收益會等於長期平均成本　(B)當MC大於MR時，廠商增加產量，利潤會減少　(C)「捷運全票一張20元，老人、小孩可享半價優惠」、「飲料一杯50元，第二杯半價」、「糖果一包30元，買三包送一包」皆屬於區間訂價法　(D)若與完全獨佔廠商相較，獨佔性競爭廠商所面對的需求曲線較平坦且需求彈性較大。

(　　)　**12** 寡占市場中，甲廠商決定採用「平均成本加成訂價法」來訂定產品價格，已知其生產100件產品的總成本為5,000元，若該廠商欲獲得20%的利潤則應將產品訂價多少元？　(A)60　(B)600　(C)50　(D)500。

(　　)　**13** 史威吉模型中，拗折需求理論是解釋以下哪一種經濟現象？　(A)價格機能　(B)價格僵固　(C)價格領導　(D)以價制量。

(　　)　**14** 獨占性競爭廠商的短期供給曲線為　(A)AVC最低點以上的MC曲線　(B)MC曲線遞增部分　(C)AC最低點以上的MC曲線　(D)無短期供給曲線。

(　　)　**15** 關於拗折的需求曲線，下列敘述何者正確？　(A)當市場某一廠商調整價格時，其他廠商會有跟跌亦跟漲的反應　(B)主要在解釋寡占市場廠商的產品同質性與價格僵固性　(C)寡占廠商降價時，其他廠商會跟進，此時面對的是較陡峭的需求曲線　(D)由美國經濟學者史迪奇所提出。

第10章 分配理論

 這一章是以廠商的立場，面對產品市場和生產要素市場時，廠商要僱用（使用）多少生產要素才可以使利潤達到最大。同時要生產多少才可以使利潤達到最大。如圖所示：

重點提示如下：
1. VMP_L、MRP_L、ARP_L之計算與關係
2. AFC_L、MFC_L之計算
3. 洛侖氏曲線（Lorenz Curve）、吉尼係數

10.1 所得分配的意義與種類

一、所得分配的基本概念

分配的意義：「為誰生產」是基本的經濟問題之一，也就是「如何分配」的問題。經濟學所討論的「分配」（distribution）指「將生產活動的成果分給參與生產的經濟成員之經濟行為。」

二、分配的種類

功能性所得分配

功能性所得分配項目		
經濟體	生產要素	報酬
勞動者	勞動	工資（W）
地主	土地	地租（R）
資本家	資本	利息（i）
企業家	企業能力	利潤（π）

10.2　所得分配不均度的測量

一、洛侖氏曲線（Lorenz Curve）

由低所得戶逐漸往高所得戶累計之戶數百分比與其所對應之所得擁有比例之百分比而形成的曲線，曲度愈大，愈不平均；反之，愈平均。

AB線：表示所得分配絕對平均。

ACB線：表示所得分配絕對不平均。

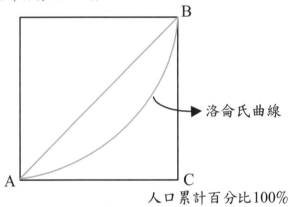

二、吉尼係數（Gini Coefficient）

$$吉尼係數（G）=\frac{\text{弓形面積}}{\triangle ABC}$$

1. 如果所得分配絕對平均則洛侖氏曲線與AB線重合，
   則 弓形 面積為零，即G＝0。

2. 如果所得分配絕對不平均則洛侖氏曲線與△ABC相等，則G＝1。

綜合1.2.可知0 ≦ G ≦ 1，G愈小表示所得分配愈平均，G愈大表示所得分配愈不平均。

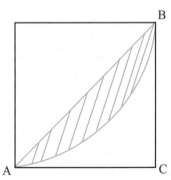

牛刀小試

( ) **1** 在A國中，其每一個家戶單位的所得皆相同，則該國的洛侖氏曲線
（Lorenz curve）將為： (A)一水平線 (B)一垂直線 (C)通過原
點的對角線 (D)前50%的家戶單位為一水平線，後50%的家戶單
位為一垂直線。

( ) **2** 下列何者表示一個國家所得分配愈不平均，貧富差距擴大？
(A)最高20%之家庭所得與最低20%家庭所得差距倍數縮小
(B)吉尼係數（Gini Coefficient）愈小
(C)洛侖氏曲線（Lorenz curve）愈遠離對角線
(D)洛侖氏曲線（Lorenz curve）為對角線。 【統測】

解答與解析

1 (C)。所得分配完全平均，則洛侖氏曲線是通過原點的對角線。

2 (C)

三、最高最低級距所得倍數

如下表所示，把家戶依所得高低分成五等分，其中最高所得20%家戶所
得分配比為40.17，最低所得20%家戶所得分配比為6.64，兩者相除，即
40.17/6.64 ＝6.05，當此倍數愈大，表示所得分配愈不平均。

表：2008年台灣的所得分配

戶數五等分組	假設的所得分配(%)		2008年台灣所得分配(%)
	絕對平均	絕對不平均	所得分配比
最低所得20%	20	0	6.64
次低所得20%	20	0	12.37
中間所得20%	20	0	17.43
次高所得20%	20	0	23.40
最高所得20%	20	100	40.17

牛刀小試

(　　) 下列何者並非所得分配之衡量指標？　(A)洛侖氏曲線（Lorenz curve）　(B)最高組所得相對最低組所得的倍數　(C)吉尼係數　(D)痛苦指數。　　　　　　　　　　　　　　　　　　　　　　　　　　　　【統測】

　　解答　**(D)**

10.3　生產要素需求的特性及其決定因素

一、生產要素需求的特性

1. **引申需求**：在要素市場中，生產者對生產要素的需求則源自於生產者為生產最終財貨而間接引申而來，是一種「引申需求」或「間接需求」。
2. **聯合需求**：生產要素間常存在「互補性」，廠商在生產過程中，必須結合不同的生產要素參與生產。
3. **競爭需求**：生產要素間亦可能存在某種程度的「替代性」，廠商可視其生產效率來決定要素的取捨。

二、生產要素需求的決定因素

1. 最終產品的需求↑
2. 產品價格的高低↑
3. 生產要素的生產力↑
4. 其他生產要素的價格：
   (1) 互補要素價格↑→對該要素需求↓→對原生產要素需求↓
   (2) 替代要素價格↑→對該要素需求↓→對原生產要素需求↑

10.4　廠商的收益

一、邊際產值（VMP_L）

$VMP_L = P \times MPP_L$，表示廠商每多僱用一單位生產要素（L），所增加產量的市場價值。

二、邊際收益產出（MRP_L）

$MRP_L = \dfrac{dTR}{dL} = \dfrac{dTR}{dQ} \times \dfrac{dQ}{dL} = MR \times MPP_L$ ，表示廠商每多僱用一單位生產要素

（L），總收益的增量。

牛刀小試

( )　某完全競爭廠商可用20元價格售出其所生產的產品。此廠商僱用6位
　　　工人時總產出是25單位，其它條件不變下，僱用7位工人時總產出是
　　　32單位，第7位工人的勞動邊際產值是：
　　　(A)20元　(B)140元　(C)500元　(D)640元。

解答與解析

(B)。 P＝20，L＝6時，Q＝25，

L＝7時，Q＝32

$MPP_L = \dfrac{\Delta Q}{\Delta L} = \dfrac{32-25}{7-6} = 7$

$MRP_L = P \times MRP_L = 20 \times 7 = 140$

三、平均收益產出（ARP_L）

指廠商平均雇用一單位生產要素（L）所獲取之收益。

$ARP_L = \dfrac{TR}{L} = \dfrac{TR}{Q} \times \dfrac{Q}{L} = AR \times APP_L = P \times APP_L$

四、VMP_L 和 MRP_L 之關係

1. **當產品市場為完全競爭：**

$VMP_L = P \times MPP_L$，$MRP_L = MR \times MPP_L$

產品市場為完全競爭則P＝MR，

故$VMP_L = MRP_L$。

2. **當產品市場為不完全競爭：**

$VMP_L = P \times MPP_L$，$MRP_L = MR \times MPP_L$

產品市場不完全競爭則P＞MR，

故$VMP_L > MRP_L$

10.5　廠商的成本

一、平均要素成本

廠商平均僱用一單位生產要素所須支付的成本。

$$AFC_L = \frac{TFC_L}{L} = \frac{P_L L}{L} = P_L$$

二、邊際要素成本

廠商每增加一單位生產要素造成的成本變動。

$$MFC_L = \frac{dTFC_L}{dL} = \frac{dP_L L}{dL} = P_L \frac{dL}{dL} + L \frac{dP_L}{dL} = P_L + L \frac{dP_L}{dL}$$

三、AFC_L 與 MFC_L 之關係

1. 當要素市場為完全競爭：

$$AFC_L = \frac{TFC_L}{L} = \frac{P_L L}{L} = P_L \quad\quad MFC_L = P_L + L \frac{dP_L}{dL} = P_L \quad\quad 即 AFC_L = MFC_L$$

2. 當要素市場為不完全競爭：

$$AFC_L = \frac{TFC_L}{L} = \frac{P_L L}{L} = P_L$$

$$MFC_L = \frac{dTFC_L}{dL} = P_L + L \frac{dP_L}{dL}$$

故 $MFC_L > AFC_L$

10.6　廠商之要素雇用量條件

由 $\dfrac{dTR}{dL} = \dfrac{dTFC_L}{dL}$

即 $MRP_L = MFC_L$ 表示勞動的邊際收益產出等於勞動的邊際要素成本，如果產品市場和要素市場皆為完全競爭市場，則可寫成 $P \times MPP_L = P_L$。

符合上述條件即可找出利潤最大時的要素雇用量（勞動）。

牛刀小試

( ) **1** 假設生產某產品唯一使用的要素是勞動,且勞動市場與該產品市場皆為完全競爭。下表為某生產該產品的廠商在不同的勞動僱用量下,每星期所能夠生產的產量:

勞動僱用量	1	2	3	4	5
產量	10	24	36	45	45

假設該產品的單位售價為400元。若該廠商追求利潤極大,則在哪一個階段的勞動僱用量之下,其勞動需求線是正斜率的? (A)1~2 (B)2~3 (C)3~4 (D)在上表的範圍內,各階段的勞動需求線都是負斜率的。

( ) **2** 承上題,若此時勞動市場的工資率為週薪3,600元,則廠商應該僱用幾位員工? (A)2 (B)3 (C)4 (D)5。

解答與解析

1 (A)。當L=1至L=2時,MRP_L是上升階段。

L	1	2	3	4	5
Q	10	24	36	45	45
MP_L	10	14	12	9	0
$MRP_L=P\times MP_L$	4,000	5,600	4,800	3,600	0

2 (C)。由$W=MRP_L=P\times MP_L$,當L=4時,$MP_L=9$,W=3,600,P=400,符合$W=P\times MP_L$的條件,故廠商應該僱用4位員工。

10.7 廠商對要素的需求曲線

1. 當產品市場是不完全競爭:廠商對要素的需求曲線為VMP_L最高點以下的MRP_L曲線。即從E點以下的MRP_L曲線。(圖一)
2. 當產品市場是完全競爭:廠商對要素的需求曲線為$VMP_L=MRP_L$。(圖二)

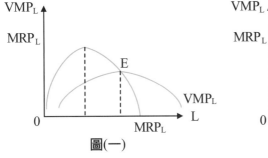

圖(一)

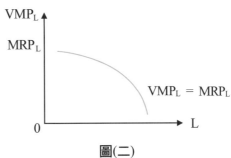

圖(二)

實戰演練

(　) **1** 廠商依據生產過程中各生產要素的貢獻，來分配相對的報酬，此種分配稱為？　(A)社會所得分配　(B)家庭所得分配　(C)個人所得分配　(D)功能性所得分配。

(　) **2** 下列何者是測量所得分配不均程度的工具？　(A)加速係數　(B)吉尼係數　(C)恩格爾係數　(D)所得彈性係數。

(　) **3** 在完全競爭要素市場下，廠商為求成本最小，必須符合下列何種條件？　(A)$\dfrac{MP_L}{P_L}=\dfrac{MP_k}{P_K}$　(B)$MRP_L=MFC_L$　(C)$MR=MC$　(D)全部皆非。

(　) **4** 某國最高所得組所得佔全國所得百分比為24%，最低所得組所得佔全國所得百分比為6%，則該國之最高最低所得組倍數為？　(A)8　(B)20　(C)12　(D)4。

(　) **5** 勞動的平均要素成本等於？　(A)工資率　(B)勞動的平均實物生產量乘以產品價格　(C)勞動的總要素成本的變化量除以勞動僱用量　(D)勞動的邊際實物生產量乘以產品的售價。

(　) **6** 下列敘述，何者錯誤？　(A)長期平均成本處於上升階段，屬內部不經濟產業　(B)個別勞動供給曲線中，若替代效果小於所得效果，則處於後彎階段　(C)若要素市場為完全競爭市場，則要素需求曲線為MRP曲線　(D)工資、地租、利息、利潤皆適用邊際生產力理論。

(　) **7** 生產要素的替代程度大，則廠商對生產要素的需求彈性？　(A)大　(B)小　(C)0　(D)不一定。

(　) **8** 假設台灣的吉尼係數為0.4，而印尼為0.5；試問下列哪些敘述正確？　(1)台灣的所得分配較印尼不平均　(2)台灣的所得分配較印尼平均　(3)台灣的羅倫茲曲線與絕對均等線的距離較印尼近　(4)台灣的貧富懸殊較印尼大。　(A)(1)(3)　(B)(2)(3)　(C)(1)(4)　(D)(1)(3)(4)。

(　　) **9** 下列何者並非所得分配之衡量指標？　(A)洛侖氏曲線（Lorenz curve）　(B)最高組所得相對最低組所得的倍數　(C)吉尼係數 (D)痛苦指數。

(　　) **10** 欲衡量一國所得分配是否平均，下列敘述何者正確？
(A)洛侖氏曲線（Lorenz curve）愈靠近對角線，代表所得分配愈不平均
(B)吉尼係數（Gini Coefficient）愈大，表示所得分配愈平均
(C)計算最高所得群與最低所得群之倍比關係，倍比愈大表示所得分配愈不平均
(D)洛侖氏曲線離對角線之彎度愈大，表示所得分配愈平均。

第11章　工資與地租

廠商使用土地的成本稱為地租，雇用生產要素的成本稱為工資。為什麼地租會有不同？為什麼演藝人員愈紅收入愈高？先回答第二個問題，演藝人員的供給是固定的，他的收入是0abc，當觀眾愈喜歡他的表演（D_0上升到D_1），則他的收入就愈多（0a'b'c）。而該收入以經濟學的術語我們稱為經濟租。

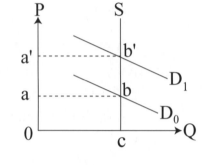

重點提示如下：

1. 差額地租說　　　2. 經濟租

11.1　勞動力與勞動生產力

一、勞動生產力

勞動生產力的意義

公式：勞動生產力 $= \dfrac{\text{總產量（}TP_L\text{）}}{\text{勞動投入量（}L\text{）}} = $ 平均產量（AP_L）

二、影響勞動生產力大小的因素

1. **資源**：投入愈多，生產力愈高。

2. **生產技術**：技術愈進步，生產力愈高。

3. **勞動者素質**：素質愈高，生產力愈高。

4. **分工**：分工愈精密，工作效率愈高。

5. **組織管理**：管理愈有效率，生產力愈高。

11.2　勞動的供給與需要

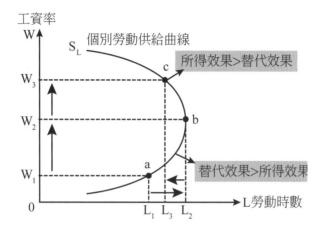

一、勞動的供給

1. **個別的勞動供給**：正斜率的勞動供給線。

    當工資由W_1↑→W_2，若替代效果（W↑→L↑）＞所得效果（W↑→L↓）

    →勞動時數由L_1↑→L_2。

    將a點和b點連線，得ab線段。

2. **個別的勞動供給**：負斜率（或後彎）的勞動供給線。

    當工資由W_2↑→W_3，若所得效果（W↑→L↓）＞替代效果（W↑→L↑）

    →勞動時數由L_2↓→L_3。

    將b點和c點連線，得bc線段。

> **延伸說明**
> 1.休閒的「機會成本」為「工資率」。
> 2.工資率（W）上升的效果：
> 　(1)替代效果：W↑⇒L↑（多工作，少休閒）。
> 　(2)所得效果：W↑⇒L↓（少工作，多休閒）。

3. **市場的勞動供給－正斜率**：市場的勞動供給曲線乃由個別的勞動供給曲線水平加總而來。

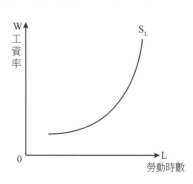

二、勞動的需要

勞動的需要指在其他情況不變下，在各種不同工資水準下，廠商願意且有能力僱用的勞動數量。

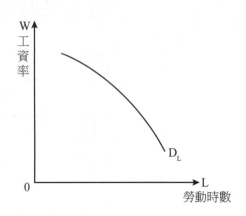

11.3 工資的決定

一、均衡工資的決定

在完全競爭的勞動市場中，均衡工資率是由勞動供需雙方共同決定。

二、工資的意義與種類

1. 工資的意義：在一定的期間內，勞動者提供勞動所獲得的報酬。
2. 工資的種類
   (1) 依工資形成方式分
      A. 經濟工資：勞動者在生產過程中依照他的貢獻所決定的工資。
      B. 契約工資：雇主與勞動者雙方建立契約所決定的工資。
   (2) 工資支付工具分
      A. 貨幣工資：依照貨幣來支付的工資。
      B. 實物工資：依照實物來支付的工資。
   (3) 依工資的計算方式分
      A. 計時工資：以工作時間為計算單位的工資。例如：某速食店時薪160元。
      B. 計件工資：以生產的件數為計算單位的工資。例如：以手工剝殼的龍眼乾一斤30元，即按件計酬。

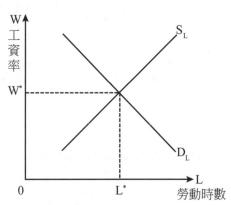

(4) 工資的表示方式分

　　A. 名目工資：以貨幣數量作表示的工資。例如：某甲是上班族每月薪資四萬八千元，每月薪資就是名目薪資。

　　B. 實質工資：以貨幣的購買力表示的工資。例如：某甲是上班族每月薪資四萬八千元，如果當年物價上漲20%則將物價上漲的部分予以扣除 $\dfrac{48000}{1+20\%}=40000$，稱為40000為實質工資。

三、工資的差異

1. 生產力的差異。

2. 勞動市場不完全性。

3. 補償性工資差異。

4. 勞動市場供需的變動。

四、工會的影響

1. 直接要求雇主提高工資。

2. 減少勞動需求。

3. 增加勞動供給。

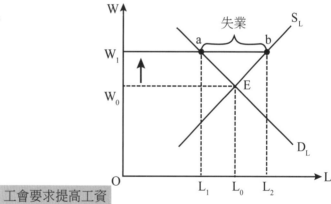

工會要求提高工資

11.4 地租

一、純粹地租說

由於土地的供給有限，且土地也有生產力，當土地的需求愈高，地租也愈高。當土地的需求為D_0時，地租為P_0，若需求上升為D_1，則地租為P_1。所以對土地的需求上升是造成地租上升的原因。

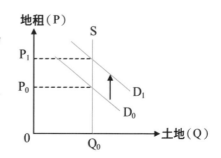

二、差額地租說

純粹地租說僅能說明，當土地的需求上升時，地租便會上升，但卻無法解釋，為何不同土地其地租也不同。

李嘉圖（Ricardo）認為造成不同的土地有不同的地租之原因有：土地肥沃程度，交通方便程度不同，使得生產成本不同，造成地租的差異。

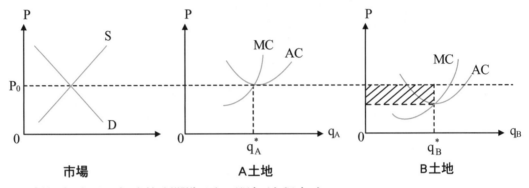

1. 邊際土地：A土地的利潤為零，即無地租存在。
2. 差額地租：B土地的利潤（斜線部分）和邊際土地A地的利潤差異。

三、地租與地價的關係

地租是土地的「使用價格」，地價是土地的買賣價格。

$$P = \frac{R}{(1+i)^1} + \frac{R}{(1+i)^2} + \cdots\cdots = \frac{R}{i}$$ ，其中P：地價，R：地租，i：市場利率。

四、準租

提出學者：馬歇爾。

理論內容：短期內，廠商使用固定資本財的報酬。由於固定資本財的數量在短期內無法變動，因此其供給完全缺乏彈性（$\varepsilon^s = 0$），此項特性與土地類似，故固定資本財的報酬，稱為「準租」。

五、經濟租

指要素在生產過程中，所獲得到的報酬超過其所要求的機會成本，此超過的部分，稱為經濟租或生產者剩餘。

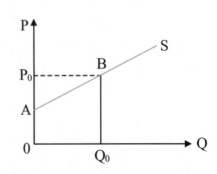

右圖中生產$0Q_0$，其獲得之報酬為$0P_0BQ_0$，而$0ABQ_0$為生產$0Q_0$之機會成本。$0P_0BQ_0-0ABQ_0=AP_0B$則為經濟租。

若生產要素的供給彈性愈小，即供給曲線愈陡，則經濟租愈大。

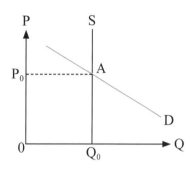

當供給彈性等於零（$\varepsilon^s=0$），即供給曲線成垂直線，則僅有生產者剩餘即經濟租$0P_0AQ_0$的存在。因此，經濟租＝準租＝$0P_0AQ_0$。

實戰演練

( ) **1** 工資率上升後，勞動者的工作時間反而減少，其原因係工資率上升的： (A)價格效果大於所得效果 (B)價格效果小於所得效果 (C)所得效果大於替代效果 (D)所得效果小於替代效果。

( ) **2** 下列敘述何者錯誤？ (A)年滿15歲以上的「在學人口」不屬於勞動力 (B)當工資上漲時，勞動者減少工作時間而增加休閒時間，此為「替代效果」 (C)個別勞動供給曲線會呈後彎，其假設前提為「休閒是正常財」 (D)休閒價值可以「工資率」衡量。

( ) **3** 政府實施保母人員技術士檢定考試，無保母證照者無法投入保母的勞動市場，此制度將使？ (A)工資率下降 (B)勞動需求減少 (C)勞動供給減少 (D)失業率下降。

( ) **4** 假設銀行業勞動市場的勞動供給具完全彈性，為減少僱用員工，以自動櫃員機代替人工，勞動市場將發生何種現象？ (A)工資率不變及員工僱用量減少 (B)工資率及員工僱用量均為增加 (C)工資率及員工僱用量均為減少 (D)工資率下降及員工僱用量不變。

( ) **5** 實質工資是在支付工資時，考慮到哪一因素？ (A)所得分配 (B)投資報酬 (C)物價變動 (D)勞動生產力。

( ) **6** 個別勞動供給曲線發生後彎現象是因為： (A)所得與休閒有很強的替代效果 (B)替代效果小於所得效果 (C)市場工資率低於政府規定的最低工資率 (D)所得效果小於替代效果。

( ) **7** 在我國的外籍移工日益增加，下列敘述何者為誤？ (A)外籍移工的引進，使得我國重大公共工程建設，得以早日完成，有助於經濟持續發展 (B)外籍移工的引進，使得廠商因勞力不足而出走現象，得到一些和緩效果 (C)外籍移工的引進，使得勞動工資上漲的壓力得到一些紓解 (D)外籍移工的引進使得我國促使產業升級，提升生產技術的目標加速實現。

( ) **8** 當廠商僱用勞動的工資大於勞動的邊際生產收益時，廠商為求利潤最大應？ (A)增加勞動僱用量 (B)減少勞動僱用量 (C)維持現有勞動僱用量 (D)停工歇業。

( ) **9** 當一般物價水平上升，名目工資也增加時，實質工資會？ (A)增加 (B)不變 (C)減少 (D)可能增加、減少或不變。

( ) **10** 有關差額地租理論的敘述，何者不正確？ (A)由李嘉圖所提出 (B)邊際土地的收入僅夠支付成本，從而無法支付地租 (C)不同土地的生產力不同，其所能提供的地租也就有高低之分 (D)邊際土地的生產力愈高，差額地租也愈大。

( ) **11** 土地被視為生產的四大要素之一，其原因是？ (A)可供發展農業 (B)可供蓋廠房 (C)代表一切自然資源 (D)蘊藏有大量的礦產。

( ) **12** 關於地租、準租與經濟租，下列敘述何者錯誤？
(A)對個別生產者而言，地租是一種成本
(B)差額地租是指邊際土地收益與各級土地收益的差額
(C)準租只存在於短期
(D)在長期，經濟租不存在。

( ) **13** 工資率上升後，勞動者的工作時間反而減少，其原因係工資率上升的？ (A)價格效果大於所得效果 (B)價格效果小於所得效果 (C)所得效果大於替代效果 (D)所得效果小於替代效果。

( ) **14** 甲、乙、丙三塊面積相同種植奇異果的土地，投入勞動和資本的成本均為40,000元，收成後，甲地產出800公斤，乙地產出600公斤，丙地產出500公斤。假設每公斤的奇異果市價為80元，哪一塊土地為邊際土地？ (A)甲地 (B)乙地 (C)丙地 (D)三塊土地皆為邊際土地。

( ) **15** 下列敘述何者正確？
(A)以個體為觀點，地租是一種剩餘
(B)以差額地租說為觀點，地租是一種成本
(C)以個體為觀點，土地使用有機會成本
(D)以總體為觀點，地租上漲會引起農產品價格上漲。

第12章　利息與利潤

廠商使用資金的成本我們稱為利息,而利潤可以解釋成企業經營的報酬。這一章將說明經濟學者對利潤是如何產生的,提出他們不同的見解,甚至利息如何被決定的,也有不同的看法。

重點提示如下:

1. 創新說
2. 迂迴生產說
3. 可貸資金說
4. 流動性偏好說

12.1　利息

一、利息的意義

利息(interest)是資本家使用貨幣資本所需支付的代價,是資金提供者提供資金所要求的報酬。

二、利息的發生

1. 忍慾說:古典學派學者辛尼爾(Senior)提出的。儲蓄者將資金借出乃犧牲目前的消費慾望,而利息是對儲蓄者忍慾或等待的報償。
2. 迂迴生產說:奧地利學派的龐巴衛克(Bohm-Bawerk)認為在生產過程中,過程愈迂迴則所創造之生產力愈大,而貨幣資金則有助於延長生產的迂迴程度,以利生產力之提高。所以利息是對資本提高生產力的報酬。
3. 時間偏好說:利息的高低取決於時間偏好的高低,對時間的偏好愈高則利息愈高。所以利息是對時間偏好的報酬。

三、利率的意義

利率(interest rate)指使用貨幣資本的單位價格,指在一定期間內,利息與貨幣資本額的百分比。

公式:利率$=\dfrac{利息}{資本額}\times 100\%$

利率常以「碼」為單位,1碼$=0.25\%$,若原先利率為5.2%,升息1碼則為$5.2\%+0.25\%=5.45\%$

四、利率的種類

1. 名目利率：指一般借貸市場所實際支付的利率。
2. 實質利率：指名目利率扣除預期物價上漲的利率。

公式：名目利率＝實質利率＋預期物價上漲率

五、均衡利率的決定

1. 投資與儲蓄說：

   古典學派認為投資是利率的減函數，儲蓄是利率的增函數，當投資與儲蓄相等時，決定了整個社會的均衡利率。

   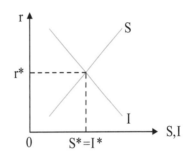

2. 可貸資金說：

   古典學派認為貨幣在借貸過程中，供借貸之貨幣，謂之可貸資金，而利率即為可貸資金的價格。可貸資金的供給（F_s）是利率的增函數，可貸資金的需求（F_d）是利率的減函數。

   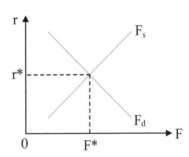

3. 流動性偏好說

   凱因斯（Keynes）認為人們偏好持有貨幣，是因為貨幣具有完全的流動性，此偏好謂之流動性偏好。若要使人們放棄持有貨幣改而持有其他流動性較低的資產，必須給予人們利息作為補償。

   凱因斯將流動性偏好分成三項動機：

   (1) 交易動機L_t（Y）

   (2) 預防動機L_p（Y）

   (3) 投機動機L_s（r）。

   $$\frac{M^d}{P} = L(Y,r) = L_t(Y) + L_p(Y) + L_s(r) \qquad M^s = \overline{M}$$

12.2　利潤

一、利潤的意義

1. 「利潤」指企業家發揮企業能力，結合土地、勞動、資本等生產要素進行生產活動所獲取的報酬。

2. 經濟學討論的利潤指「經濟利潤」（或稱超額利潤），並非一般所稱商業利潤（會計利潤）。

二、利潤的來源

1. 不確定性產物說：古典學派的學者奈特（Frank H. Knight）認為企業家在經營企業時，面對著各種不確定性的風險，而這些不確定性的風險必須由企業家來承擔，所以利潤是承擔不確定性風險所得到的代價。

2. 獨占說：英國經濟學家羅賓遜夫人及秦伯霖認為在不完全競爭市場裡，尤其是獨占型態，新廠商進入市場障礙高，故獨占廠商長期可保有超額利潤。

3. 創新說：經濟學家熊彼得（Joseph Alois Schumpeter）認為利潤是創新活動的結果，是對企業家從事創新活動的報酬。而所謂的創新活動是指：
   (1)新產品發現。　　　　　　　(2)新生產技術之使用。
   (3)新市場的開拓。　　　　　　(4)新的原料供應地的發現。
   (5)對生產因素新組合的應用。

4. 承擔風險說：該學說認為企業大多數是規避風險者，故為了使企業家去承擔風險，必須給予適當的補償而這種補償即是利潤。

5. 剩餘價值說：經濟學家馬克斯（Karl Marx）認為商品的價值乃由勞動的投入量來決定。而利潤即是資方將商品出售的價格扣除支付給勞工的工資後的差額，謂之剩餘價值，完全由資方所獲得。

實戰演練

( ) **1** 下列哪一個利潤學說否定企業家的經濟功能？
(A)剝削說 　　　　　　　　(B)創新說
(C)風險說 　　　　　　　　(D)以上皆是。

( ) **2** 有關古典學派對均衡利率的看法，下列何者正確？
(A)投資是利率的減函數，儲蓄是利率的增函數
(B)投資是利率的增函數，儲蓄是利率的減函數
(C)債券的需求是利率的減函數，債券的供給是利率的增函數
(D)可貸資金供給是利率的減函數，可貸資金需求是利率的增
函數。

( ) **3** 若老王有一筆土地一個月收租金10,000元，若市場年利率8%，則
該土地價格為？
(A)1,500,000 　　　　　　　(B)125,000
(C)150,000 　　　　　　　　(D)1,250,000

( ) **4** 依據可貸資金說，在其他條件不變的情況下，可貸資金供給增加，
則均衡利率會？
(A)上漲 　　　　　　　　　(B)下跌
(C)不變 　　　　　　　　　(D)漲跌不一定。

( ) **5** 利息是使用貨幣資本的報酬，屬於一種？
(A)個人所得 　　　　　　　(B)勤勞所得
(C)財產所得 　　　　　　　(D)移轉所得。

( ) **6** 有關利潤發生的原因，認為利潤是企業家在生產過程中承擔風險之
報酬的是下列哪位學者？
(A)秦伯霖（E. Chamberlin） 　(B)奈特（F. Knight）
(C)馬克斯（K. Marx） 　　　　(D)熊彼得（J. Schumpeter）

( ) **7** 資本財是指？
(A)資金 　　　　　　　　　(B)股票
(C)廠商擁有的實物資本 　　(D)業主所擁有的銀行存款。

(　　) **8** 一般來說，時間偏好率愈高，利率會？
　　(A)愈低　　　　　　　　　(B)愈高
　　(C)不受影響　　　　　　　(D)不一定。

(　　) **9** 「大桃園服飾公司以(1)花蓮玉石為主要材質，透過專業的(2)焠鍊
　　技術，製作出質地特殊的玉石纖維，搭配棉布料設計，生產出運
　　動時可降低皮膚表面溫度的(3)『玉石涼感衣』。」試問上述(1)～
　　(3)分別屬於哪種創新？
　　(A)生產新產品、生產新生產方法、開發新市場
　　(B)採用新原料、採用新生產方法、生產新產品
　　(C)採用新生產方法、開發新市場、形成新產業組織
　　(D)生產新產品、採用新生產方法、形成新產業組織。

(　　) **10** 若中央銀行對外宣布調高重貼現率，由原來的4.5%調高半碼，則
　　調高後的重貼現率為？
　　(A)4.7%　　　　　　　　　(B)4.6%
　　(C)4.75%　　　　　　　　 (D)4.625%。

第13章　國民所得

這一章是以整體社會的觀點來討論我們所關心的國民所得、物價指數與所得分配的公平性等問題,有別於前面的章節是以個別的消費者或廠商來討論他們的經濟行為。

重點提示如下:

1. GNP(或GDP)的計算(每年必考)　　2. 物價指數的衡量

13.1　國民生產毛額(Gross National Product, GNP)與國內生產毛額(Gross Domestic Product, GDP)

一、GNP與GDP之定義

GNP

全體國民(包括居住在國外的本國國民)

・在某一段時間內(一年內)。
・所新生產創造出來的。
・最終財貨與勞務。
・按該期間的市價衡量計算的總生產值。

GDP

在該經濟體系內,全體的住民(包括外國人)

二、GDP(或GNP)的特性

1. 在某一段時間內(一年內):非當期生產不計入,例如古董、古畫的交易、二手貨的交易金額。
2. 所新生產創造出來的:不具生產性的活動不計入,例如已上市證券的交易金額、移轉性支付、公債利息。
3. 按該期間的市價衡量計算的總生產值:
   (1) 未透過市場交易且價值難以估算的不計入,例如:家庭主婦的勞務、自行在家修理房舍、自行整理花草等。

(2) 未透過市場交易且價值估算容易的要計入，例如：自用住宅的設算租
金、農民生產留供自用的農產品。

三、GNP和GDP之關係

GNP＝GDP＋國外要素淨所得淨額。

四、事後（realized）之GNP三面等值關係

GDP可由1.生產面、2.支出面、3.所得面三方面來衡量（計算），其結果一
致，謂之GDP三面等值關係。

1. 生產面（附加價值面）：

附加價值是總產值減去中間投入的餘額，將全國所有廠商或產業的附加價
值加總等於GDP。

例如：麵粉原料100元，做成一個200元的麵包，

則創造的附加價值為200元－100元＝100元。

2. 支出面：

GDP＝C（消費）＋I（投資）＋G（政府支出）＋X（出口）－M（進口）。

3. 所得面：

$$GNP＝\underbrace{W（工資）＋r（利息）＋R（地租）＋\pi（利潤）}_{NI（國民所得）}＋間接稅淨額＋$$

折舊－國外要素所得淨額

牛刀小試

( ) **1** 若從所得面計算GDP，不包括下列哪一項？　(A)外勞薪資　(B)受
僱人員報酬　(C)營業盈餘　(D)政府的移轉。

( ) **2** 若從所得面計算GDP，不包括下列何者？　(A)外勞薪資　(B)租金
(C)利潤　(D)出口淨額。

( ) **3** 下列哪一項家戶單位的支出不被計算在國內生產（GDP）的民間
消費項之下？　(A)購買新衣物　(B)購買新汽車　(C)購買新房屋
(D)購買電影票。

（　）**4** 國內生產毛額（GDP）的計算公式GDP＝C＋I＋G＋X－M，其中C為消費，I為投資，G為政府支出，X為出口，M為進口。此計算方式為下列那一種衡量方法？　(A)生產面法　(B)支出面法　(C)所得面法　(D)間接淨額法。 【統測】

（　）**5** 下列哪一項不會使當年度國內生產毛額（GDP）增加？　(A)中古房屋交易熱絡，仲介者佣金收入增加40%　(B)我國籍聲樂家首度在國內舉辦巡迴演唱會，吸引大批歌迷購票　(C)政府加碼提供獎學金給各項表現優良的學生　(D)某百貨商場開幕舉辦促銷活動，吸引大批民眾前往搶購。 【統測】

（　）**6** 在計算國內生產毛額（GDP）時，下列何者不應計算在GDP中？　(A)支付住宅的租金　(B)銀行所收取的手續費　(C)給經紀商的佣金報酬　(D)投資股票的金額。 【統測】

解答與解析

1 (D)。由所得面來計算GDP時，政府的移轉性支出不計入。

2 (D)。出口淨額是由支出面衡量計算時才會計入的。

3 (C)。購買新房屋是屬於家戶部門的投資。

4 (B)　　**5 (C)**　　**6 (D)**

13.2　GNP之計算

一、名目GNP

以當期（計算期）價格計算的GNP

1. GNP－折舊＝淨國民生產毛額（NNP）

   註：折舊＝投資毛額－投資淨額

2. 淨國民生產毛額（NNP）－間接稅淨額－公賣利益＝國民所得（NI）

   註：國民所得（NI）＝工資＋利息＋租金＋利潤，間接稅淨額＝間接稅－政府對企業之補貼。

3. 國民所得（NI）－公司未發放盈餘－營利事業所得稅－社會保險費＋移轉支出＋公債利息＝個人所得（PI）

4. 個人所得（PI）－直接稅＝個人可支配所得（DPI）

5. 個人可支配所得（DPI）＝消費（C）＋儲蓄（S）

例：某國2011年之假設資料給定如下：單位為千萬元。

民間消費	100
企業間接稅淨額	5
個人所得稅	15
資本折舊	10
政府消費性支出	40
進口	60
國內毛投資	50
國外要素淨所得	－20
出口	80

(1)請根據以上資料計算該國2011年之GDP。

(2)請計算該國2011年之GNP及NI。

答：(1)GDP＝C＋I＋G＋X－M＝100＋50＋40＋80－60
　　　＝210（千萬元）

(2)GNP＝GDP＋國外要素淨所得＝210－20＝190（千萬元）
　　NI＝GNP－折舊－間接稅淨額＝190－10－5＝175（千萬元）

牛刀小試

(　　) **1** 在其他條件不變，當一國的手機進口金額大幅增加時：　(A)該國的出口淨額和GDP都增加　(B)該國的出口淨額增加、GDP減少　(C)該國的出口淨額減少、民間消費支出增加　(D)該國的出口淨額減少、民間消費支出減少。

(　　) **2** 假設某一國家當年度的國民所得會計帳資料如下：工資250億元，地租350億元，利息200億元，利潤220億元，企業間接稅淨額50億元，折舊80億元，國外要素所得淨額40億元，下列何者不正確？　(A)國民所得（NI）為1020億元　(B)國內生產毛額（GDP）為990億元　(C)國民生產毛額（GNP）為1150億元　(D)國民生產淨額（NNP）為1070億元。　　　　　　　　　　　　　　　　　【統測】

( ) **3** 假設A國2008年統計資料如下：民間消費580億元，政府支出400億元，國內投資淨額700億元，國內投資毛額920億元，進口360億元，出口300億元，間接稅淨額100億元，政府補貼50億元，則A國2012年的GDP為多少？ (A)1840億元 (B)1620億元 (C)1990億元 (D)2110億元。 【統測】

( ) **4** 假設某國2008年的國民所得（NI）為35億，個人所得稅為5億，企業間接稅淨額為10億，折舊為20億，消費支出為15億，則該國的國入生產毛額（GDP）為：(A)65億 (B)70億 (C)80億 (D)85億。 【統測】

( ) **5** 下列有關國民所得概念的敘述，何者錯誤？ (A)NNP＝GNP－折舊 (B)NNP＝NI＋間接稅淨額 (C)NNP＝工資＋地租＋利息＋利潤＋折舊 (D)NI＝工資＋地租＋利息＋利潤。 【統測】

( ) **6** 國民生產淨額（NNP）中不含移轉支付的原因為？ (A)款項收到後未必會支付出去 (B)非用於生產財貨與勞務等行為 (C)應計入政府支出項目中 (D)有重複計算的現象。 【統測】

解答與解析

1 (C)。當進口金額增加時，淨的出口＝出口－進口，淨的出口將下降，民間消費增加。

2 (B)。NI＝工資＋地租＋利息＋利潤＝250＋350＋200＋220＝1020，
NNP＝NI＋間接稅＝1020＋50＝1070，GNP＝NNP＋折舊＝1070＋80＝1150，
GDP＝GNP－國外要素所得淨額＝1150－40＝1110

3 (A)。由GDP＝C＋I＋G＋X－M＝580＋920＋400＋300－360＝1840

4 (A)。國內生產毛額（GDP）＝國民所得（NI）＋企業間接稅淨額＋折舊＝35＋10＋20＝65（億）

5 (C)。NNP＝NI＋間接稅淨額＝工資＋地租＋利息＋利潤＋間接稅淨額

6 (B)

二、實質GDP

以基期（或上一期）價格計算的GDP

$$實質GDP＝\frac{名目GDP}{GDP平減指數}$$

例：某國的部分國民所得資料給定如下：

年	GDP平減指數（％） （基期＝2000年）	名目GDP	實質GDP （基期＝2000年）
2000	100	?	400
2002	?	800	500
2004	250	1000	?
2006	200	1200	?

(1)計算2000年之名目GDP。

(2)計算2002之GDP平減指數。

(3)計算2004年之實質GDP。

(4)計算2006年之實質GDP。

答：(1)實質GDP＝$\dfrac{名目GDP}{GDP平減指數}$，

　　$400 = \dfrac{名目GDP}{100}$，得名目GDP＝400

　　(2)實質GDP＝$\dfrac{名目GDP}{GDP平減指數}$，

　　$500 = \dfrac{800}{GDP平減指數}$，得GDP平減指數＝160

　　(3)實質GDP＝$\dfrac{名目GDP}{GDP平減指數}$，

　　實質GDP＝$\dfrac{1000}{250}$，得實質GDP＝400

　　(4)實質GDP＝$\dfrac{名目GDP}{GDP平減指數}$，

　　實質GDP＝$\dfrac{1200}{200}$，得實質GDP＝600

例：假定一個經濟體只生產電腦和麵包兩種產品，且生產不須使用中間投入：

項目 年度	電腦		麵包	
	單價	數量	單價	數量
2009	1125	12	10	1000
2010	1200	16	12	1200

以2009年為基期，則2010年的GDP平減指數為何？

答：2010年GDP平減指數 $= \dfrac{2010年的名目GDP}{2010年的實質GDP}$

$\dfrac{2010年的數量 \times 2010年的價格}{2010年的數量 \times 2009年的價格} = \dfrac{1200 \times 16 + 12 \times 1200}{1125 \times 16 + 10 \times 1200} = 112(\%)$

三、平均每人實質所得

$\dfrac{實質GNP}{人口數} = 平均每人實質所得$

例如：一國的實質GNP＝3600元，人口為300人，則該國平均每人實質所得

$= \dfrac{實質GNP}{人口數} = \dfrac{3600}{300} = 12元$

牛刀小試

(　　) **1** 當一國的名目GDP增加時： (A)其實質GDP也增加 (B)其GDP平減指數也增加 (C)其實質GDP與GDP平減指數都增加 (D)資料不足，無法判斷。

(　　) **2** 假設某一國家僅生產及消費A、B、C三種商品，2011年之單位價格分別為15、20、30元，產量分別為100、150、50單位；2012年之單位價格分別為20、20、35元，產量分別為120、100、100單位，若以2011年為基期，則下列何者正確？ (A)2012年名目GDP為6800元 (B)2012年實質GDP為7900元 (C)2011年名目GDP為6000元 (D)2011年實質GDP為12750元。　　　　　【統測】

解答與解析

1 (D)。 名目GDP＝實質GDP×GDP平減指數

若名目GDP上升，可能是實質GDP上升或GDP平減指數上升。

2 (C)。 2011年名目GDP＝15×100＋20×150＋30×50＝6000

13.3 物價指數與通貨膨脹率

一、物價指數

1. CPI：消費者物價指數

用以衡量正常家庭平時主要消費物品價格相對變化程度的物價指數。

2. WPI：躉售物價指數

由大宗物資價格的加權平均而得的物價指數。

3. GNP平減指數：國民生產毛額平減指數（又稱為隱性的物價指數）

$$\text{GNP平減指數} = \frac{\text{名目GNP}}{\text{實質GNP}}$$

二、通貨膨脹率

$$\text{第t年的通貨膨脹率} = \text{第t年的CPI年增率} = \frac{CPI_t - CPI_{t-1}}{CPI_{t-1}}$$

例如：第2年的CPI＝110%，第3年的CPI＝120%，則第3年的

$$\text{通貨膨脹率} = \frac{\text{第3年的CPI} - \text{第2年的CPI}}{\text{第2年的CPI}} = \frac{120\% - 110\%}{110\%} = 9.09\%$$

牛刀小試

( ) **1** 假設一籃商品只包括10斤西瓜和5斤芒果。根據下表，如果基期年為2009年，則：

年	西瓜的單價	芒果的單價
2009	每斤$1	每斤$2
2010	每斤$2	每斤$4
2011	每斤$4	每斤$4

(A)2009年的GPI為100，2010年的CPI為150，2011年的CPI為200

(B)2009年的GPI為100，2010年的CPI為150，2011年的CPI為300

(C)2009年的GPI為100，2010年的CPI為200，2011年的CPI為300

(D)2009年的GPI為20，2010年的CPI為50，2011年的CPI為60。

(　) **2** 承上題，以CPI所計算的物價膨脹率，下列何者正確？　(A)2010年為50%，2011年為50%　(B)2010年為50%，2011年為100%　(C)2010年為100%，2011年為50%　(D)2010年為100%，2011年為100%。

(　) **3** 下列哪一種物價指數，係選取對消費者比較重要的商品與勞務編製成物價指數，用以衡量一般家庭生活成本的指標？

(A)GDP 平減指數　　　　(B)消費者物價指數

(C)躉售物價指數　　　　(D)進口物價指數。　　　　【統測】

(　) **4** 若A國2011年之名目GDP為2100，2011年物價指數為105，2012年名目GDP為2420，2012年物價指數為110，則下列有關A國的敘述，何者正確？

(A)2012年之物價膨脹率為10%

(B)2011年之實質GDP為2100

(C)2012年之實質GDP為2200

(D)2012年之經濟成長率為15%。　　　　【統測】

(　) **5** 若2011年的名目GDP為1,100億元，實質GDP為1,000億元；2012年名目GDP為1,331億元，實質GDP為1,100億元，失業率為3%。若GDP平減指數可反映物價水準，則2012年痛苦指數為：

(A)10%　(B)11%　(C)12%　(D)13%。　　　　【統測】

解答與解析

1 (C)。 $CPI = \dfrac{\sum P_i \cdot Q_i^0}{\sum P_i^0 \cdot Q_i^0} \times 100\%$

2009年的 $\dfrac{1 \times 10 + 2 \times 5}{1 \times 10 + 2 \times 5} \times 100\% = 100\%$

2010年的 $\dfrac{2 \times 10 + 4 \times 5}{1 \times 10 + 2 \times 5} \times 100\% = 200\%$

2011年的 $\dfrac{4 \times 10 + 4 \times 5}{1 \times 10 + 2 \times 5} \times 100\% = 300\%$

2 (C)。2010年的物價膨脹率

$$= \frac{2010年的CPI - 2009年的CPI}{2010年的CPI} = \frac{200\% - 100\%}{100\%} = 100\%$$

2011年的物價膨脹率

$$= \frac{2011年的CPI - 2010年的CPI}{2010年的CPI} = \frac{300\% - 200\%}{200\%} = 50\%$$

3 (B)

4 (C)。$2012實質GDP = \frac{2012年名目GDP}{2012年物價指數} = \frac{2420}{110\%} = 2200$

5 (D)。2012年的GDP平減指數為：$\frac{1331}{1100} = 1.21$

2011年的GDP平減指數為：$\frac{1100}{1000} = 1.1$

2012年的物價上漲率為：$\frac{1.21 - 1.1}{1.1} = 0.1$

痛苦指數 = 失業率 + 物價上漲率 = 3% + 0.1 = 13%

13.4　國民所得做為經濟福利指標的問題

以國民所得做為經濟福利的指標有下列的缺失

1. 未透過市場交易的經濟活動。
2. 地下經濟活動。
3. 財貨品質提升或生產技術進步。
4. 休閒的價值。
5. 負產品。
6. 所得分配的情形。

13.5 經濟福利指標

一、經濟福利淨額（NEW）

考慮社會利益與社會成本兩個層面。

二、綠色國民所得帳

亦稱為「環境帳」、「資源帳」或「環境與經濟綜合帳」，即從GDP中扣除自然資源折耗及環境品質折損。

三、NEW的計算方法

經濟學者諾浩思（Nordhaus）與杜賓（Tobin）於1972年提出經濟福利淨額（Net Econonnc Welfare,NEW）。

國民生產毛額（GNP）

－折舊

＝NNP

＋休閒的價值

＋未上市產品的價值

＋家庭主婦設算價值

＋技術進步及品質提升

＋增進福利的政府支出

－防弊的產品（國防、警察、太空）

－負產品（環境汙染、環境維護成本）

＝經濟福利淨額（NEW）

實戰演練

(　) **1** 某甲2000年大學畢業時起薪為20,000元，到2014年薪水調為52,000元；而在此段期間物價水準上漲了30%，請問相較於2000年，2014年某甲之實質薪資增加多少元？ (A)25,000 (B)32,000 (C)20,000 (D)不變。

(　) **2** 下列何者不應計入GDP？ (A)公債利息 (B)房屋租金 (C)政府購買辦公用品支出 (D)當期新增的存貨。

(　) **3** 在國民所得會計帳，由NI推算到PI的過程中，哪一項不屬於「不勞而獲」的部分？ (A)公債利息 (B)救濟金 (C)公司未分配盈餘 (D)撫卹金。

(　) **4** 政府自民國101年1月起調整老農津貼為7,000元，老農津貼是屬於何種政府支出？ (A)經常性支出 (B)資本性支出 (C)移轉性支出 (D)政策性支出。

(　) **5** 假設甲國2018年名目GDP為6600億元，實質GDP為5000億元，則當年的GDP平減指數為？ (A)136 (B)132 (C)125 (D)120。

(　) **6** 最具代表性的國民經濟福利指標為？ (A)國內生產毛額 (B)名目GDP (C)實質GDP (D)平均每人實質GDP。

(　) **7** 設某國2003年國民生產毛額為400億元，國民所得為340億元，資本折舊為24億元，企業間接稅50億元，則政府補貼為？ (A)14億元 (B)24億元 (C)36億元 (D)60億元。

(　) **8** 關於GDP，下列敘述何者錯誤？ (A)二手名牌店交易所得應予計入 (B)仲介公司協助買賣中古屋的佣金收入予應計入 (C)家庭主婦的勞務，不列入其中 (D)銀行人員協助顧客辦理信用卡，現金卡的佣金收入應予計入。

(　) **9** 下列哪一種物價指數，係選取對消費者比較重要的商品與勞務編製成物價指數，用以衡量一般家庭生活成本的指標？ (A)GDP平減指數 (B)進口物價指數 (C)躉售物價指數 (D)消費者物價指數。

( ) **10** 以下何者應計入GDP中？　(A)收到政府發放之老人年金3萬元　(B)獲得國際紅十字會之救災捐贈100萬元　(C)買進二手iPhone手機一台2,000元　(D)賺取速食店打工所得6,000元。

( ) **11** 若一國的物價上漲率高於名目GDP的增加率，則該國的實質GDP將？　(A)增加　(B)下降　(C)不變　(D)無法判斷。

( ) **12** 下列何者會造成國內生產毛額的減少？　(A)進口　(B)出口　(C)政府消費支出　(D)民間消費支出。

( ) **13** 下列何者不是以平均每人實質GDP衡量一國生產總值的缺失？　(A)未考慮到物價水準的變動　(B)無法估算負產品所造成的損失　(C)無法顯示生產技術的提升　(D)無法顯示一國所得分配的情形。

( ) **14** 下列有關國內生產毛額（GDP）與國民生產毛額（GNP）的敘述，何者有誤？　(A)GNP是指一國的全體國民，在一定期間內所生產之所有最終財貨與勞務，以市場價值計算的總值　(B)GNP＝GDP＋要素在國外所得淨額　(C)GDP是屬於流量的概念　(D)證券交易的手續費不列入當年的GDP。

( ) **15** 義大利聲樂家帕華洛帝來台開演唱會的報酬，應該？　(A)計入台灣的GDP　(B)計入台灣的GNP　(C)同時計入台灣的GDP與GNP　(D)可計入，亦可不計入台灣的GDP。

( ) **16** 下列哪一項應計入當期的GDP？　(A)政府發放的撫卹金　(B)學校發放的獎學金　(C)廠商銷售去年存貨的所得　(D)中古車經銷商所賺取之佣金收入。

( ) **17** 以GNP衡量一國經濟福利仍存有許多缺點，因此許多經濟學者便加以修正，例如薩穆遜的經濟福利淨額NEW，為了能夠真實的衡量出經濟福利，下列哪一項必須扣除？　(A)負產品　(B)休閒價值　(C)圖書館的價值　(D)未上市產品的價值。

( ) **18** 設某國2018年統計資料如下：民間消費2000億元，存貨減少5億元，政府消費750億元，固定資本形成毛額900億元，輸出2005億元，輸入1800億元，本國國民在外國生產6000億元，外國人民在本國生產5900億元，則GNP為？　(A)3855億元　(B)3850億元　(C)3750億元　(D)3950億元。

(　　) **19** 國內生產毛額（GDP）的政府支出項目不包含下列何者？　(A)公立中小學老師薪資　(B)政府對友邦之援助金轉移性　(C)員警的薪資　(D)實質購買性消費性支出。

(　　) **20** 企業與國內之農業經營者契作納豆，以300萬元代價取得採收完的納豆，進入冷凍加工場加工，最後有80%的產品出口，20%的產品在國內販售，出口金額為1,000萬元，國內販售銷售額為400萬元，該企業的附加價值為多少萬元？　(A)1,300　(B)1,100　(C)1,000　(D)800。

(　　) **21** 下列哪些是衡量GDP時所忽略，且會使GDP被低估？　(1)個人薪資所得　(2)水電工修理自家水電　(3)環境污染　(4)財貨品質提升　(5)公司作假帳蓄意逃漏稅　(A)(1)(2)(3)(4)　(B)(2)(3)(4)　(C)(2)(4)(5)　(D)(2)(4)。

(　　) **22** 將GDP扣除「自然資源的折耗」及「環境品質的折損」，以作為衡量環境永續發展的福利指標為？　(A)經濟福利淨額　(B)經濟福利量度　(C)國民幸福年報　(D)綠色GDP。

(　　) **23** 若平均每人實質GDP增加或實質GDP增加均表示生活福利提升，某國的經濟成長率為5%，物價上漲率為10%，則？
(A)該國的生活福利上升
(B)該國的生活福利下降
(C)無法判斷生活福利上升或下降
(D)名目GDP的成長率為5%。

第14章　所得水準的決定

 英國的凱因斯（J. M. Keynes）是當代最偉大的經濟學家，他的經濟理論對近代政府的財經政策有非常深遠的影響，這一章就是凱因斯的理論核心，讓我們站在巨人的肩膀一窺總體經濟學之堂奧。

重點提示如下：

1. 凱因斯的消費基本心理法則　　　　2. APC、APS之關係
3. 加速原理　　　　　　　　　　　　4. 影響投資需求的原因
5. 緊縮缺口和膨脹缺口　　　　　　　6. 乘數理論（每年必考）
7. 平衡預算乘數

14.1　消費、儲蓄

一、消費函數

說明消費（C）和可支配所得（Y_D）的關係。

$C = f(Y_D，其他因素) = C_0 + bY_D$

式中 C_0：自發性的消費支出

　　　bY_D：所得誘發的消費支出

　　　Y_D：可支配所得

二、凱因斯的消費基本心理法則

指消費隨可支配所得的增加，但其增加的幅度小於可支配所得增加的幅度，即 $0 < \Delta C < \Delta Y_D$，式中 $\Delta C = $ 變動後的 C－變動前的 C。

將 $0 < \Delta C < \Delta Y_D$ 同除 $\Delta Y_D \Rightarrow 0 < \dfrac{\Delta C}{\Delta Y_D} < \dfrac{\Delta Y_D}{\Delta Y_D} \Rightarrow 0 < MPC < 1$

式中 $\dfrac{\Delta C}{\Delta Y_D} = MPC$：邊際消費傾向。$\Delta Y_D = $ 變動後的 Y_D－變動前的 Y_D。

三、儲蓄函數

$\begin{cases} C = C_0 + bY_D \cdots\cdots 消費函數 \\ Y_D = C + S \cdots\cdots 可支配所得＝消費＋儲蓄 \end{cases}$

則 $S = Y_D - C = Y_D - (C_0 + bY_D) = -C_0 + (1-b)Y_D \cdots\cdots 儲蓄函數$

四、APC、APS之關係

$$\begin{cases} C = C_0 + bY_D \ldots\ldots 消費函數 \\ S = -C_0 + (1-b)Y_D \ldots\ldots 儲蓄函數 \\ Y_D = C + S \ldots\ldots 可支配所得 = 消費 + 儲蓄 \end{cases}$$

1.　$APC = \dfrac{C}{Y_D} = \dfrac{C_0}{Y_D} + \dfrac{bY_D}{Y_D} = \dfrac{C_0}{Y_D} + b \ldots\ldots 平均消費傾向$

$APS = \dfrac{S}{Y_D} = -\dfrac{C_0}{Y_D} + \dfrac{(1-b)Y_D}{Y_D} = \dfrac{-C_0}{Y_D} + (1-b) \ldots\ldots 平均儲蓄傾向$

而APC＋APS＝1

2.　$MPC = \dfrac{\Delta C}{\Delta Y_D} = \dfrac{\Delta(C_0 + bY_D)}{\Delta Y_D} = b \ldots\ldots 邊際消費傾向$

$APC = \dfrac{C_0}{Y_D} + b = \dfrac{C_0}{Y_D} + MPC$　　表示APC＞MPC

3.　$MPS = \dfrac{\Delta S}{\Delta Y_D} = \dfrac{\Delta(-C_0 + (1-b)Y_D)}{\Delta Y_D} = (1-b) \ldots\ldots 邊際儲蓄傾向$

而MPC＋MPS＝b＋（1－b）＝1

牛刀小試

（　）**1** 若某國的可支配所得為1,600單位,邊際消費傾向為0.5,平均消費
傾向為0.6。則該國自發性消費為:
(A)0　　　　　　　　　　　　(B)80
(C)100　　　　　　　　　　　(D)160。

（　）**2** 簡單凱因斯模型中的消費線斜率為:
(A)正值且小於1　　　　　　　(B)正值且等於1
(C)負值且絕對值小於1　　　　(D)先負後正,呈U字型。

（　）**3** 當所得為10,000元時,消費為7,000元;當所得為15,000元時,消費
為11,000元,則邊際儲蓄傾向為:
(A)4/5　　　　　　　　　　　(B)3/5
(C)2/5　　　　　　　　　　　(D)1/5。

( ) **4** 在簡單凱因斯模型中，若所得為2,000元時，消費為1,200元；但當所得提高至2,500元時，消費提高至1,600元，則MPC（邊際消費傾向）與MPS（邊際儲蓄傾向）應為：

(A)MPC＝4／5，MPS＝1／5

(B)MPC＝1／5，MPS＝4／5

(C)MPC＝3／5，MPS＝2／5

(D)MPC＝3／4，MPS＝1／4。 【統測】

( ) **5** 假設消費函數為C＝150＋0.8Y，其中C為消費，Y為所得。請問下列那一項是錯誤的？

(A)消費函數的斜率為0.2

(B)邊際儲蓄傾向為0.2

(C)自發性消費支出為150

(D)若Y＝750時，誘發性支出為600。 【統測】

( ) **6** 下列何者不是影響儲蓄的因素之一？

(A)對未來經濟景氣的預期

(B)利率水準

(C)資本設備利用率

(D)可支配所得。 【統測】

解答與解析

1 (D)。令$C = C_0 + bY_D$

$$APC = \frac{C}{Y_D} = \frac{C_0}{Y_D} + \frac{bY_D}{Y_D} = \frac{C_0}{Y_D} + b ，$$

已知$Y_D = 1600$，$b = 0.5$，$APC = 0.6$，代入上式

$$0.6 = \frac{C_0}{1600} + 0.5 ，得C_0 = 160$$

2 (A)。令消費函數為$C = C_0 + bY_d$，$mpc = \frac{\Delta C}{\Delta Y_d} = b$，$0 < mpc = b < 1$。

3 (D)。$Y_0 = 10,000$，$C_0 = 7,000$

$Y_1 = 15,000$，$C_1 = 11,000$

$$mpc = \frac{C_1 - C_0}{Y_1 - Y_0} = \frac{11,000 - 7,000}{15,000 - 10,000} = 0.8，mps = 1 - mpc = 1 - 0.8 = 0.2$$

4 (A)。 $MPC = \dfrac{\Delta C}{\Delta Y_0} = \dfrac{C_1 - C_0}{Y_1 - Y_0}$ ，已知$Y_0 = 2000$，$C_0 = 1200$，$Y_1 = 2500$，$C_1 = 1600$

則 $MPC = \dfrac{1600 - 1200}{2500 - 2000} = \dfrac{400}{500} = \dfrac{4}{5}$ ，而$MPC + MPS = 1$，

故 $MPS = 1 - MPC = 1 - \dfrac{4}{5} = \dfrac{1}{5}$

5 (A)。 消費函數的斜率$= \dfrac{\Delta C}{\Delta Y} = MPC = 0.8$ ，$MPS = 1 - MPC = 1 - 0.8 = 0.2$

自發性消費支出為150，若$Y = 750$，則誘發性支出為$750 \times 0.8 = 600$

6 (C)

14.2 投資

一、資本與投資之關係

國民所得會計帳上所指的投資，包括企業固定投資、住宅投資、存貨投資，其中以企業固定投資所占的比例最大，在經濟學上所指的投資只包括能夠使生產能量增加的實物投資，而不包括金融（有價證券）的投資，因為金融投資交易只是一種權利憑證的移轉，對於生產能量並沒有影響，所以不計入國民生產毛額內。

I_g（毛投資）$- l_n$（淨投資）$=$資本折舊（D）

投資為一流量變數，資本（K）為一存量變數，其關係為：

$K_{t+1} - K_t = l_n$或$\Delta K = l_n$

二、加速原理（Acceleration principle）

國民所得上升，購買力提升後想多買東西增加消費，廠商也因此需要增加投資以供應更多的產出，於是造成了所得增加引導投資增加，再更進一步加速產出與所得增加的正向循環效果，這個關係就稱為加速原理，一般我們在模型中看到投資I量會受到產出Y的正向影響時（$I = I(Y)$），我們就稱之為考慮加速效果或加速原理。

三、投資的判斷準則

1. NPV法：

$$NPV = \frac{R_1}{(1+r)} + \frac{R_2}{(1+r)^2} + \frac{R_3}{(1+r)^3} + ... + \frac{R_n}{(1+r)^n} - P_c$$

　　式中　NPV：投資的淨現值

　　　　　R_i：投資第i年的預期收益。（i＝1,2,3,……n）

　　　　　　r：為市場利率

　　　　　P_c：資本財的成本價格

　　若　　NPV ≧ 0，表投資有利可圖，可進行投資。

　　　　　NPV＜0，表示投資無利可圖，不宜進行投資。

2. MEI法：

投資邊際效率就是一種貼現率，用來貼現固定資本的預期收益（R_i），使其現值之總和等於該項固定資本之價格（P_c）。

$$P_c = \frac{R_1}{(1+MEI)} + \frac{R_2}{(1+MEI)^2} + \frac{R_3}{(1+MEI)^3} + ... + \frac{R_n}{(1+MEI)^n}$$

　　若　MEI＞r，表示投資有利。

　　　　MEI＜r，表示投資不利。

3. 杜賓（Tobin）之q理論：

$$q = \frac{廠商的市場價值}{廠商的機器設備重置成本} = \frac{每股市價 \times 流通在外股數}{資本財的市場價格 \times 資本財的數量}$$

　　若　q ≧ 1，表示投資有利。

　　　　q＜1，表示投資不利。

四、影響投資需求的原因

下列因素均會造成投資需求的增加：

1. 利率下降。　　　　　　　　2. 資本財價格下降。

3. 對未來銷售量或售價看好。　4. 技術改良或創新出現。

5. 資本設備利用率提高。　　　6. 生產成本降低。

7. 政府的減稅。

14.3 均衡所得的決定

一、總合供給（AS）

二、總合需求（AD）

三、商品市場之均衡條件式

事前：1.AS＞AD⇒本期存貨增加⇒下期裁員減少生產⇒下期的產出Y↓

2.AS＜AD⇒本期存貨減少⇒下期增加雇用生產⇒下期的產出Y↑

3.AS＝AD⇒存貨不再改變，達成均衡。

二部門：家計和企業⇒AD＝AC＋I

三部門：家計和企業與政府⇒AD＝C＋I＋G

四部門：家計和企業與政府和國外部門⇒AD＝C＋I＋G＋（X－M）

當總供給（AS＝Y）等於總需求（AD），即可求出均衡所得（Y）。

二部門均衡時：Y＝C＋I

三部門均衡時：Y＝C＋I＋G

四部門均衡時：Y＝C＋I＋G＋（X－M）

牛刀小試

( ) **1** 下列為某一封閉經濟體系的資料：C＝50＋0.8（Y－T），I＝100，G＝150，T＝100。均衡時，該國的平均儲蓄傾向為多少？
(A)0.1　　　　　　　　　(B)0.15
(C)0.2　　　　　　　　　(D)0.245。

( ) **2** 某一封閉經濟體系，其自發性總支出與均衡所得分別為1,000單位與8,000單位。若該經濟體系的投資I＝200＋0.125Y，且稅收為0，則其邊際消費傾向為：
(A)0.25　　　　　　　　(B)0.5
(C)0.75　　　　　　　　(D)1。

( ) **3** 依照傳統凱因斯學派的理論，當其他條件不變且政府減稅時，對民間消費與民間儲蓄產生的影響是：
(A)消費增加且儲蓄增加　(B)消費增加而儲蓄減少
(C)消費減少而儲蓄增加　(D)消費減少且儲蓄減少。

解答與解析

1 **(B)**。 均衡時，$Y = C + I + G$，式中$C = 50 + 0.8(Y-T)$，$I = 100$，$G = 150$，$T = 100$，代入上式

$Y = 50 + 0.8(Y-100) + 100 + 150$，得$Y = 1100$，將$Y = 1100$代入$C = 50 + 0.8(Y-100)$

得$C = 850$，由$S = Y_D - C = Y - T - C = 1100 - 100 - 850 = 150$，$APS = \dfrac{S}{Y_D} = \dfrac{150}{1100-100}$

2 **(C)**。 由$Y = C + I + G$，已知$C = C_0 + b(Y-T)$，$I = I_0 + my$，$G = G_0$，$T = 0$

得$Y = C_0 + b(Y-0) + I_0 + mY + G_0$，$(1-b-m)Y = C_0 + I_0 + G_0$

已知$C_0 + I_0 + G_0 = 1,000$，$Y = 8,000$，$m = 0.125$則$(1-b-0.125) \times 8,000 = 1,000$

得$b = 0.75$

3 **(A)**。 政府採行減稅，將使民眾的可支配所得提高，而可支配所得（Y_d）等於消費（C）加儲蓄（S）。故Y_d上升，C和S皆會提高。

14.4　乘數理論

一、二部門

已知 $\begin{cases} C = C_0 + bY \\ I = I_0 \end{cases}$

均衡時$AS = AD$，即$Y = C + I \Leftrightarrow Y = C_0 + bY + I_0$

左右全微分（即左右乘上Δ）$\Rightarrow \Delta Y = \Delta C_0 + b\Delta Y + \Delta I_0$

令$\Delta I_0 = 0$　則$\Delta Y = \Delta C_0 + b\Delta Y$，即$\Delta Y - b\Delta Y = \Delta C_0$

得$(1-b)\Delta Y = \Delta C_0$，移項$\dfrac{\Delta Y}{\Delta C_0} = \dfrac{1}{1-b}$，消費支出乘數。

令$\Delta C_0 = 0$　則$\Delta Y = b\Delta Y + \Delta I_0$，移項$\Delta Y - b\Delta Y = \Delta I_0$。

得$(1-b)\Delta Y = \Delta I_0$，移項$\dfrac{\Delta Y}{\Delta I_0} = \dfrac{1}{1-b}$，投資支出乘數。

二、三部門

$$已知\begin{cases} C = C_0 + bY_D \\ I = I_0 \\ G = G_0 \\ Y_D = Y - T \end{cases}，T可分成下列三種形式$$

1. **定額稅**：$T = T_0$

   均衡時AS＝AD，即$Y = C + I + G \Leftrightarrow Y = C_0 + b（Y - T_0）+ I_0 + G_0$

   左右全微分：$\Delta Y = \Delta C_0 + b\Delta Y - b\Delta T_0 + \Delta I_0 + \Delta G_0$

   $\dfrac{\Delta Y}{\Delta C_0} = \dfrac{1}{1-b}$ 消費支出乘數（令$\Delta I_0 = \Delta G_0 = \Delta T_0 = 0$）

   $\dfrac{\Delta Y}{\Delta T_0} = \dfrac{-b}{1-b}$ 定額稅乘數（令$\Delta I_0 = \Delta G_0 = \Delta C_0 = 0$）

   $\dfrac{\Delta Y}{\Delta I_0} = \dfrac{1}{1-b}$ 投資支出乘數（令$\Delta C_0 = \Delta T_0 = \Delta G_0 = 0$）

   $\dfrac{\Delta Y}{\Delta G_0} = \dfrac{1}{1-b}$ 政府支出乘數（令$\Delta C_0 = \Lambda I_0 = \Delta T_0 = 0$）

2. **比例稅**：$T = tY$（$t > 0$，固定稅率）

   均衡時AS＝AD，即$Y = C + I + G \Leftrightarrow Y = C_0 + b（Y - tY）+ I_0 + G_0$

   左右全微分：$\Delta Y = \Delta C_0 + b\Delta Y - t\Delta Y - Y\Delta t + \Delta I_0 + \Delta G_0$

   $\dfrac{\Delta Y}{\Delta C_0} = \dfrac{1}{1-b+bt}$ 消費支出乘數（令$\Delta t = \Delta I_0 = \Delta G_0 = 0$）

   $\dfrac{\Delta Y}{\Delta t} = \dfrac{-bY}{1-b+bt}$ 稅率乘數（令$\Delta C_0 = \Delta I_0 = \Delta G_0 = 0$）

   $\dfrac{\Delta Y}{\Delta I_0} = \dfrac{1}{1-b+bt}$ 投資支出乘數（令$\Delta C_0 = \Delta t = \Delta G_0 = 0$）

   $\dfrac{\Delta Y}{\Delta G_0} = \dfrac{1}{1-b+bt}$ 政府支出乘數（令$\Delta C_0 = \Delta I_0 = \Delta t = 0$）

3. **綜合稅**：$T = T_0 + tY$（$T_0 > 0$，$t > 0$）

均衡時，$AS = AD$，即$Y = C + I + G \Leftrightarrow Y = C_0 + b(Y - T_0 - tY) + I_0 + G_0$

左右全微分：$\Delta Y = \Delta C_0 + b\Delta T - b\Delta T_0 - t\Delta Y - Y\Delta t + \Delta I_0 + \Delta G_0$

$\dfrac{\Delta Y}{\Delta C_0} = \dfrac{1}{1 - b + bt}$ 消費支出乘數（令$\Delta I_0 = \Delta G_0 = \Delta T_0 = \Delta t = 0$）

$\dfrac{\Delta Y}{\Delta I_0} = \dfrac{1}{1 - b + bt}$ 投資支出乘數（令$\Delta C_0 = \Delta G_0 = \Delta T_0 = \Delta t = 0$）

$\dfrac{\Delta Y}{\Delta t} = \dfrac{-bY}{1 - b + bt}$ 稅率乘數（令$\Delta C_0 = \Delta I_0 = \Delta G_0 = \Delta T_0 = 0$）

$\dfrac{\Delta Y}{\Delta G_0} = \dfrac{1}{1 - b + bt}$ 政府支出乘數（令$\Delta C_0 = \Delta I_0 = \Delta T_0 = \Delta t = 0$）

$\dfrac{\Delta Y}{\Delta T_0} = \dfrac{-b}{1 - b + bt}$ 定額稅乘數（令$\Delta C_0 = \Delta I_0 = \Delta G_0 = \Delta t = 0$）

三、四部門

已知$C = C_0 + bY_D$

$\quad I = I_0$

$\quad G = G_0$

$\quad Y_D = Y - T$

$\quad T = T_0$

$\quad X = X_0$（X_0自發性出口）

$\quad M = M_0 + mY$（M_0自發性進口，m為邊際進口傾向）

均衡時，$AS = AD$，

即$Y = C + I + G + (X - M) \Leftrightarrow Y = C_0 + b(Y - T_0) + I_0 + G_0 + X_0 - M_0 - mY$

左右全微分：$\Delta Y = \Delta C_0 + b\Delta Y - b\Delta T_0 + \Delta I_0 + \Delta G_0 + \Delta X_0 - \Delta M_0 - m\Delta Y$

$\dfrac{\Delta Y}{\Delta C_0} = \dfrac{1}{1 - b + m}$ 消費支出乘數（令$\Delta T_0 = \Delta I_0 = \Delta G_0 = \Delta X_0 = \Delta M_0 = 0$）

$\dfrac{\Delta Y}{\Delta I_0} = \dfrac{1}{1 - b + m}$ 投資支出乘數（令$\Delta C_0 = \Delta T_0 = \Delta G_0 = \Delta X_0 = \Delta M_0 = 0$）

$$\frac{\Delta Y}{\Delta G_0} = \frac{1}{1-b+m}\ 政府支出乘數（令\Delta C_0 = \Delta T_0 = \Delta I_0 = \Delta X_0 = \Delta M_0 = 0）$$

$$\frac{\Delta Y}{\Delta X_0} = \frac{1}{1-b+m}\ 出口支出乘數（令\Delta C_0 = \Delta T_0 = \Delta I_0 = \Delta G_0 = \Delta X_0 = 0）$$

$$\frac{\Delta Y}{\Delta M_0} = \frac{-1}{1-b+m}\ 進口乘數（令\Delta C_0 = \Delta T_0 = \Delta I_0 = \Delta G_0 = \Delta X_0 = 0）$$

$$\frac{\Delta Y}{\Delta T_0} = \frac{-b}{1-b+m}\ 定額稅乘數（令\Delta C_0 = \Delta I_0 = \Delta G_0 = \Delta X_0 = \Delta M_0 = 0）$$

14.5　緊縮缺口與膨脹缺口

一、緊縮缺口（deflationary gap）

當充分就業所得Y_f大於均衡所得Y^*時，為達成充分就業之所得水準所須增加總需求（AD）之數額（如圖中dg所示）

$$緊縮缺口（dg）= \frac{Y_f - Y^*}{自發性支出乘數}$$

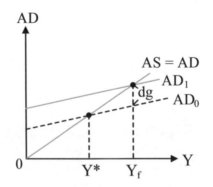

二、膨脹缺口（Inflationary gap）

當充分就業所得Y_f小於均衡所得Y^*時，為避免物價上漲，而維持充分就業之所得水準，所須扣除總需求（AD）之數額（如圖中Ig所示）

$$膨脹缺口（Ig）= \frac{Y^* - Y_f}{自發性支出乘數}$$

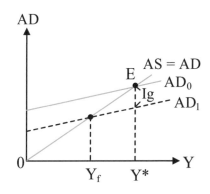

例：若一個簡單的凱因斯模型中，$Y=C+I$，$C=a+bY$，其中，b為邊際消費傾向為0.75，C為消費，I為投資，Y為所得，假設此經濟體系充分就業所得為100，若均衡所得為60，則該經濟體系有膨脹缺口或緊縮缺口，而缺口有多少？

答：(1)已知充分就業所得$Y_f=100$，均衡所得$Y^*=60$，所以$Y_f>Y^*$，目前有緊縮缺口。

(2)由緊縮缺口 $=\dfrac{Y_f-Y^*}{自發性支出乘數}$ ，

已知自發性支出乘數 $=\dfrac{1}{1-邊際消費傾向}=\dfrac{1}{1-0.75}$ ，

緊縮缺口 $=\dfrac{100-60}{\dfrac{1}{1-0.75}}=10$ 。

牛刀小試

（　） 某一封閉經濟體系，其目前的自發性總支出與均衡所得分別為400單位與1,600單位。若此體系僅有自發性投資且稅收為0，同時其充分就業所得為2,000單位。政府支出應增加多少單位才能彌補該經濟體系的緊縮缺口？　(A)80　(B)100　(C)120　(D)200。

解答與解析

(B)。 由$Y=C+I+G$，令$C=C_0+bY_d$，$I=I_0$，$G=G_0$，$T=T_0$，則

$Y=C_0+bY_d+I_0+G_0=C_0+b（Y-T_0）+I_0+G_0$

$（1-b）Y=C_0+I_0+G_0$，已知$Y=1,600$，$C_0+I_0+G_0=400$，則

$（1-b）1600=400$，得$b=0.75$

$$\frac{缺口}{自發性支出}=自發性支出乘數，已知缺口＝Y_f－Y＝2000－1600＝400$$

$$\frac{缺口}{\Delta G}=\frac{1}{1-b}，\frac{400}{\Delta G}=\frac{1}{1-0.75}，得\Delta G＝100$$

14.6　平衡預算乘數

一、定義

在預算平衡（即G＝T）的前提下，同時增加政府的支出（ΔG_0）與稅收（ΔT_0），對所得所產生的乘數效果。

二、平衡預算乘數的計算

已知$Y＝C＋I＋G$

$\quad C＝C_0＋bY_D$

$\quad I＝I_0$

$\quad G＝G_0$

情況(1)$T＝T_0$

情況(2)$T＝T_0＋tY$

令$\Delta G_0＝\Delta T_0＝\Delta B$

情況(1)$T＝T_0$

$$\frac{\Delta Y}{\Delta B}=\frac{1-b}{1-b}=1$$

情況(2)$T＝T_0＋tY$

$$\frac{\Delta Y}{\Delta B}=\frac{1-b}{1-b+bt}，在此情況下，平衡預算乘數不等於1。$$

14.7　節儉的矛盾

一、意義

當全社會都計劃增加儲蓄，結果所得減少，而儲蓄反而不會增加，此現象謂之「節儉的矛盾」。

二、當投資（I）非所得（Y）的函數時；$I=I_0$

若$S_0\uparrow\rightarrow S_1$，$Y^*$（變動前的所得）$\downarrow\rightarrow Y'$（變動後的所得），但$S^*$（變動前的儲蓄）$=S'$（變動後的儲蓄），所以$I=I_0$時，儲蓄不會改變。

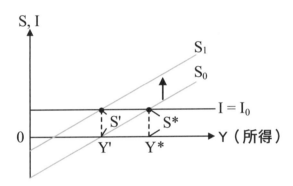

三、當投資（I）為所得（Y）的增函數時；$I=I_0+vY$

若$S_0\uparrow\rightarrow S_1$，$Y^*$（變動前的所得）$\downarrow\rightarrow Y'$（變動後的所得），且$S^*$（變動前的儲蓄）$>S'$（變動後的儲蓄），所以$I=I_0+vY$時，儲蓄反而減少。

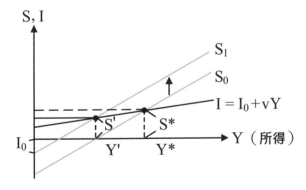

14.8 　自動穩定機能

指在財政制度中實際已包含一種自我調整的功能，可緩和景氣波動之幅度。

1. 誘發性租稅（如：比例稅、累進稅）。
2. 失業保險制度。

牛刀小試

（　　）在經濟景氣擴張期間，「自動穩定因子」（automatic stabilizers）
包含：
(A)政府支出與稅收的減少
(B)政府支出與稅收的增加
(C)政府支出的減少與稅收的增加
(D)政府支出的增加與稅收的減少。

解答與解析

(C)。當景氣過熱時（$y > y_f$），透過政府支出減少和稅收的增加可以減緩景氣
擴張。

實戰演練

( )　**1** 有關凱因斯的敘述，正確有幾項？　(1)提出基本消費心理法則，認為可支配所得的增加量小於消費的增加量　(2)主張未充分就業才是社會常態　(3)主張政府干涉經濟　(4)提出有效需求理論，認為供給創造需求　(A)1項　(B)2項　(C)3項　(D)4項。

( )　**2** 所得分配愈平均的社會，其邊際消費傾向？　(A)愈大　(B)愈小　(C)趨近於∞　(D)趨近於0。

( )　**3** 有關「節儉的矛盾」，何者正確？　(A)「節儉的矛盾」是由亞當斯密所提出的　(B)若社會未達充分就業，則儲蓄的增加會造成所得增加，儲蓄增加　(C)若社會已達充分就業，則儲蓄的增加會造成所得減少，儲蓄減少　(D)「節儉的矛盾」現象較易發生在未達充分就業的已開發國家。

( )　**4** 已知消費函數為$C = 100 + 0.75Yd$，則下列敘述何者正確？　(A)Yd愈高，APC會愈大　(B)誘發性消費是100　(C)邊際消費傾向隨可支配所得的增加而遞減　(D)MPC＝0.75。

( )　**5** 採定額稅制下的凱因斯模型中，政府平衡預算乘數為？　(A)等於1　(B)等於0　(C)大於1　(D)小於1。

( )　**6** 影響消費變動的因素，何者正確？　(A)大眾預期未來物價將上漲，則當期的消費支出會降低　(B)所得分配愈平均，消費支出會愈少　(C)政府提高稅率，會導致消費支出提高　(D)當利率提高，消費支出會下降。

( )　**7** 假設甲國充分就業的均衡所得為500億元，若2018年甲國的MPC＝0.75且膨脹缺口為50億元，甲國當年的實際均衡所得為？　(A)200億元　(B)300億元　(C)550億元　(D)700億元。

( )　**8** 若某項資本財的使用年限為一年，該資本財的成本為100萬元，第一年的預期淨收益為120萬元，則該資本財的投資邊際效率（MEI）為多少？　(A)0.20　(B)1.2　(C)0.83　(D)0.16。

( )　**9** 有關投資邊際效率（MEI）的敘述，下列何者錯誤？　(A)若MEI大於市場利率，表示投資值得進行　(B)MEI是投資的未來預測淨

收益   (C)MEI又稱投資的預期利潤率   (D)技術創新有利於預期收益增加，MEI會上升。

(　) **10** 凱因斯（J.M.Keynes）認為，投資主要決定於哪兩個因素？   (A)利率與投資邊際效率   (B)匯率與利率   (C)工資與地租   (D)可貸資金的供給與需求。

(　) **11** 根據凱因斯（J. Keynes）消費的基本心理法則，當人民可支配所得增加時，其消費支出會如何變動呢？下列敘述，哪一種不正確？(A)消費的增量會低於所得的增量   (B)消費和儲蓄均增加   (C)若MPC＞0.5，人們消費的增量將大於儲蓄的增量   (D)消費的增量等於所得的增量。

(　) **12** 假設簡單凱因斯所得決定模型中，消費與儲蓄為兩直線型函數，且兩線呈平行狀，則自發性投資增加10億，所得會？   (A)增加50億   (B)增加10億   (C)增加20億   (D)不變。

(　) **13** 假設消費函數為C＝150＋0.8Y，其中C為消費，Y為所得。請問下列哪一項是錯誤的？   (A)自發性消費支出為150   (B)邊際儲蓄傾向為0.2   (C)若Y＝750時，誘發性支出為600   (D)消費函數的斜率為0.2。

(　) **14** 投資函數是利率的？   (A)減函數   (B)增函數   (C)二次函數   (D)非函數關係。

(　) **15** 假設甲國家充分就業的均衡所得為500億元，若2018年甲國的MPC＝0.75且膨脹缺口為50億元，則甲國當年的產出缺口為？   (A)200億元   (B)550億元   (C)600億元   (D)700億元。

(　) **16** 已知某部機器的成本為1,000元，使用年限為一年，假設第一年的預期淨收益為1,200元，則該部模器的投資邊際效率為20%，又若市場利率為15%，此投資計畫是否值得投資？   (A)值得   (B)不值得   (C)皆可   (D)無關。

(　) **17** 若總體經濟模型為：Y＝C＋I＋G，式中C＝20＋0.75Y，I＝20，G＝10，若充分就業所得水準為260，均衡所得水準為200，若政府想以支出方式達到充分就業，則應該？   (A)增加支出15   (B)減少支出15   (C)增加支出60   (D)減少支出60。

( ) **18** 假設簡單凱因斯所得決定模型為：$Y＝C＋I＋G$，$C＝48＋0.8$ $(Y－T)$，$I＝20$，$G＝10$，$T＝10$，其中，$Y＝$所得，$C＝$消費，$I＝$投資，$G＝$政府支出，$T＝$政府租稅。若充分就業所得水準為400，則該經濟體系達到均衡時，存在緊縮缺口。如果政府想以租稅方式達到充分就業，則應該？ (A)減少租稅12.5 (B)增加租稅10 (C)政府支出增加12.5 (D)政府支出減少10。

( ) **19** 根據古典學派的論點，在其他條件不變的情況下，儲蓄增加，則均衡利率會如何變動？ (A)上升 (B)下跌 (C)固定不變 (D)變動方向不一定。

( ) **20** 在一般情況下，MPC具有下列何種特性？ (A)隨可支配所得增加而遞減 (B)隨可支配所得增加而遞增 (C)MPC＞1 (D)MPC＜APC。

( ) **21** 消費者A的所得由1,000元增至2,000元時，使得消費支出由800元增至1,200元，則此消費者的邊際儲蓄傾向為： (A)0.2 (B)0.4 (C)0.6 (D)0.8。

( ) **22** 當一經濟社會存在膨脹缺口100時，下列敘述何者正確？ (A)充分就業下的所得會比實際均衡所得少100 (B)此時有產出缺口100 (C)政府可採取增加稅收的經濟政策來解決膨脹缺口 (D)可透過增加自發性支出100，來解決膨脹缺口。

( ) **23** 有關平衡預算乘數（balance budget multiplier）的敘述，下列何者正確？ (A)在簡單凱因斯模型中，該乘數恰等於1 (B)恆大於1 (C)當政府支出增加與課徵所得稅時，國民所得也同額增加 (D)由政府支出增加量除以稅收增加量計算得之。

( ) **24** 若消費函數為$C＝766＋0.688Y$，則收支平衡下的平均消費傾向（APC）與平均儲蓄傾向（APS）分別為： (A)1,0 (B)0,1 (C)0.688,0.312 (D)0.312,0.688。

( ) **25** 有關經濟學所定義的投資，正確有？(1)是一種存量的概念 (2)指的是實體投資，如購買已上市的股票 (3)其他條件不變下，利率愈高，投資量會愈少 (4)受國民所得變化而變動的投資稱為誘發性投資 (5)自發性投資曲線為一條負斜率曲線。 (A)(3)(4)(5) (B)(2)(3)(4) (C)(1)(3)(4) (D)(3)(4)。

（　　）**26** 假設消費函數為C＝a＋bYd，其他條件不變下，下列敘述正確有幾項？　(1)平均消費傾向（APC）隨著可支配所得的增加而遞減　(2)邊際消費傾向（MPC）隨著可支配所得的增加而增加　(3)高所得者的MPC較大　(4)當社會所得分配愈平均，則MPC愈小　(5)APS（平均儲蓄傾向）＞MPS（邊際儲蓄傾向）。　(A)1項　(B)2項　(C)3項　(D)4項。

（　　）**27** 社會存在緊縮缺口80，則？　(A)實際國民所得（Y）比充分就業國民所得（Yf）少80　(B)充分就業國民所得（Yf）比實際國民所得（Y）少80　(C)增加自發性支出80，可解決緊縮缺口　(D)減少自發性支出80，可解決緊縮缺口。

（　　）**28** 簡單凱因斯模型，若Y＞C＋I，表示？　(A)社會總需求大於總供給　(B)發生供不應求現象，廠商存貨不足　(C)社會總產出超過總支出　(D)廠商將增加生產，國民所得及就業增加。

（　　）**29** 有關乘數原理的敘述，何者正確？
(A)指在充分就業下，當「自發性支出變動」時，會引起「所得」呈倍數的變動
(B)乘數愈大，表示自發性支出的變動，對均衡所得的影響效果愈顯著
(C)當邊際消費傾向愈大時，乘數愈小
(D)若投資乘數為5，自發性投資增加5億元時，則將使所得增加1億元。

（　　）**30** 假設一經濟社會的自發性消費＝10，自發性投資＝30，邊際消費傾向＝0.8，則？　(A)均衡所得200　(B)均衡消費160　(C)平均消費傾向0.15　(D)平均儲蓄傾向0.85。

第15章　貨幣與金融

什麼是貨幣？這看似簡單的問題，但一直到現在經濟學家對於什麼是貨幣還是眾說紛紜，原因是隨著經濟的發展新的交易工具推陳出新，導致對貨幣的定義就變得非常複雜了。

重點提示如下：
1. 古典的貨幣需求理論
2. 貨幣的功能
3. 貨幣供給的定義
4. 貨幣乘數（考計算題）
5. 貨幣政策之量的管制

15.1　貨幣

一、貨幣的定義

以先驗法（a priori approach）認為貨幣應具備四種功能：

二、貨幣制度之演進

1. 商品貨幣（commodity money）：除了具有交易媒介等貨幣功能之外，本身亦具商品價值之貨幣，例如金銀珠寶、貝殼、珠子等。

2. 金銀鑄幣：以金或銀鑄造的硬幣，成為通行的商品貨幣，格萊興法則（Gresham's Law）：商品價值高於面值的硬幣被窖藏或熔化，只剩下商品價值低於面值的硬幣在市場上流通，這種「劣幣驅逐良幣」的現象謂之格萊興法則。

3. 強制貨幣：由政府賦予無限清償之地位的貨幣。包括紙幣、鑄幣、存款貨幣等。而紙幣和鑄幣合併稱之為通貨（currency），支票存款和活期存款合併為存款貨幣（deposit money）。

貨幣制度之演進

15.2　貨幣需求

一、古典學派的貨幣需求理論

由費雪（Irving Fisher）的交易方程式

$$MV = Py \qquad\qquad M = \frac{1}{V}Py$$

式中M：名目貨幣供給　　　V：貨幣所得流通速度
　　P：物價水準　　　　　y：實質所得

假設 $M^s = M$。且V受到交易習慣或制度因素的影響，所以是固定數。又古典學派假設 $y = y_f$，當貨幣市場均衡時 $M^d = M^s$，$M = \frac{1}{V}Py_f$，式中V、y_f 均為已知常數，所以名目貨幣供給（M）與物價水準（P）同方向且同比例變動，即貨幣中立性。

二、凱因斯的流動性偏好理論

凱因斯認為人們基於：1.交易動機、2.預防動機、3.投機動機，而保有最具流動性的貨幣。

1. **交易動機**：為了日常交易之用而保有的貨幣，其數量與所得呈正向關係。
2. **預防動機**：預防意外事件發生而保有的貨幣，其數量與所得呈正向關係。
3. **投機動機**：人們持有高流動性的貨幣，以便可以在債券市場上，逢低買進，逢高賣出，作為投機之用。將上述三項動機以函數和圖形表示如下：

貨幣需求函數為 $\dfrac{M^d}{P} = \ell_1(y) + \ell_2(r)$

式中：$\ell_1(y)$ 表示交易與預防動機的貨幣需求。

　　　$\ell_2(r)$ 表示投機動機的貨幣需求。

$\dfrac{M^d}{P}$：表示實質的貨幣需求

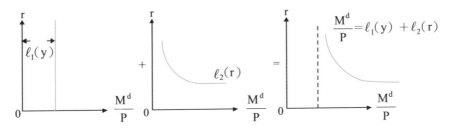

三、影響貨幣需求的因素

持有貨幣數量會增加：

因素
1. 實質國民所得增加。
2. 其它資產報酬率降低（以利率水準來代表）。
3. 其它資產的風險提高。
4. 預期物價上漲率降低。
5. 資產總量增加。

牛刀小試

（　　）**1** 下列何者不是凱因斯所提出的貨幣需求動機？　(A)投資動機　(B)預防動機　(C)交易動機　(D)投機動機。　　　　　　　【統測】

(　) **2** 下列有關凱因斯主張貨幣需求之動機的敘述，何者錯誤？
　　　(A)交易動機所需的貨幣數量，會因所得提高而增加
　　　(B)交易動機所需的貨幣數量，會因利率提高而減少
　　　(C)預防動機所需的貨幣數量，會因所得提高而增加
　　　(D)投機動機所需的貨幣數量，會因利率提高而減少。　　　【統測】

　　解答　　　**1 (A)**　　　**2 (B)**

15.3　貨幣供給

一、貨幣供給的定義

1. 狹義的貨幣供給：
   M_{1A}＝流通於私人通貨＋存款貨幣
   上式的存貨貨幣＝支票存款＋活期存款
   M_{1B}＝M_{1A}＋活期儲蓄存款
2. 廣義的貨幣供給：
   M_2＝M_1＋準貨幣
   上式的準貨幣＝定期存款＋儲蓄存款＋外幣存款＋郵政局轉存款

牛刀小試

(　) **1** 依據我國中央銀行對貨幣的定義，下列哪一項可歸類於準貨幣？
　　　(A)支票存款　　　　　　　(B)活期存款
　　　(C)定期存款　　　　　　　(D)信用卡。　　　【統測】

(　) **2** 下列何者的定義中包括準貨幣在內？
　　　(A)M_{1A}　　　　　　　　(B)M_{1B}
　　　(C)M_2　　　　　　　　　(D)支票存款。　　　【統測】

(　) **3** 下列何者包括在M_2中，但不包括在M_{1b}中？　(A)活期存款　(B)信用卡　(C)支票存款　(D)外幣存款。　　　【統測】

　　解答　　　**1 (C)**　　　**2 (C)**　　　**3 (D)**

二、商業銀行存款貨幣的創造

當銀行收到一筆客戶的存款時，除了應保留法定準備金外，其餘的資金可以進行放款或投資，經過存放款過程的運作，可產生創造存款貨幣的功能，使信用擴張。

1. 法定準備金：中央銀行為了維護金融安定，依法規定銀行應將存款提存一定比例至中央銀行與銀行金庫內，該筆金額稱為「法定準備金」，另法定準備金與存款總額的比率，稱為「法定準備率」。

2. 超額準備金：當銀行保有的實際準備金超過法定準備金，其差額即為「超額準備金」，另超額準備金占存款總額的比率，稱為「超額準備率」。

公式：

1. 存款準備金＝法定準備金+超額準備金

2. 法定準備率＝$\dfrac{\text{法定準備金}}{\text{存款總額}} \times 100\%$

3. 超額準備率＝$\dfrac{\text{超額準備金}}{\text{存款總額}} \times 100\%$

例：某甲將營業收入40,000存入乙銀行，若法定存款準備率為15%，乙銀行保留8,000元的存款準備金，試問(1)法定準備金、(2)超額準備金、(3)超額準備率。

答：(1)法定準備金＝$40,000 \times 15\% = 6,000$（元）

(2)超額準備金＝存款準備金－法定準備金＝$8,000 - 6,000 = 2,000$（元）

(3)超額準備率＝$\dfrac{\text{超額準備金}}{\text{存款總額}} \times 100\% = \dfrac{2,000}{4,000} \times 100\% = 5\%$

三、存款貨幣總額、貨幣乘數與引申存款

1. 存款貨幣創造過程：

   假設如下：

   (1) 某甲將1,000萬的「原始存款」存入乙銀行，法定準備率為20%。

   (2) 銀行只有支票存款業務。

   (3) 銀行除法定準備金外，不保留超額準備。

   (4) 社會大眾會將銀行放款資金全數流回銀行，亦即沒有「現金流失」現象。

2. 存款貨幣創造的計算公式：

(1) 原始存款：指客戶以現金或支票存入銀行，以換取對銀行的債務請求權，此筆存款即為原始存款，以A表示。

(2) 引申存款：指銀行運用原始存款辦理放款等授信過程中再創造出來的存款，以△D表示。

公式：

(1) 存款貨幣總額（D）＝原始存款（A）×$\dfrac{1}{\text{法定準備率（R）}}$，即 $D=A \times \dfrac{1}{R}$

(2) 引申存款（△D）＝存款貨幣總額（D）－原始存款（A），即△D＝D－A

(3) 貨幣乘數＝$\dfrac{1}{\text{法定準備率（R）}} = \dfrac{1}{R}$

上述公式中，「貨幣乘數」指銀行體系吸收一定金額的原始存款後，創造的存款貨幣總額為該原始存款的倍數，此一倍數即為「貨幣乘數」。

例：乙銀行吸收1,000萬元的支票存款，若法定準備率為20%，試問：(1)貨幣乘數為何？(2)銀行體系共可創造多少存款貨幣？(3)引申存款多少？

答：(1)貨幣乘數＝$\dfrac{1}{\text{法定準備率（R）}} = \dfrac{1}{20\%} = 5$

(2)創造存款貨幣 $D = \dfrac{A}{R} = \dfrac{1,000萬}{20\%} = 5,000萬(元)$

(3)引申存款（△D）＝D－A＝5,000萬－1,000萬＝4,000萬（元）

3. 如果把1.的假設條件(3)和(4)放寬，則存款貨幣總額（D）與貨幣乘數的公式改成：

存款貨幣總額（D）＝$\dfrac{A}{R+C+E}$

貨幣乘數＝$\dfrac{1}{R+C+E}$

E：超額準備率

C：現金流失率

四、貨幣政策

央行用來調節景氣的工具謂之貨幣政策，而央行之貨幣政策又可分為量的管制（或稱一般性的管制）與質的管制。

1. 量的管制：

(1) 公開市場操作：在景氣衰退時，央行透過有組織且公開的金融市場，買入票據釋放出貨幣，導引利率下降刺激投資意願。在景氣過熱時則出售票據收回貨幣，使利率提高抑止私人投資。

(2) 重貼現率政策：在景氣衰退時，央行降低重貼現率，提高商銀借款需求使得貨幣供給增加。在景氣過熱時則提高重貼現率，抑止商銀借款需求使貨幣供給減少。

(3) 存款準備率：在景氣衰退時，央行降低存款準備率，以提高商銀放款的能力使得貨幣供給增加。在景氣過熱時則提存款準備率，抑止商銀放款需求使貨幣供給減少。

2. 質的管制：

(1) 選擇性信用管制：指中央銀行僅管理特定信用的流向與流量，其工具有保證金比例、消費者信用比例、不動產信用管制。

(2) 直接管制：指中央銀行對銀行信用創造活動加以直接干涉與控制，其方式有直接限制貸款額度或對業務不當的銀行採取強制制裁。以及規定各銀行的放款及投資方針，以確保健全信用的經營原則。

(3) 道義說服：指中央銀行對商業銀行曉以大義請各商業銀行配合央行之政策，所以又稱為「下巴骨政策」。

牛刀小試

( ) **1** 欲降低物價水準，中央銀行可：
(A)在公開市場賣出政府公債
(B)在公開市場買進政府公債
(C)調降重貼現率
(D)調降法定存款準備率。

( ) **2** 大多數經濟學家認為，在其他條件不變下，當中央銀行買進債券時：
(A)經濟體系短期均衡所得會減少
(B)經濟體系短期均衡物價會下跌
(C)不會影響經濟體系的長期均衡所得
(D)在經濟體系趨向長期均衡的過程中，人們會調降物價的預期水準。

( ) **3** 假設一經濟體系只有一家銀行，且一開始擁有存款1,000元。若中央銀行將法定存款準備率由10%提高為25%，則其他條件相同時，此經濟體系的存款貨幣總額為何？
(A)增加10,000元 　　　　　(B)增加4,000元
(C)減少10,000元 　　　　　(D)減少6,000元。

( ) **4** 在其他條件不變下，當中央銀行調降應提準備率（required reserve ratio）時：
(A)中央銀行通貨發行量提高 　(B)市場利率會下降
(C)市場利率會上升 　　　　　(D)總合需求會減少。

( ) **5** 當國內經濟不景氣時，政府可能採行的政策很多，但並不包括：
(A)提高重貼現率
(B)通過獎勵投資條例，對投資提供租稅獎勵
(C)對私部門減稅或補貼
(D)在公開市場買進公債。

解答與解析

1 (A)。公開市場賣出政府公債，同時收回等值的台幣，即貨幣供給減少，將使一般物價水準下降。

2 (C)。央行買入債券，同時釋放等額的台幣，如同貨幣供給增加，將使得總需求增加。長期，總合供給線為垂直線，總合需求增加，僅造成物價水準上升，但均衡的所得不變。

3 (D)。由存款貨幣總額（D）＝原始存款（A）$\times \dfrac{1}{\text{法定準備率（R）}}$

若R＝10%時，$D_0 = 1000 \times \dfrac{1}{10\%} = 10000$

若R＝25%時，$D_1 = 1000 \times \dfrac{1}{25\%} = 4000$

$D_1 - D_0 = 4000 - 10000 = -6000$，故減少6000。

4 (B)。應提準備率下降，將使商業銀行貸放的能力提高，則貨幣供給增加，市場利率會下降。

5 (A)。提高重貼現率，將使得貨幣供給減少，導致利率上升，而利率上升又使得投資需求減少，最後又使得產出減少。

五、貨幣市場的均衡

當貨幣供給量（M^s以表示）等於貨幣需求量（以$L(Y, r)$表示）時，貨幣市場即達到均衡：$M^s = L(Y, r)$

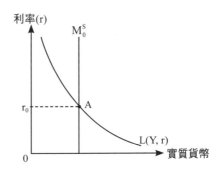

圖中之A若為貨幣市場之均衡處，r_0為市場均衡利率，若中央銀行增加貨幣供給，使M_0^s移到M_1^s，均衡點為A'，在$r = r_0$時，貨幣供給量大於需求量，利率將由r_0下降到r_1，新的均衡點為B。

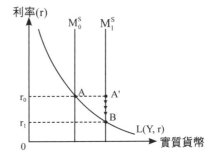

15.4　貨幣與匯率

一、名目匯率（nominal exchange rate）

為兩國通貨的相對價格，例如：若美元對台幣匯率是32台幣／美元，表示在外匯市場上，可以1美元兌換32元台幣。

二、貨幣的購買力

$$貨幣的購買力 = \frac{1}{物價水準}$$

例如：10元可以買1碗飯，則$1元 = \frac{1}{10}$碗飯，故貨幣購買力為$\frac{1}{10}$，即$\frac{1}{P}$。

兩國貨幣之購買力可以定義為：

$$外國貨幣之購買力 = \frac{1}{外國之物價水準(P_f)}$$

$$本國貨幣之購買力 = \frac{1}{本國之物價水準(P)}$$

$$\frac{\text{外國購買力}}{\text{本國購買力}} = \frac{\dfrac{1}{P_f}}{\dfrac{1}{P}} = \frac{P}{P_f} = \text{兩國匯率}$$

當P上升或P_f下降,則名目匯率上升,反之;當P下降或P_f上升,則名目匯率下降。

15.5　金融市場

一、金融市場(financial markets)

透過各種金融工具,將資金供給者的資金提供給資金需求者的市場。

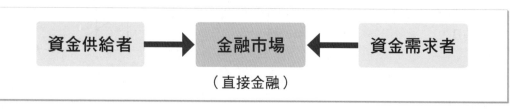

二、直接金融(direct finance)

資金的供給者與需求者,直接透過金融市場完成交易。

三、金融市場的區分

1. 依金融工具到期日長短區分
   (1) **貨幣市場**:金融工具之到期日為一年內。
   (2) **資本市場**:金融工具之到期日為一年以上。
2. 依是否首次發行的金融工具
   (1) **初級市場**:首次發行的金融工具。
   (2) **次級市場**:已發行交易買賣的金融工具。
3. 依交易場所區分
   (1) **集中市場**:是公開市場,以競價方式來買賣標準化金融工具的市場。
   (2) **店頭市場**:非正式且非集中場所之市場,經由經銷商來完成買賣之市場。

四、間接金融（indirect finance）

資金的供給者與需求者，需經由貨幣機構來完成交易。

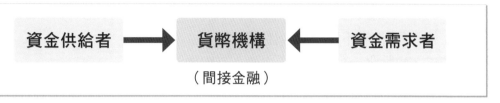

五、貨幣機構（monetary institution）

依法得發行貨幣性間接證券的金融中介機構。未能發行貨幣性間接證券的金融中介機構，稱為非貨幣機構。

貨幣機構 ┬ 中央銀行：獨占發行紙幣。
　　　　　└ 存款貨幣機構：經營紙幣替代業務。

牛刀小試

(　) **1** 金融市場可分為：
(A)資本市場與債券市場　　(B)貨幣市場與股票市場
(C)貨幣市場與資本市場　　(D)資本市場與股票市場。

(　) **2** 最近幾年台灣金融市場的改變趨勢為：
(A)直接金融變得愈來愈重要
(B)散戶的交易比重愈來愈高
(C)主導地位由台灣證券交易所移轉為櫃檯買賣中心
(D)投資人的國外投資大於國內投資。

(　) **3** 下列何者不是金融資產？
(A)期貨契約　　　　　　(B)債權工具
(C)選擇權契約　　　　　(D)土地。

(　) **4** 下列何者為金融資產？
(A)土地　　　　　　　　(B)期貨經紀公司
(C)不動產抵押債權證券　(D)小麥。

(　　) **5** 下列何者屬於金融資產？
(A)鑽石　　　　　　　　(B)公司債
(C)房地產　　　　　　　(D)土地。

(　　) **6** 下列何者不屬於風險性資產？
(A)股票　　　　　　　　(B)國庫券
(C)外幣　　　　　　　　(D)期貨選擇權。

(　　) **7** 下列有關金融交易之敘述，何者正確？
(A)購買股票一定比購買公司債風險小且報酬大
(B)購買基金一定較定存的風險小且報酬大
(C)房子的流動性較股票的流動性差
(D)長期債券的流動性通常較短期債券的流動性高。

解答與解析

1 (C)。金融市場依金融工具的期限來區分，可分為貨幣市場（一年以內）、資本市場（一年以上）。

2 (A)。直接金融是指企業直接到金融市場發行金融工具籌措資金。

3 (D)。期貨契約、債權工具、選擇權契約都是金融資產。

4 (C)。以公司資產作為抵押品所發行的證券。

5 (B)。公司債是金融資產。

6 (B)。國庫券乃政府所發行的短期票券風險很低。

7 (C)。流動性是變成現金的能力，房屋的變現能力較股票的變現能力差。

15.6　我國金融體系之現況

金融體制雙元性（financial dualism）┌ 正式之金融體系
　　　　　　　　　　　　　　　　　└ 非正式之金融體系

兩者同時存在且重要。

我國現行金融體系

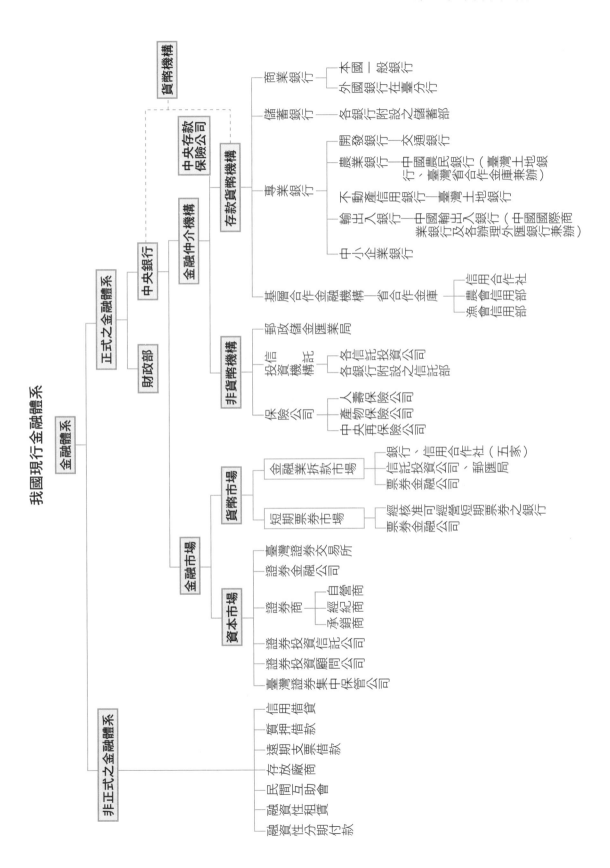

15.7　金融市場之交易工具

金融市場的區分

依金融工具到期日長短不同，可區分成貨幣市場（一年內到期）和資本市場（一年以上）的信用工具。

資本市場信用工具
- **政府公債**：政府為解決財政收支或募集公共建設資金所發行的。
- **公　司　債**：公司企業為募集長期資金所發行的債務憑證。
- **金融債券**：金融機構所發行的債務憑證。
- **股　　　票**：公司企業為募集長期資金所發行的權益憑證。

貨幣市場信用工具
- **國　　庫　　券**：
  1. 甲種國庫券是由財政部發行，目的為調節國庫收支。
  2. 乙種國庫券是由中央銀行發行，目的為調節國際收支穩定金融。
- **銀行承兌匯票**：發票人委託付款人於指定到期日，依照簽發金額無條件支付給受款人或持票人之票據。到期前經銀行提示後，即成為銀行承兌匯票。
- **商業承兌匯票**：出售商品或提供勞務的賣方簽發一定金額委託付款人於指定到期日，無條件支付予受款人或持票人之匯票，而由買方為付款人並經其承兌之匯票。
- **可轉讓定存單**：指銀行簽發在特定期間按約定利率支付利息的存款憑證。
- **商　業　本　票**：企業以本身為發票人，承諾於指定到期日無條件支付予受款人或持票人一定金額的票據。

牛刀小試

( ) **1** 貨幣市場工具的到期日應：
(A)超過一個月 (B)超過半年 (C)超過一年 (D)一年以下。

( ) **2** 下列何者不是貨幣市場工具？ (A)可轉讓定存單 (B)國庫券
(C)買賣斷之公債 (D)商業本票。

( ) **3** 一年以上或期限不定的有價證券買賣為： (A)貨幣市場 (B)期貨
市場 (C)資本市場 (D)選擇權市場。

( ) **4** 下列何者屬於貨幣市場工具？ (A)公債 (B)商業本票 (C)股票
(D)公司債。

( ) **5** 下列何者為資本市場證券？ (A)商業本票 (B)國庫券 (C)附買
回協定 (D)十年期公司債。

( ) **6** 下列何者為貨幣市場證券？ (A)五年期的公司債 (B)普通股
(C)二十年期的公司債 (D)三個月期的國庫券。

( ) **7** 資本市場的工具到期日應： (A)超過一個月 (B)超過半年 (C)
超過一年 (D)一年以下。

( ) **8** 商業本票係短期票券，其發行者為： (A)聯邦準備銀行 (B)商業
銀行 (C)知名企業 (D)以上皆非。

( ) **9** 國庫券是由下列哪一機構發行用以募集資金？ (A)績優股公司
(B)市政府 (C)外國公司 (D)中央政府。

解答與解析

1 (D)。 貨幣市場工具是指到期在一年以內。

2 (C)。 公債是資本市場的工具。

3 (C)。 到期日為一年以下短期金融資產為貨幣市場；一年以上則為資本市場。

4 (B)。 公司債、股票、公債皆為資本市場工具。

5 (D)。 十年期公司債為資本市場證券。

6 (D)。 公司債、普通股，皆為資本市場工具。

7 (C)。 資本市場的工具其到期日超過一年，若是一年內則是貨幣市場。

8 (C)。 商業本票是企業為取得週轉資金，以自己為發票人及付款人而開發一年
期以內之本票。

9 (D)。 國庫券是由政府為調節國庫收支或穩定國內金融所發行的貨幣市場工具。

15.8 　金融控股公司

一、立法背景與目的

1. **背景**：加入WTO後面臨外資的競爭，以及金融機構因開放設立，導致家數過多的問題。故於2001年11月1日正式實施金融控股公司法，簡稱「金控法」。

2. **目的**：引導金融，保險及證券業可以跨業經營和鼓勵金融機構大型化。

二、成立金控公司優點

1. 可設立一區域作業中心，同時涵蓋銀行、證券、保險等業務，各公司作業系統共享資訊，使得成本節省，在經營上產生綜效作用。

2. 金融公司可以透過交叉行銷，提供客戶多元的金融商品選擇，以及更多元的金融服務，據以擴大市場占有率及降低公司的經營成本。

三、金控監理效益

1. 成立金控公司，利於主管機構合併監理，建立預警機制，使金控公司的相關子公司資訊透明化。

2. 建立專責的金監會達成金融檢查一元化，來有效管理及降低監督管理的成本，提高監理的公信力。

![實戰演練]

(　) **1** 若一般社會大眾將定期存款解約後轉存為活期儲蓄存款，則？
(A)M_{1A}增加，M_{1B}增加，M_2不變　(B)M_{1A}增加，M_{1B}增加，M_2減少　(C)M_{1A}不變，M_{1B}減少，M_2不變　(D)M_{1A}不變，M_{1B}增加，M_2不變。

(　) **2** 下列何者包含在我國之貨幣供給量M_{1B}的定義中？　(A)小陳存在華南銀行的台幣活期儲蓄存款100,000元　(B)小李存在台灣銀行的美金存款3000元　(C)小王存在花旗銀行的台幣定期存款50,000元　(D)小張存在彰化銀行的台幣定期儲蓄存款10,000元。

(　) **3** 若一經濟體系正處在流動性陷阱時，則下列敘述何者正確？　(A)貨幣供給的利率彈性無窮大　(B)貨幣需求的利率彈性無窮大　(C)貨幣供給增加利率會上升　(D)此時政府採用擴張的貨幣政策必能降低物價。

(　) **4** 下列何者不屬於商業銀行的資產？　(A)現金準備　(B)放款　(C)活期存款　(D)投資。

(　) **5** 一般而言，經濟愈發達的國家，何種貨幣佔貨幣總額的比例會愈高？　(A)紙幣　(B)存款貨幣　(C)塑膠貨幣　(D)準貨幣。

(　) **6** 關於凱因斯提出的貨幣需求三大動機，其中受利率影響的動機為？
(A)投機動機　(B)交易動機　(C)預防動機　(D)經常性動機。

(　) **7** 根據貨幣數量學說的看法，若貨幣流通速度不變，現在所得增加5%，但貨幣供給增加15%，物價？　(A)約上漲10%　(B)約上漲20%　(C)不變　(D)不一定。

(　) **8** 下列敘述，何者正確？
(A)有「金融業的百貨公司」之稱的是信託投資公司
(B)貨幣市場為一年以內之金融商品交易的市場，交易商品如商業本票、股票等
(C)現金流失率越高，會創造越多存款貨幣
(D)存款為銀行主要的受信業務，為銀行的負債。

（　）9 當流動性陷阱（liquidity trap）存在，為促使經濟景氣復甦，比較使用貨幣政策與財政政策兩者的有效性，下列敘述何者正確？(A)使用貨幣政策比財政政策來得有效　(B)使用財政政策比貨幣政策來得有效　(C)使用貨幣政策與財政政策同樣有效　(D)使用貨幣政策與財政政策同樣無效。

（　）10 比較費雪方程式（Fisher equation）與劍橋方程式（Cambridge equation），可知「貨幣流通速度」與「現金餘額佔貨幣所得的比例」的關係是？　(A)相等　(B)互為倒數　(C)相加為1　(D)互為正比。

（　）11 所謂信用貨幣指的是？　(1)鑄幣　(2)紙幣　(3)存款貨幣　(4)準貨幣　(5)塑膠貨幣　(A)(4)(5)　(B)(1)(2)(3)　(C)(1)(2)(3)(4)　(D)(1)(2)(3)(4)(5)。

（　）12 根據流動性偏好理論，當利率愈高時，投機動機的貨幣需求就愈？(A)多　(B)少　(C)不一定　(D)與利率無關。

（　）13 有關貨幣供給量的敘述，何者有誤？
(A)是一種存量的概念
(B)在經濟學上，通常是假設貨幣供給量主要是由中央銀行決定
(C)貨幣供給曲線是一條垂直於橫軸的曲線
(D)依貨幣的涵蓋範圍由少到多，排列為：$M_2 > M_{1B} > M_{1A}$。

（　）14 下列有關流動性偏好理論的內容，何者錯誤？　(A)民眾為交易、預防與投機動機而持有貨幣　(B)流動性偏好減弱，會使實質貨幣需求上升　(C)流動性陷阱存在，會使貨幣政策無效　(D)實質貨幣需求會受所得與利率的影響。

（　）15 下列何者並非我國銀行法所規定的銀行種類？　(A)信託投資公司　(B)商業銀行　(C)中央銀行　(D)專業銀行。

（　）16 費雪（Irving Fisher）強調貨幣之交易媒介功能，並提出交易方程式，其中M：貨幣數量、P：物價水準、V：貨幣流通速度、T：總產出、K：人們手中握有的貨幣總額佔總所得的比例，下列何者正確？　(A)MP＝VT　(B)MT＝PV　(C)MK＝VT　(D)MV＝PT。

( ) **17** 若依流動性的高低排序，M_{1A}、M_{1B}、M_2三者的排序應為？
(A)$M_{1A} > M_{1B} > M_2$ (B)$M_{1A} = M_{1B} = M_2$
(C)$M_{1A} < M_{1B} < M_2$ (D)$M_{1B} > M_2 > M_{1A}$。

( ) **18** 下列哪一項是貨幣最重要的功能？
(A)價值儲藏 (B)價值標準
(C)延期支付標準 (D)交易媒介。

( ) **19** 若第一銀行吸收客戶支票存款40000，所創造的引申存款為120000，則在不考慮超額準備等其他情況下，法定準備率應為？
(A)25% (B)75%
(C)67% (D)33%。

( ) **20** 已知引申存款40,000元，所創造的存款貨幣50,000，及超額準備率為5%，假設不考慮現金流失率，則原始存款與法定準備率，分別為何？
(A)10000，15% (B)10000，20%
(C)90000，15% (D)90000，20%。

實戰演練

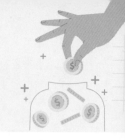

第16章　政府

重點提示如下：

1. 公共財的特性、公共財數量之決定、公共財之種類
2. 政府預算、預算主張
3. 政府收入的種類、政府支出的方式和效果
4. 公共選擇問題、代理問題，以及有效監督

16.1　政府職能

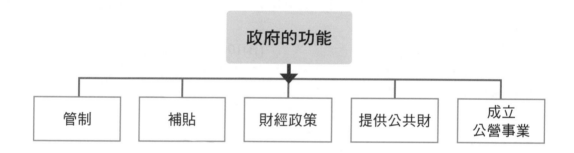

一、政府的功能

當市場機能受到限制時，政府應執行的公共決策（public decisions），除了制定並且有效執行健全的經濟法規，也創造一個適合經濟活動順利推展的客觀環境。方式有下列方法：

1. 成立公營事業，經營自然獨占之產業，或對民營的自然獨占產業進行價格管制。
2. 對製造外部成本者課稅或管制，並對產生外部效益者補貼。
3. 提供生產具有「共享」和「無排他性」之特性的公共財。
4. 在不損及經濟效率之原則下，減輕調整與競爭帶給社會的成本。
5. 採取適當的所得重分配與公共支出措施，改善貧富不均或福利分配不均現象。
6. 採取適當的財政政策（租稅與支出）與貨幣政策等，以維持經濟穩定，減少失業，平衡國際收支，並促進經濟發展。

二、政府角色的演變

政府角色的演變，可由I、II、III階段來作說明：

第 I 階段	古典學派、新古典學派認為除了國防與治安外，經濟活動應由市場自由操作。
第 II 階段	1930年發生大恐慌，古典學派無法解釋當時所面臨的高失業現象，凱因斯學派力主政府必須以需求面政策來調節經濟體系，此時政府的功能受到重視。
第 III 階段	1960年代末及1970年代初，發生停滯性膨脹，凱因斯學派的需求面政策無效，於是重貨幣學派和理性預期相繼而起，他們反對政府必須以需求面政策來調節經濟體系，並主張經濟活動應由市場自由操作，政府不應予以干預。

牛刀小試

(　　) 下列何者不是政府介入自由經濟的適當原因？　(A)處理外部性的問題　(B)稅收不足　(C)經營自然獨占的產業　(D)公共財的提供。　　　　　　　　　　　　　　　　　　　　　　　　　【統測】

解答 **(B)**

16.2　財貨的種類

	可排他	無法排他
獨享	私有財	準私有財
共享	準公共財	公共財

一、定義

1. **獨享**：指東西讓一個人消費了以後，即無法再讓其他人享用。
2. **可排他**：指可以防止他人坐享其成。

二、種類

1. **私有財**：例如：衣服、鞋子。
2. **準私有財**：例如：教育、交通運輸設備、醫療服務、預防接種。

3. **準公共財**：例如：戲院、有線電視、（私人）公園、收費的高速公路等。
4. **公共財**：例如：國防、警察、消防、司法、路燈、燈塔等。

16.3　公共財

一、定義

公共財是具有共享（nonrival）和無法排他（nonexclusive）兩種特性的財貨。
1. **特性**：
   (1) **共享**：可以讓多人共用而不損及其中任何人的效用。
   (2) **無法排他**：無法禁止他人不付代價，坐享其成。
2. **例子**：
   國防所產生的防衛利益是大家可「共享」的，即是說某甲所能享受到的國防保護，不因某乙也受到保護而減損；同時，國防的保護也是「無法排他」的，意即沒有支付代價的國民，一樣可以同享國防保護的好處。

二、公共財之市場需求

公共財之市場需求為個人需求線的垂直加總，如圖。

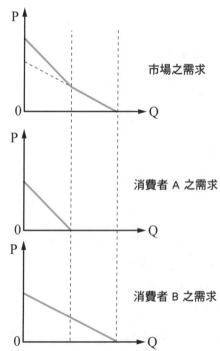

三、公共財如何造成市場失靈

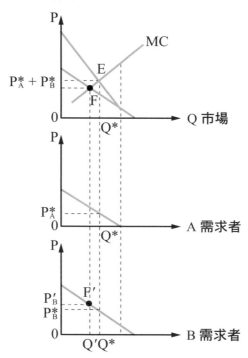

公共財的使用若要按消費者的需要來取價，需先獲得公共財的個別及市場需求曲線，此舉相當困難，因有些人會隱藏其需求，待生產出來後再去享受，即搭便車者（Free rider）。如圖。由 $MRS^A + MRS^B = MC$ 或 $P_A + P_B = MC$ 決定社會最適公共財數量為 Q^*，A需求者支付的價格 P_A^* 小於B需求者支付價格 P_B^*，造成A想享用但不付錢，則A之需求不存在，僅有B的需求存在，如此一來，若想按消費者的需求來取價，進而提供生產產量為 Q'，往往無法達成最適產量之結果，因 $Q' < Q^*$。而另外就付費方面，使用者僅以個人的利益付費，而會不以社會的利益來付費。

四、解決之道

由於公共財有共享及無排他性之特性，所以無法由私人來提供，而由政府來生產。

牛刀小試

(　　) **1** 公共財的需要：　(A)可由個別需要平行相加　(B)由個別需要直相加　(C)由個別邊際成本平行相加　(D)由個別邊際成本垂直相加。

(　　) **2** 下列哪一種是公共財？　(A)公園　(B)高速公路　(C)學校　(D)醫院。

(　　) **3** 當政府利用課稅或補貼政策使具外部效果的完全競爭產業達到最大經濟效率時，下列何者必定成立？　(A)社會的邊際效益等於社會的邊際成本　(B)社會的邊際效益大於社會的邊際成本　(C)社會的邊際效益小於私人的邊際成本　(D)社會的邊際效益大於私人的邊際成本。

(　　) **4** 有關公共財最適數量決定，下列敘述何者不正確？
(A)公共財具有「無敵對性」（nonrivalry）及「無排他性」（nonexcludability），不容易由一般市場規則決定其最適數量
(B)在民主政治中，由議會審議預算，協商或投票表決來決定公共財數量
(C)公共財最適數量之決定須同時考量整個社會的成本與利益
(D)民意代表選舉，勝選一方可增加公共財數量之提供，獨惠選區支持者。　　　　　　　　　　　　　　　　　　　　【統測】

(　　) **5** 公共財具有不論是否付費皆能享用的特性，因此消費者會隱瞞其對公共財的需求，此種只想坐享其成而不願付費的現象稱為：　(A)無排他性　(B)搭便車　(C)敵對性　(D)邊際利益。　　　　　【統測】

(　　) **6** 花農在主要道路旁的農地種植向日葵，並提供收費入園採花的服務。大量種植的向日葵花海，形成獨特景觀，吸引遊客目光，許多人駐足在旁觀賞，並以此為背景拍照停留。不過由於未設有停車場，開車前往的遊客在附近道路旁隨意停車，造成交通壅塞。針對上述情況分析，下列何者正確？　(A)向日葵花海景觀對社會產生外部利益，交通壅塞對社會產生外部成本　(B)入園採花之收入是花農的外部利益，交通壅塞是花農的私人成本　(C)入園採花之收入是花農的私人利益，交通壅塞是花農的會計成本　(D)向日葵花海景觀全屬於花農的私人利益，交通壅塞是花農的內涵成本。　　　【統測】

解答與解析

1 (B)。公共財的需要由個別需要直相加。

2 (A)。(B)高速公路、(C)學校、(D)醫院必須付費才可享用,即有排他性。

3 (A)。若有外部成本時,則私人最適的產量為F,社會最適的產量為E,透過對私人課稅,使私人的邊際成本(PMC)等於社會的邊際成本(SMC)。

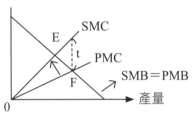

4 (D)　5 (B)　6 (A)

16.4　政府的稅收與支出

政府收入(T){
　　經常門收入{
　　　直接稅:所得、土地、房屋、遺產、贈與、證券交易、礦區等稅。
　　　間接稅
　　　事業收入:財產和企業所得。
　　　移轉收入:規費、罰款、捐贈收入、工程受益費。
　　}
　　資本門收入 — 公債、借款、出售財產等。
}

政府支出(G){
　　經常門支出—支付軍公教的薪資、購買各種的貨物、債務支出等。
　　資本門支出—購買土地固定資產、投資建設、債務還本等。
}

政府收入(T)－政府支出(G)>0預算盈餘。
政府收入(T)－政府支出(G)=0預算平衡。
政府收入(T)－政府支出(G)<0預算赤字。

牛刀小試

( ) **1** 下列何者為公共財提供的最適條件（式中MB為Marginal Benefit之簡稱；MC為Marginal Cost之簡稱，P為Price之簡稱）？
(A) MB > MC　(B) MB = MC　(C) MR = MC　(D) P = MC。

( ) **2** 政府採用預算的赤字或盈虧策略，以達到某些特殊經濟目標，稱為：　(A)平衡財政（balanced finance）　(B)功能財政（functional finance）　(C)健全財政（sound finance）　(D)盈虧財政。

( ) **3** 下列何者為我國政府收入的最大來源？　(A)公營事業盈餘　(B)租稅收入　(C)規費收入　(D)公債收入。　【統測】

( ) **4** 政府為了改善人民生活環境或企業投資環境，進行各項公共建設，如興建捷運、建設公園綠地等，這種支出是屬於政府哪一類支出？　(A)消耗性支出　(B)資本性支出　(C)移轉性支出　(D)公債利息支出。　【統測】

( ) **5** 政府提供的失業救濟金，屬於哪一種政府支出？　(A)資本性支出　(B)債務支出　(C)移轉性支出　(D)一般政務支出。　【統測】

( ) **6** 下列敘述何者錯誤？　(A)公營事業只能由政府100%獨資經營　(B)中央銀行並非為公營事業　(C)所得稅為租稅收入的一種　(D)台灣自來水公司為公營事業。　【統測】

( ) **7** 我國個人綜合所得稅係採：　(A)全額累進課稅　(B)超額累進課稅　(C)超倍累進課稅　(D)比例稅。

( ) **8** 下列何者屬國稅？
(A)印花稅　(B)關稅　(C)房屋稅　(D)牌照稅。

( ) **9** 下列何者屬間接稅？　(A)土地增值稅　(B)關稅　(C)房屋稅　(D)證券交易稅。

( )**10** 凡租稅不能轉嫁，而由法定納稅人實際負擔者，謂之：
(A)直接稅　(B)間接稅　(C)普通稅　(D)特別稅。

( )**11** 假設某國去年政府的總收入為0.8億，總支出為1.1億，代表該國政府在去年：　(A)其公債淨額等於0.3億　(B)其公債淨額減少0.3億　(C)其預算餘額等於0.3億　(D)其預算赤字等於0.3億。

解答與解析

1 **(B)**。 MB＝MC，公共財提供的最適條件。
　　　　MR＝MC，私有財提供的最適條件。

2 **(B)**。 以達成總體經濟目標為第一要務的預算編列原則，稱為功能性預算原則。

3 **(B)**　4 **(B)**　5 **(C)**　6 **(A)**

7 **(B)**。 應納稅額＝（綜合所得總額－免稅額－扣除額）×稅率－累進差額。

8 **(B)**。 印花稅、房屋稅、牌照稅是屬於直轄市及縣市稅。

9 **(B)**。 間接稅無法預先確定，而以偶發的事實來加以徵收，例如：消費稅。消費稅即銷售稅，包括營業稅、貨物稅、菸酒稅、娛樂稅與關稅等。

10 **(A)**。 不容易將稅轉嫁，納稅者與免稅者同一人。

11 **(D)**。 T＝0.8，G＝1.1，則G－T＝1.1－0.8＝0.3，預算赤字0.3（億元）。

16.5　財政政策之效果

景氣與政府政策之關聯性

一、意義

1. 擴張性的財政政策（Expansionary fiscal policy）：
如果目前的國民所得低於充分就業水準，政府可以增加支出或降低稅負以擴張總需求。

2. 緊縮性的財政政策（Contractionary fiscal policy）：
如果景氣過熱，物價上漲蠢蠢欲動，則減少政府支出或提高稅負以降低總需求，以期抑制物價膨脹。

3. 排擠效果（Crowding-out effect）：
政府支出增加時，貨幣市場上出現超額需求，利率往上調整。利率上升，廠商投資的機會成本上升，因此投資需求下降，此稱為「排擠效果」。

二、政府支出之融通方式及其效果

政府支出融通方式 ┬ (1)賦稅融通
　　　　　　　　　├ (2)公債融通
　　　　　　　　　└ (3)貨幣融通

1. **賦稅融通**：政府部門以增稅的方式，來反應政府支出。
2. **公債融通**：政府部門向民間或國外借貸，通常是以發行公債方式為之，稱為公債融通。

產生的影響 ┬ A.在一定的政府支出下，本期以公債融通部分的政府支出，但未來公債到期還本付息時，政府將對下一代人增稅，以增稅所得來清償本息。
　　　　　　└ B.在一定的政府支出下，以發行公債融通部分的支出，本期的產出及物價水準將上升一些，而未來公債到期時，產出及物價水準將下降一些。

3. **貨幣融通**：指政府向中央銀行舉債，藉發行貨幣來應付政府支出的方法。若貨幣供給持續增加，這正是持續性物價上漲發生的主要原因。

牛刀小試

(　　) **1** 財政政策之工具，包括：　(A)貨幣供給增加　(B)公開市場操作　(C)政府支出增加　(D)貼現率政策。

(　　) **2** 公債融通公共建設常會使利率：　(A)上升　(B)下降　(C)不變　(D)很難確定。

(　　) **3** 下列何者為排擠效果的最佳定義？　(A)政府的赤字預算造成利率下滑，因而降低民間的儲蓄　(B)緊縮性貨幣政策造成的高利率會降低投資的水準　(C)緊縮性貨幣政策造成的高利率會增加儲蓄並降低消費性支出　(D)政府的赤字預算造成利率上升，因而降低民間的供款水準。

(　　) **4** 下列何者屬於政府擴張性的政策？　(A)增加政府稅收　(B)降低重貼現率　(C)提高法定存款準備案　(D)減少政府支出。　　　【統測】

(　　) **5** 政府在經濟景氣低迷時，下列何者為正確的經濟政策？　(A)調降租稅　(B)公共投資減少　(C)提高重貼現率　(D)中央銀行在公開市場賣出債券。　　　　　　　　　　　　　　　　　　【統測】

(　　) **6** 政府為支應國家建設公共支出或解決財政赤字問題，其主要之籌措財源方式中，較易產生通貨膨脹壓力者，為：　(A)增加稅收　(B)發行貨幣　(C)發行公債　(D)出售國有財產。

(　　) **7** 下列有關政府財政融通手段的敘述，何者錯誤？　(A)政府可藉由發行公債來融通財政赤字　(B)根據凱因斯學派的理論，稅賦融通的政府支出增加會影響民間消費　(C)根據凱因斯學派的理論，公債融通的政府支出增加不會影響民間消費　(D)貨幣融通容易發生通貨膨脹。

解答與解析

1 (C)。貨幣供給增加、公開市場操作、貼現率政策均屬於貨幣政策。

2 (A)　**3 (D)**

4 (B)。(A)緊縮的財政政策。(B)擴張的貨幣政策。(C)緊縮的貨幣政策。(D)緊縮的財政政策。

5 (A)。經濟景氣低迷，政府應採擴張性的政策來因應。(A)擴張的財政政策。(B)緊縮的財政政策。(C)緊縮的貨幣政策。(D)緊縮的貨幣政策。

6 (B)。政府支出的資金以新增貨幣供給來融通，謂之貨幣融通（money financed）容易導致通貨膨脹。

7 (C)。根據李佳圖均等定理，公債融通的政府支出增加不會影響民間消費。

16.6　公共選擇理論

一、定義

公共選擇理論是利用經濟學的分析方法，來研究政治過程的學問，並主張以民主政治代替價格機能，使政府對公共事務的決策，能確實增進人民的福祉。所有的參與者，包括政府官員及一般民眾，均被假定是個人利益的追求者。

二、公共選擇問題的產生

1. 遊說及選票互助的濫用：

   在多數決的制度下，利益團體或遊說團體為追求及保障其利益，會使其支持的方案通過。然而由其他人負擔的總成本遠超過此利益團體所獲之總利益，也使得社會採用了無效率的政策。

   上述這種經由利益團體的遊說，很容易造成即使原先立場不同的民意代表也彼此支持對方的議案，因而造成政府的支出急遽的增加。

2. 資訊成本昂貴：

   一般大眾欲搜集政府政治活動的訊息，須支付高代價又無法保證得到預期的報酬，自然缺乏動機去搜集情報以左右選票結果。

3. 社會大眾組織成本較高：

   公眾不易團結，其所須支付的凝聚代價遠大於支持政府支出增加的利益團體。這也就造成政府支出增加的政治聯盟不斷出現，而為減少政治支出聯盟的納稅人之聲音顯得微不足道。

4. 決策官員存有追求預算較大為目標：

   公務員追求其所主管機關的預算最大化，常使得政府規模過度膨脹而超過了最適水準。

三、如何有效的監督

1. 以「計數的」偏好取代「序列的」偏好之投票行為。例如：以固定點投票方式，取代簡單多數決投票方式可減少循環投票現象之發生。

2. 將市場機能即競爭機制引入公共部門：

   (1) 引入「利潤中心」制度。

   (2) 引入「績效考核」制度。

   (3) 將公營事業民營化。

   (4) 實施BOT（Build-Operate-Transfer）即由民間興建營運一定年限後，再將所有權移轉給政府。

3. 以「負所得稅」取代「補貼」制度：

   「負所得稅」乃政府以現金補給在貧窮標準以下的窮人，且是累進的，可避免補貼制度下產生的重複及行政成本。

牛刀小試

( ) 根據公共選擇理論，行政官員追求的目標是： (A)職位愈高愈好 (B)薪水愈多愈好 (C)預算愈大愈好 (D)公正廉潔。

解答與解析

(C)。行政官員以追求其所主管機關能得到最大之預算為目標，常使政府預算過度膨脹而超過了最適水準。

實戰演練

(　) **1** 某產品市場之所以演變成所謂的「檸檬市場」，其原因為何？
(A)外部性　　　　　　　　　(B)公共財
(C)資訊不對稱　　　　　　　(D)自然獨占。

(　) **2** 財貨的特性可分為　A.獨享性　B.共享性　C.可排他性　D.不可排
他性；而財貨屬性可區分成　E.純私有財　F.準私有財　G.純公共
財　H.準公共財。請問(1)西門捷運站的廁所與(2)信義威秀影城，
其財貨特性和屬性分別為何？
(A)(ADF,BCH)　　　　　　　(B)(ADH,BCF)
(C)(BCF,ADH)　　　　　　　(D)(BCH,ADF)。

(　) **3** 某國正在推行健康保險制度，下表為四位投保者的薪資與保險費
明細表。根據表中資料判斷，該國個人健康保險費繳納金額的多
寡，是根據經濟學上何種概念而設計的？
(A)量能原則　　　　　　　　(B)比較利益原理
(C)經濟原則　　　　　　　　(D)受益原則。

姓名	月薪（元）	保險費（元／月）
甲	25,000	125
乙	33,000	165
丙	49,000	245
丁	64,000	320

(　) **4** 政府提供的失業救濟金，屬於哪一種政府支出？
(A)債務支出　　　　　　　　(B)移轉性支出
(C)一般業務支出　　　　　　(D)資本性支出。

(　) **5** 在保險契約簽約前，保險業務員與客戶間因彼此掌握的資訊不對
稱，可能產生何種問題？
(A)道德危險　　　　　　　　(B)逆選擇
(C)檸檬效果　　　　　　　　(D)搭便車。

（　）　**6** 「財政部降低遺產稅，是一項對高所得者較為有利之政策。」此一
敘述屬於(1)總體經濟學，(2)個體經濟學，(3)實證經濟學，(4)規範
經濟學。

(A)(1)(4) (B)(1)(3)

(C)(2)(4) (D)(2)(3)。

（　）　**7** 當景氣低迷，民間消費減少，投資不振時，政府可採下列何種財政
政策？

(A)降低法定存款準備率 (B)提高重貼現率

(C)在公開市場拋售有價證券 (D)採取減稅措施。

（　）　**8** 下列敘述，何者正確？

(A)「公園裡的遊樂設施」具有獨享性

(B)經理是委託人，股東是代理人

(C)某甲找到工作後，常在上班時間傳LINE聊天、玩遊戲，此為逆
選擇問題

(D)「一隻看得見的手」，係指政府為了解決政府失靈，而出手
干預。

（　）　**9** 台電擬選擇澎湖東吉嶼做為核廢料永久掩埋場，並給予當地居民龐
大回饋金，但東吉嶼部分居民擔心輻射汙染而反對，輻射汙染是
社會成本，也是？

(A)內含成本 (B)經濟成本

(C)外露成本 (D)外部成本。

（　）**10** 政府為促進經濟的繁榮，應採行下列何種財政政策？

(A)增加公共支出，增加租稅收入

(B)增加公共支出，減少租稅收入

(C)減少公共支出，增加租稅收入

(D)減少公共支出，減少租稅收入。

實戰演練

第17章　國際貿易

 貿易是如何發生的？古典學派的學者和近代的學者對此有不同的解釋。我國是以出口貿易為導向的國家，對於影響對外貿易的因素，例如：匯率、貿易條件、關稅等，這些都是我們所關心的課題。

重點提示如下：

1. 古典學派之絕對貿易理論
2. 古典學派之比較貿易理論（考計算題）
3. 貿易條件
4. 購買力平價理論
5. 拋補利息套利理論
6. 均衡匯率的變動

17.1　貿易理論

一、古典學派之絕對利益理論

絕對利益（亞當·史密斯提出）：以等量之生產要素為投入，一國若能比他國產出較多的某一物品來，即稱該國對這種物品之生產具有絕對優勢。

例：

產品 ＼ 國別	A	B
米	5	4
成衣	10	16

$$\begin{cases} A國: 1L = 5 單位（米）\\ B國: 1L = 4 單位（米）\end{cases}$$

→A國在米的生產具有絕對利益，故A國生產及出口米。

$$\begin{cases} A國: 1L = 10 單位（成衣）\\ B國: 1L = 16 單位（成衣）\end{cases}$$

→B國在成衣的生產具有絕對利益，故B國生產及出口成衣。

二、古典學派之比較利益理論

比較利益（李嘉圖提出）：選擇利益相對較高或劣勢相對較小之產品來生產及出口的原則。即以機會成本最低的來生產及出口。

國別 產品	A	B
米	5	2
成衣	10	8

A國：1L＝5單位（米）＝10單位（成衣），即5單位（米）＝10單位（成衣），可以寫成兩種方式表示：

(1)1單位（米）＝$\frac{10}{5}$單位（成衣），表示生產1單位米的機會成本為$\frac{10}{5}$單位成衣。

(2)1單位（成衣）＝$\frac{5}{10}$單位（米），表示生產1單位成衣的機會成本為$\frac{5}{10}$單位的米。

B國：1L＝2單位（米）＝8單位（成衣），即2單位（米）＝8單位（成衣），可以寫成兩種方式表示：

(1)1單位（米）＝$\frac{8}{2}$單位（成衣），表示生產1單位米的機會成本為$\frac{8}{2}$單位成衣。

(2)1單位（成衣）＝$\frac{2}{8}$單位（米），表示生產1單位成衣的機會成本為$\frac{2}{8}$單位的米。

由上述討論可知：

1. 就米的生產而言：A國的機會成本為$\frac{10}{5}$，B國的機會成本為$\frac{8}{2}$，A國的機會成本低於B國的機會成本，故A國將生產及出口米。

2. 就成衣的生產而言：B國的機會成本為$\frac{2}{8}$，A國的機會成本為$\frac{5}{10}$，B國的機會成本低於A國的機會成本，故B國將生產及出口米。

牛刀小試

(　　) **1** 甲農夫每年可收成100公斤橘子或300公斤柳丁，乙農夫每年可收成200公斤橘子或300公斤柳丁。下列敘述何者錯誤？　(A)乙農夫在橘子的生產上具絕對利益及比較利益　(B)兩農夫的柳丁生產力相同　(C)甲農夫生產橘子的機會成本是乙農夫的兩倍　(D)甲農夫應生產橘子，乙農夫應生產柳丁。

(　　) **2** 假設世界經濟體系只有甲國與乙國，兩國擁有相同的資源，用於生產橘子及柳丁，生產可能線如右圖所示皆為直線，下列何者錯誤？

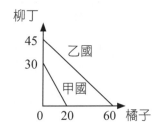

　　(A)乙國同時具有生產橘子及柳丁的絕對利益
　　(B)乙國只有在橘子的生產上具比較利益
　　(C)兩國根據比較利益則專業化生產，世界的橘子產量為60單位，柳丁產量為40單位
　　(D)兩國貿易後各國的消費點均可能位於其各自的生產可能線外。

(　　) **3** 假設在相同勞動投入下，A國生產X產品為10個，B國生產X產品為8個；而A國生產Y產品為25個，B國生產Y產品為15個，如果兩國根據比較利益法則從事自由貿易，則：　(A)B國應同時出口X與Y產品　(B)A國出口X產品，B國出口Y產品　(C)B國出口X產品，A國出口Y產品　(D)A國應同時出口X與Y產品。　　　　【統測】

(　　) **4** 如果甲國生產電腦的機會成本是乙國的1/5，甲國生產成衣的機會成本是乙國的1/3，則下列敘述何者正確？　(A)根據絕對利益法則，甲國應專業化生產電腦，乙國應專業化生產成衣　(B)根據比較利益法則，甲國應專業化生產電腦與成衣　(C)兩國根據比較利益法則進行專業分工及國際貿易，兩國福利水準會增加　(D)若甲國貨幣升值，則甲國出口到乙國的電腦會增加。　　　　【統測】

解答與解析

1 (D)。甲農夫：一年＝100橘子＝300柳丁，1橘子＝$\dfrac{300}{100}$＝柳丁

　　　　乙農夫：一年＝200橘子＝300柳丁，1橘子＝$\dfrac{300}{200}$＝柳丁

乙農夫生產橘子的機會成本低於甲農夫（$\frac{3}{2}$柳丁＜$\frac{3}{1}$柳丁），所以乙農夫應專業生產橘子，甲農夫應專業生產柳丁。

2 (C)。甲國：1L＝20橘子或1L＝30柳丁，即20橘子＝30柳丁，一橘子＝$\frac{30}{20}$柳丁

乙國：1L＝60橘子或1L＝45柳丁，即60橘子＝45柳丁，一橘子＝$\frac{45}{60}$柳丁

所以乙國生產橘子的機會成本低於甲國，應專業生產且出口橘子。反之，甲國生產柳丁有比較利益應專業生產且出口柳丁，則世界的橘子產量為60，柳丁為30。

3 (C)。A國：10X＝25Y，即 X＝$\frac{25}{10}$Y，B國：8X＝15Y，即 X＝$\frac{15}{8}$Y

因$\frac{25}{10}$Y＞$\frac{15}{8}$Y，B國將出口X，而A國出口Y。

4 (C)。甲國生產電腦的機會成本是乙國的$\frac{1}{5}$，故甲國生產電腦具有絕對利益。

甲國生產成衣的機會成本是乙國的$\frac{1}{3}$，故甲國生產成衣具有絕對利益。

若以比較利益的觀點，甲國生產電腦或成衣的機會成本皆低於乙國，但可以選擇優勢最大的電腦，反之，乙國可選擇劣勢最小的成衣，進行專業分工及交換，可以同時提升兩國福利。

三、要素稟賦理論——**現代比較利益理論**

各國將出口以該國較為充裕之資源為主要投入的物品，而進口該國較缺乏的資源為主要投入的物品。但貿易後，雙方仍都將同時生產出口品與進口品，而不會完全專業於出口品之生產。

四、產品週期理論

以技術擴散說明一國家在某一物品之生產上何以由盛轉衰，或由出口國（進口國）轉變為進口國（出口國）之理論。

新產品問世後可分為三個階段：

第Ⅰ階段	產品與技術仍屬新穎的階段。
第Ⅱ階段	發展成熟階段。可自行生產替代來自發明國之進口謂之進口替代。
第Ⅲ階段	生產技術已為世界各國家所知曉,生產過程已趨於標準化產品規格化,或許原來為出口國,後由生產成本低的國家來接替生產謂之出口替代。

17.2　貿易條件

一、貿易條件(Terms of trade)

指一單位的出口品在國際市場上所能換得的進口品之數量;以相對價格說明之,也就是出口品國際價格與進口國際之比值。

假設:P_x(出口品國際價格)$\times X$(出口量)

　　　$= P_M$(進口品國際價格)$\times M$(進口量)

即 $\dfrac{M(進口量)}{X(出口量)} = \dfrac{P_x(出口品國際價格)}{P_M(進口品國際價格)}$

貿易條件 $= \dfrac{出口品國際價格}{進口品國際價格}$

如右圖

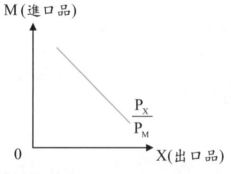

二、貿易條件惡化

進口品國際價格上升幅度高於出口品國際價格。

表示對外買東西支付的大於對外銷售的價格。

三、貿易條件改善

出口品國際價格上升幅度高於進口品國際價格。

表示對外買東西支付的小於對外銷售的價格。

四、貿易條件與福利

若貿易條件改善 $(\frac{P_X}{P_M})^0$ 上升到 $\Rightarrow (\frac{P_X}{P_M})^1$，則社會福利將會提高

U_0 提高到 $\Rightarrow U_1$，如下圖。

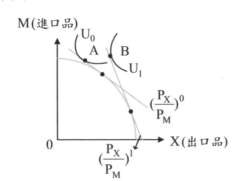

17.3　保護貿易政策

一、保護貿易政策之意義

一國政府採行一種或多種特殊方式尤其是採用進口關稅，以管制進出口貿易其目的在於鼓勵或支持受外國競爭而處於不利地位的國內幼稚工業。

二、保護貿易政策之理論依據

1. 保護幼稚工業論：

   李斯特（F.List）認為保護幼稚工業必須實施保護關稅培育扶植國內幼稚工業，才能使工業發展與先進國家競爭，其要點為保護幼稚工業而非幼稚農業。而對於關稅的看法乃育成關稅，而非禁止關稅。而保護的原則為：

   (1) 所扶持者必須是真正具有發展潛力的產業。

   (2) 僅作短期的保護，而不作長期間的保護。

(3) 施以保護的對象，必須是在解除保護後，該產業給整個社會的好處，必須足以彌補消費者在保護貿易期間內所作的犧牲，則該保護措施才是值得的。

2. **國家安全與經濟穩定論：**

有學者認為某些產業對國家的安全是非常重要的，例如糧食、鋼鐵業產業，所以對於這些與國家安全有重要關係的產業必須加以保護。

3. **經濟利益重分配理論：**

主政者為了達到爭取選票的目的，有時乃屈服於工會的壓力而對進口予以限制，這樣就有利於該產業的工資率提升。

17.4　貿易障礙

一、貿易障礙的種類

有1.關稅、2.配額、3.自願出口設限、4.抵制、5.設立某項標準。

二、關稅課徵的種類

1. 依課稅方法區分：

從價稅	按進口商品或出口商品之價值，課徵一定稅率的關稅。
從量稅	以進口商品的重量、數量、長度、容積為基礎，付每一單位的進口商品課徵定額之關稅。
混合關稅	以上述的從價稅與從量稅混合使用的一種稅制，即對於進口商品除從量課徵外，再按其價格課徵一定比率租稅的關稅。

2. 依課稅目的區分：

收益關稅	又稱財政關稅是為了獲取財政收入為目的而課徵之租稅。
保護關稅	又稱經濟關稅係以保護國內產業為目的所課徵的關稅，其方式即對外國輸入貨物課以重稅，使成本高於本國相同貨物之價格，而不能與國內市場之本國相同產品競爭，結果使需要外國貨者移用本國貨，以增加國貨之需求進而振興國內之產業。

牛刀小試

( ) **1** 本國是小國,未開放貿易前國內商品的均衡價格為15元。開放貿易後,政府對同質進口品課徵從量關稅每單位2元,若國際價格是10元,則開放貿易後,下列敘述何者錯誤? (A)消費者買本國產品要付出12元 (B)消費者買進口產品要付出12元 (C)消費者買本國產品要付15元 (D)本國廠商產量會減少。

( ) **2** 一小國政府對小麥進口課徵關稅,則下列何者會上升? (A)該國小麥進口量 (B)該國消費者剩餘 (C)該國生產者剩餘 (D)該國整體經濟福利。

( ) **3** 下列何者為貿易保護措施? (A)課徵進口關稅 (B)課徵加值型營業稅 (C)失業補貼 (D)開放外資流入。 【統測】

解答與解析

1 (C)。貿易前國內價格為15元,
貿易後國際價格為10元,
貿易後課關稅國內價格為12元,
所以消費者要消費本國品要付12元。

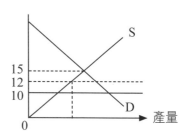

2 (C)。課徵關稅後,國內價格由P_0上升到P_1,
生產者剩餘由$0AP_0$上升到$0BP_1$。
如右圖:

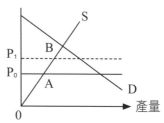

3 (A)

17.5 外匯

一、外匯(Foreign exchange)

指作為國際收支工具的外國通貨或是對外國通貨的請求權(例如外國之銀行存款)。

二、外匯存底(Foreign exchange reserve)

指一國政府所保有的外匯數量。

三、匯率

指外國貨幣與本國貨幣的兌換比例。有兩種表示方式：

應付匯率 （又稱直接匯率）	兌換1單位外國貨幣，需支付多少單位本國貨幣。即 $e=\dfrac{本國貨幣}{外國貨幣}$。 例如：兌換1美元，需支付31元新台幣，則 $e=\dfrac{31}{1}$。
應收匯率 （又稱間接匯率）	1單位本國貨幣，可換取多少單位的外國貨幣。即 $e=\dfrac{外國貨幣}{本國貨幣}$。 例如：新台幣1元，可換取1/31美金，則 $e=\dfrac{1}{31}$。

四、匯率變動

1. 匯率上升時，本國貨幣的購買力相對於外國貨幣而言有下跌的現象，稱為本國貨幣貶值。

   例如：$e_0=30$上升到$e_1=31$，表示1元新台幣可以兌換1/30美元，現在變成1新台幣可以兌換1/31美元，台幣兌換美元的數量減少，表示台幣的購買力下降，稱為台幣貶值。

   $$台幣貶值幅度=\frac{變動後的匯率-變動前的匯率}{變動前的匯率}$$

   $$=\frac{\frac{1}{31}-\frac{1}{30}}{\frac{1}{30}}=\frac{0.032-0.033}{0.033}=\frac{-0.001}{0.033}=-0.030。$$

2. 匯率下降時，本國貨幣的購買力相對於外國貨幣而言有上升的現象，稱為本國貨幣升值。

   例如：$e_0=31$下降到$e_1=30$，表示1元新台幣可以兌換1/31美元，現在變成1元新台幣可以兌換1/30美元，台幣兌換美元的數量增加，表示台幣的購買力上升，稱為台幣升值。

   $$台幣升值幅度=\frac{變動後的匯率-變動前的匯率}{變動前的匯率}$$

   $$=\frac{\frac{1}{30}-\frac{1}{30}}{\frac{1}{31}}=\frac{0.033-0.032}{0.032}=\frac{0.001}{0.032}=0.031。$$

牛刀小試

(　) **1** 當其他條件不變下，下列有關我國貨幣貶值所產生的效果，何者
正確？ 　(A)國人出國的旅遊費用降低 　(B)進口商品的本國價格
下跌 　(C)不利於外幣資產之持有者 　(D)我國出口產品的競爭力
增強。 　　　　　　　　　　　　　　　　　　　　　　　【統測】

(　) **2** 當匯率由1美元兌換32元台幣，變動為1美元兌換31元台幣時，則下
列敘述何者正確？ 　(A)表示台幣貶值 　(B)表示美元升值 　(C)有
利於台灣商品的出口 　(D)不利於台灣商品的出口。 　　　【統測】

解答與解析

1 (D)

2 (D)。 (A)(B)1美元兌換32元台幣，變動為1美元兌換31元台幣，表示相同的美
元可兌換的台幣減少，即美元的購買力下降，表示美元貶值。
(C)依題意美元貶值，相對於台幣則是升值，台幣若升值，將不利於出
口（出口成本上升），有利於進口（進口成本下降）。

17.6　均衡匯率

一、外匯需求

1. **意義**：當本國政府、企業或個人從事支付外匯的經濟活動時，便會產生外
匯需求。

2. **外匯需求的來源**

來源	實例
個人	1. 留學、觀光、經商在國外的支付。 2. 對外國人的捐贈。 3. 對外國人借款的清償。
企業	1. 對進口商品與勞務的支付。 2. 對外國人支付紅利或借款利息。 3. 到外國購買金融商品。 4. 對外國的長期投資或貸款。
政府	1. 對外國人的捐贈。 2. 對外國人借款的清償。 3. 央行買進外匯。

3. **外匯需求曲線**

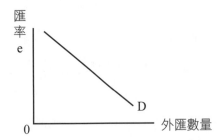

二、外匯供給

1. **意義**：當本國政府、企業或個人從事收取外匯的經濟活動時，便會產生外匯供給。

2. **外匯供給的來源**

來源	實例
個人	1.外國人因留學、觀光、經商在本國的支付。 2.接受外國人的捐贈。 3.收到外國人借款的清償。
企業	1.收到出口商品與勞務的價款。 2.收到外國企業的紅利或利息收入。 3.到本國購買金融商品。 4.對本國的長期投資或貸款。
政府	1.接受外國的捐贈。 2.收到外國人借款的清償。 3.央行賣出外匯。

3. **外匯供給曲線**

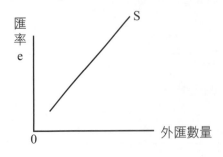

三、均衡匯率

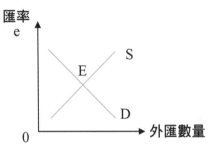

四、均衡匯率之變動

國內經濟景氣	進口↑→外匯需求↑→e↑	
國外經濟不景氣	出口↓→外匯供給↓→e↑	
國內物價上升	進口↑→外匯需求↑→e↑	
國外物價上升	出口↑→外匯供給↑→e↓	

國內利率上升	外國資金流入↑→外匯供給↑ →e↓	e / A→B / S S' / D / 0 外匯
國外利率上升	本國資金流出↑→外匯需求↑ →e↑	e / S / B A→ D' / D / 0 外匯
央行買進外匯	外匯需求↑→e↑	e / S / B A→ D' / D / 0 外匯
央行賣出外匯	外匯供給↑→e↓	e / S S' / A→ B / D / 0 外匯
預期匯率上升 （預期臺幣貶值）	外匯需求↑→e↑	e / S / B A→ D' / D / 0 外匯
預期匯率下降 （預期臺幣上升）	外匯供給↑→e↓	e / S S' / A→ B / D / 0 外匯

牛刀小試

( ) **1** 如果外商公司在集中市場大量賣出股票,將新台幣轉換成美金匯出,對台灣會有什麼影響?
(A)美金貶值 　　　　　(B)台幣貶值
(C)台幣升值 　　　　　(D)股市大漲。 【統測】

( ) **2** 下列哪一項是屬於外匯需求的來源?
(A)廠商進口商品或勞務時所支付的款項
(B)外國人到本國旅遊、留學、洽公的支出
(C)外國償付本國債務
(D)中央銀行在外匯市場賣出外匯。 【統測】

解答與解析

1 (B)。 將新台幣轉換成美元,則對外匯需求增加,外匯需求線向右移,匯率上升,即台幣貶值。

2 (A)。 (B)(C)(D)皆使外匯供給增加。

17.7 匯率制度

一、浮動匯率(Flexible exchange rate)

匯率完全由外匯供需決定的匯率方式,又稱純粹機動匯率。

浮動匯率制度之優缺點:

優點	1.中央銀行的外匯存底不會有枯竭或過多的困擾。 2.國際收支永遠維持均衡。 3.消除國外經濟變動對本國經濟之影響。
缺點	匯率變動頻繁難以掌握,造成進出口商在貿易進行中的風險。

二、固定匯率(Fixed exchange rate)

指政府將本國貨幣與某一外幣或一籃通貨間的兌換率,固定在某一水準非萬不得已,不輕易變動此匯率水準。又稱釘住匯率(Pegged exchange rate)。

固定匯率制度之優缺點：

優點	固定偏高匯率（亦即本國低估幣值），有利出口增加貿易順差。
缺點	1.將匯率高估造成本國貿易順差，即是對方的逆差，長久下來會引起對方報復。 2.匯率偏高將造成國內物價的上漲。 　(1) 匯率偏高導致進口品價格提高。 　(2) 貿易順差造成總需求增加。 　(3) 國際收支盈餘央行吸收後，放出等值「準備貨幣」使貨幣供給呈倍數的增加。 3.本國貨幣低估使貿易條件惡化，將降低本國的經濟福利。

三、管理浮動匯率（Managed Floating exchange rate）又稱污濁的浮動（Dirty floating）

指一方面匯率由外匯市場的供給與需求來決定，另一方面中央銀行隨時參與外匯的買賣來影響匯率的水準。

管理浮動匯率制度之優缺點：

優點	1.不像固定匯率制度那麼僵硬。 2.央行可視外匯存底之多寡，來決定是否介入外匯市場。 3.亦具有隔絕外來變動對本國經濟之衝擊。 4.匯率波動可較純粹浮動匯率緩和。
缺點	1.央行仍須保有外匯，以備干預。 2.匯率之變動仍屬不免。 3.導致外匯之投機風氣。

牛刀小試

(　　) **1** 下列何者是中央銀行為了維繫固定匯率而必須採取的手段？ (A)資本管制　(B)資金自由移動　(C)中央銀行在外匯市場進行買賣 (D)中央銀行在公開市場買賣債券。

( ) **2** 若一國中央銀行同時採取固定匯率制度與沖銷政策,當本國有大量外資流出時,則中央銀行應如何操作? (A)在外匯市場買進外幣,在公開市場買進國庫券 (B)在外匯市場買進外幣,在公開市場賣出國庫券 (C)在外匯市場賣出外幣,在公開市場賣出國庫券 (D)在外匯市場賣出外幣,在公開市場買進國庫券。

( ) **3** 在浮動匯率制度下,一國如果限制進口,假設其他條件不變時,該國貨幣會: (A)升值 (B)貶值 (C)幣值不變 (D)先貶後升。

( ) **4** 若一國中央銀行原則上尊重外匯市場機能,讓匯率由市場供需自由決定,但有時為政策需要而干預外匯市場均衡匯率,此種匯率制度稱為: (A)純粹浮動匯率制度 (B)固定匯率制度 (C)管理浮動匯率制度 (D)自由浮動匯率制度。 【統測】

解答與解析

1 (C)。當匯率定在高於均衡匯率的水準,央行為了維持匯率固定,將從外匯市場買入外匯,如圖(一)。
當匯率定在低於均衡匯率的水準,央行為了維持匯率固定,將從外匯市場賣出外匯。如圖(二)。

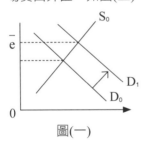 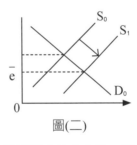

2 (D)。當外資流出則外匯需求增加,外匯需求線向右移,匯率會上升,中央銀行為維持匯率穩定,在外匯市場出售外匯,將同時造成貨幣供給增加,此時,中央銀行在公開市場買進國庫券,再把增加的貨幣供給收回。

3 (A)。限制進口,對外匯需求減少,匯率下降,即本國貨幣相對外國貨幣升值。

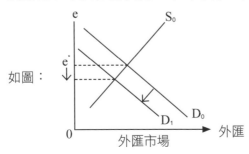

4 (C)

17.8　跨國投資

企業的國內和國外投資

跨國投資的意義：「跨國投資」又稱「國際投資」，指國際間資本的移動，乃一國政府或人民，將資金1.投資於他國企業、2.購置他國有價證券或3.貸款給他國政府或人民。

跨國投資的方式：跨國投資一般可分為「直接投資」與「間接投資」兩種方式：

1. 直接投資：指一國企業將(1)資金或(2)生產技術移轉到他國的一種投資行為，該企業可稱為「跨國企業」或「多國籍企業」，其投資可為「獨資」、「併購」、「合資」或其他「策略聯盟」等不同方式，擁有不同程度的所有權與管理權。

2. 間接投資：
   (1) 證券投資。
   (2) 放款。

目的：
1. 擴展海外市場。
2. 擴大自己本身的市場占有率。
3. 降低生產成本。

跨國投資應考量因素：
1. 獲利性。
2. 安全性。
3. 流動性。

17.9 區域經濟整合

意義：指某一區域內的數個國家採取一些可以促進彼此間經濟合作，提高
會員國經濟利益之措施。

以整合的程度可以區分成四種型態：

區域經濟整合形式

型態 ＼ 整合程度	會員國間自由貿易	對外一致關稅	生產要素自由移動	一致的經貿政策
自由貿易區	✓			
關稅同盟	✓	✓		
共同市場	✓	✓	✓	
經濟同盟	✓	✓	✓	✓

17.10 區域經濟整合體

區域經濟體名稱、簡稱、成立時間、會員國及整合目標（到2020年6月止）

中文名稱	歐洲聯盟	美國－墨西哥－加拿大協議	亞太經濟合作會議	東南亞國家協會
英文名稱	European Union	United States-Mexico-Canada Agreement	Asia Pacific Economic Cooperation	The Association Of Southaease Asian Nations
簡稱	歐盟（EU）	USMCA	亞太經合會（APEC）	東南亞國協（ASEAN）
成立時間	1993	2020/07/01生效	1993	1967
會員國	1. 德國 2. 法國 3. 義大利 4. 荷蘭	1. 美國 2. 加拿大 3. 墨西哥	1. 澳洲 2. 汶萊 3. 加拿大 4. 智利	1. 印尼 2. 馬來西亞 3. 菲律賓 4. 泰國

中文名稱	歐洲聯盟	美國－墨西哥－加拿大協議	亞太經濟合作會議	東南亞國家協會
會員國	5. 比利時 6. 盧森堡 7. 丹麥 8. 愛爾蘭 9. 克羅埃西亞 10. 希臘 11. 葡萄牙 12. 西班牙 13. 芬蘭 14. 奧地利 15. 瑞典 16. 波蘭 17. 匈牙利 18. 捷克 19. 斯洛伐克 20. 斯洛文尼亞 21. 立陶宛 22. 拉脫維亞 23. 愛沙尼亞 24. 馬爾它 25. 賽普路斯 26. 羅馬尼亞 27. 保加利亞	一	5. 中國 6. 香港 7. 印尼 8. 日本 9. 馬來西亞 10. 墨西哥 11. 紐西蘭 12. 巴布亞紐幾內亞 13. 菲律賓 14. 新加坡 15. 韓國 16. 臺灣 17. 泰國 18. 美國 19. 秘魯 20. 俄羅斯 21. 越南	5. 新加坡 6. 汶萊 7. 越南 8. 寮國 9. 緬甸 10. 柬埔寨
整合目標	1.建立共同貨幣同盟。 2.共同外交。 3.共同安全政策。 4.成為單一市場。	1.去除會員國間之關稅障礙。 2.以「美國－墨西哥－加拿大」協議取代原來的北美自由貿易協議。是美洲自由貿易區。	1.促進亞太地區貿易及投資之自由化。 2.促進亞太地區的經濟合作。	1.成立東南亞自由貿易區。 2.東南亞共同體。

17.11 世界貿易組織（WTO）的組織過程

年代	重要會議	達成結果
1994年	「布列頓森林會議」	設立國際貨幣基金（IMF），世界銀行（World Bank）。
1947年	簽訂「關稅及貿易總協定」（GATT）	美、加、英、法及我國等23個國家共同簽訂，建立規範國際貿易秩序的多邊架構組織。
1994年	「烏拉圭回合談判」	1. 大幅降低關稅及非關稅雙疊。 2. 將服務業貿易和智慧財產權也納入規範。
1995年	更名為「世界貿易組織」（WTO）	我國於1950年退出GATT，而於2002年1月1日重新加入WTO。

牛刀小試

（　）**1** 下列哪種區域經濟合作組織型態，除了對區域內的會員國會採取自由貿易，對區域外的非會員國採取獨立不同的關稅？
(A)自由貿易區　(B)貿易同盟
(C)共同市場　(D)關稅同盟。

（　）**2** 下列哪一種區域經濟合作組織型態，除了對區域內的會員國會採取自由貿易，對區域外的非會員國採取一致的共同的關稅之外，另允許區域內的生產要素也可自由移動？
(A)自由貿易區　(B)貿易同盟
(C)共同市場　(D)關稅同盟。

(　　) **3** 1997年亞洲金融風暴爆發時，主要是哪一個國際金融組織積極協助
被投機客攻擊的國家？
(A)世界銀行　　　　　　　　(B)國際清算銀行
(C)亞洲開發銀行　　　　　　(D)國際貨幣基金。

(　　) **4** 目前各國的國際收支帳都是根據哪一個國際機構所訂的手冊編製？
(A)世界銀行　　　　　　　　(B)國際清算銀行
(C)美國聯邦準備體系　　　　(D)國際貨幣基金。

(　　) **5** 下列何者為目前世界上經濟整合程度最高的區域性經濟組織？
(A)WTO　　　　　　　　　　(B)APEC
(C)EU　　　　　　　　　　　(D)ASEAN。　　　　　　　　【統測】

(　　) **6** 台灣目前已加入下列那一個國際經貿組織？
(A)WTO（世界貿易組織）
(B)ASEAN（東南亞國家協會）
(C)EU（歐洲聯盟）
(D)NAFTA（北美自由貿易區）。　　　　　　　　【統測】

解答與解析

1 (A)　　**2 (C)**

3 (D)。1997年亞洲金融風暴爆發時，主要由國際貨幣基金積極協助被投機客攻
擊的國家。

4 (D)。目前各國的國際收支帳都是根據「國際貨幣基金會」所製訂的手冊
編製。

5 (C)　　**6 (A)**

實戰演練

( ) **1** 下列何者不屬於跨國間接投資？ (A)購買外國企業股票 (B)購買外國政府公債 (C)貸款給外國政府 (D)在國外成立公司。

( ) **2** 若原來1美元等於新台幣40元，但台灣物價上漲20%，美國物價上漲50%，則根據購買力評價說，新台幣？ (A)升值20% (B)貶值20% (C)升值25% (D)貶值25%。

( ) **3** 假設歐元兌換新台幣的比率由1：45變動為1：25，則新台幣？ (A)升值，幅度81% (B)貶值，幅度81% (C)升值，幅度44% (D)貶值，幅度44%。

( ) **4** 某國政府在本年有幾項資金活動的統計資料如下表，試判斷何者正確？ (A)政府收入為14億元 (B)政府支出為19億元 (C)經常支出為14億元 (D)政府收支有赤字。

項目	金額
償還公債利息	5億元
徵收所得稅	10億元
發行貨幣	5億元
發放老人津貼	3億元
支付公教人員薪水	6億元
違規罰款	1億元
國民住宅出租租金	1億元
公營事業盈餘繳庫	2億元
統測、學測、指考報名費	1億元

( ) **5** 以相同之生產因素，在美國生產小麥可生產100公噸，棉花120公噸，在印度小麥可生產40公噸，棉花50公噸，請問下列何方式對兩國皆有利？ (A)美國出口小麥，印度進口棉花 (B)美國出口小麥，印度出口棉花 (C)美國出口棉花，印度出口小麥 (D)美國進口小麥，印度出口棉花。

(　　) **6** 提出「流動性陷阱」的經濟學家是？　(A)費雪　(B)皮古　(C)凱因斯　(D)李嘉圖。

(　　) **7** 提出「比較利益法則」的經濟學家是？　(A)費雪　(B)皮古　(C)凱因斯　(D)李嘉圖。

(　　) **8** 下列哪種匯率制度的匯率，完全由外匯市場決定，而中央銀行不做任何干預？　(A)機動匯率制度　(B)管理浮動匯率制度　(C)純粹浮動匯率制度　(D)釘住匯率制度。

(　　) **9** 假設使用一單位的資源，台灣能生產4台車或150雙鞋；而日本能生產6台車或200雙鞋。則？
(A)台灣生產鞋有比較利益　　　(B)台灣生產車有比較利益
(C)台灣出口車　　　　　　　　(D)台灣進口鞋。

(　　) **10** 下列對於國際經貿組織或者區域經濟整合的敘述何者是錯誤的？
(A)經濟整合程度最高的區域經濟組織為EU
(B)台灣加入最具官方代表性的國際組織為APEC
(C)會員國的GDP總額佔世界2/3以上，故有「富人俱樂部」之稱的國際經貿組織為OECD
(D)台灣是以「開發中國家」的身分加入WTO。

(　　) **11** 物價膨脹時，對一國國際貿易會產生何種影響？
(A)出口增加，進口增加　　　(B)出口減少，進口增加
(C)出口增加，進口減少　　　(D)出口減少，進口減少。

(　　) **12** 考慮台幣與美元外匯市場之均衡匯率，下列何種情況會促使台幣貶值？
(A)本國利率較高，外匯大舉流入台灣
(B)台灣增加對美國市場的產品採購
(C)美國到台灣的觀光客增加
(D)中央銀行在外匯市場大量拋售美元。

第18章　經濟波動

 本章介紹總體經濟最關心的兩大問題，通貨膨脹和失業。這兩個問題雖令人厭惡，但政府仍要去面對更要想辦法解決。

重點提示如下：

1. 物價膨脹的原因　　　　　2. 物價膨脹的影響
3. 失業的分類　　　　　　　4. 菲力浦曲線
5. 停滯性物價膨脹

18.1　景氣循環

一、定義

景氣循環又為經濟循環或商業循環，指社會經濟發展過程中非長期，但卻重複出現所得波動的現象。

二、景氣循環週期

是指每一循環週期而言，都將經歷四個階段分別為：

1. 擴張：生產活動A→B為復甦階段，B→C為繁榮階段。
2. 頂峰：生產活動的最高點，如C點。
3. 緊縮：生產活動由C→D為衰退階段，D→E為蕭條階段。
4. 谷底：生產活動的最低點，如E點，如圖。

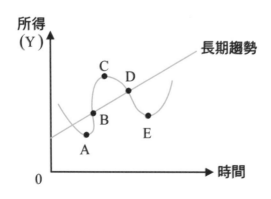

牛刀小試

( )　**1** 2007至2009年全球金融海嘯之後所造成的景氣衰退，被稱之為：
(A)大蕭條（Great Depression）　(B)大衰退（Great Recession）　(C)大失業（Great Unemployment）　(D)停滯性膨脹（Stagflation）。

( )　**2** 有關景氣蕭條階段的特徵，下列何者正確？　(A)名目利率上升　(B)廠商破產率上升　(C)實質產出比潛在產出高　(D)失業率比自然失業更低。

( )　**3** 下列哪一項通常不是造成景氣下滑的原因？　(A)金融危機　(B)能源價格大幅上漲　(C)失業率上升　(D)消費者信心不足。

( )　**4** 「衰退—蕭條—復甦—繁榮」景氣循環週期圖，是依據下列何種指標衡量？　(A)物價指數　(B)失業率　(C)利率　(D)實質國內生產毛額。　　　　　　　　　　　　　　　　　　　　　　　　　　　　　【統測】

解答與解析

1 (B)。2007至2009年全球金融海嘯之後所造成的景氣衰退，被稱為大衰退（Great Recession）。

2 (B)。景氣蕭條階段會出現廠商破產率上升。

3 (C)。應該是景氣下滑造成失業率上升。

4 (D)。隨著時間經過，實質國內生產毛額會有「衰退－蕭條－復甦－繁榮」的循環週期謂之景氣循環。

三、景氣指標

1. **領先指標**

此種時間序列的移動總是走在整體經濟的變動之前，領先指標比整個經濟先到達尖峰或先到達谷底。

(1) 製造業員工平均每月工作時數（就業）。

(2) 製造業新接訂單指數（生產）。

(3) 海關出口值變動率（貿易）。

(4) 股價指數變動率和躉售物價指數變動率（物價）。

(5) 貨幣供給M_{1B}變動率（貨幣金融）。

(6) 房屋建築申請面積（營建）。

2. 同時指標

   此種時間數列的移動與整體經濟的變動大致相同，因此能以它來衡量當前的經濟情勢。

   (1) 工業生產指數變動率、製造業生產指數變動率，以及製造業銷售值（生產）。

   (2) 製造業薪資指數變動率（物價）。

   (3) 票據交換金額變動率（貨幣金融）。

   (4) 國內貨運量（交通運輸）。

3. 落後指標

   此種時間序列的移動總是走在整個經濟的變動之後，落後指標比整個經濟後到達尖峰或後到達谷底。

   (1) 企業的對外貨款。

   (2) 製成品與存貨。

   (3) 單位勞動成本。

四、景氣信號

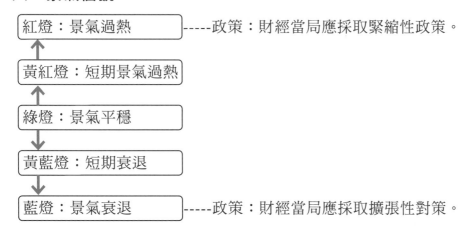

牛刀小試

(   ) **1** 下列有關我國景氣對策信號（亦稱景氣燈號），何者正確？

    (A)景氣燈號由行政院主計總處發布

    (B)景氣燈號每季發布一次

    (C)景氣燈號由綠燈轉為黃藍燈，表示景氣正在復甦中

    (D)景氣燈號轉為紅燈表示景氣過熱。

( ) **2** 當經建會所公布的景氣對策訊號為藍燈時，代表下列何種經濟狀況？此時政府應採取何種因應政策？ (A)景氣穩定，宜採取穩定性經濟政策 (B)景氣活絡，宜採取緊縮性經濟政策 (C)景氣趨緩，宜採取緊縮性經濟政策 (D)景氣衰退，宜採取擴張性經濟政策。 【統測】

( ) **3** 「失業率」屬於何種景氣動向指標？ (A)領先指標 (B)同時指標 (C)落後指標 (D)循環指標。 【統測】

解答與解析

1 (D)。景氣燈號轉為紅燈，表示景氣過熱。

2 (D) **3 (C)**

18.2 景氣循環理論

一、乘數與加速原理

薩穆森（Samuelson）以乘數效果與加速原理的交互作用，來解釋景氣循環的現象。

總需求增加（減少） **乘數效果** → 所得增加（減少） **加速原理** → 所得增加（減少）

乘數效果 → 所得再增加（減少） **加速原理** → 投資再增加(減少)

二、政治景氣循環（Political business cycle, PBC）

認為在經濟決策的決定過程中，執政的政治領袖參與實際決策的形成，這種因政治或決策的影響，而造成景氣循環的原因，謂之「政治景氣循環」。

主要論點	公共選擇理論	選舉前執政者採擴張性的經濟政策，而選後又採緊縮性的，如此反覆變動造成景氣循環現象。
	政黨政治理論	政黨政治的輪流執政，所採的經濟政策也不同所造成景氣循環的現象。

三、實質景氣循環（Real business cycle, RBC）

強調造成景氣循環的主因，乃來自於實質（供給）面的衝擊（例如生產技術創新），而非來自於貨幣（需求）面因此主張政府不需採行任何的穩定經濟政策。

18.3　物價膨脹

一、物價膨脹之定義

指平均概念的物價，以一定的幅度，持續上漲的現象謂之。

二、物價膨脹的原因

1. 需求拉動的通貨膨脹（Demand-pull inflation）由於需求面不斷的擴張，所引起的總需求曲線不斷向右而物價持續上升之現象。

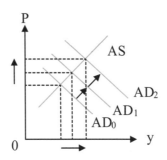

2. 成本推動的通貨膨脹（Cost-pull inflation）生產成本提高導致總合供給曲線向左移，而物價持續上升之現象。

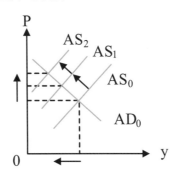

3. 混合型的通貨膨脹（Mixed inflation）指由供給面及需求面共同造成的通貨膨脹。

4. 結構性通貨膨脹（Structural inflation）在經濟發展過程中有些部門發展較快，容易發生急劇的物價上漲且引起整體物價水準上漲。

5. 輸入性通貨膨脹（Imported inflation）指由於輸入品的價格上升而該國對輸入品的依賴程度很深，於是進口成本提高進口商將它反應在產品的售價上。

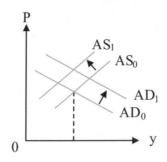

6. 預期心理通貨膨脹（Expectation of inflation）如上圖，消費者若預期未來物價將會上升則會盡量將手上持有貨幣去換取實物，於是貨幣流通速度加速使物價上漲，AD_0向右移到AD_1。另外物價膨脹心理將會認為實質工資下降而要求提高工資，AS_0向左移到AS_1。

三、通貨膨脹的影響

1. **預期內且經濟體系充分調整：**
   引發(1)菜單成本（Menu cost）和(2)皮鞋成本（Shoe leather cost）

2. **預期內但經濟體系未充分調整：**
   引發(1)菜單成本、(2)皮鞋成本、(3)對債務人有利而對債權人不利之財富重分配效果、(4)如同政府課徵通貨膨脹稅，即政府與民間部門的財富重分配效果。

3. **預期之外：**
   加深了上述2.之財富重分配效果，造成了勞資間的財富重分配，造成資源配置無效率。

18.4　勞動參與率與失業率

一、勞動參與率

15歲以上民間人口,可區分為勞動力與非勞動力。

$$勞動參與率 = \frac{勞動力}{15歲以上民間人口}$$

勞動力＝就業量＋失業量

$$就業率 = \frac{就業量}{勞動力} \times 100\% = \frac{就業量}{就業量＋失業量} \times 100\%$$

二、失業的定義

一個滿15足歲以上現在沒有工作,但馬上可以工作且積極找工作中。

三、失業率的計算

$$失業率 = \frac{失業量}{勞動力} \times 100\% = \frac{失業量}{失業量＋就業量} \times 100\%$$

四、失業的分類

1. 摩擦性失業(Frictional unemployment):指勞動者由於轉業與就業消息的情報傳遞不夠迅速,形成短暫失業的現象。
2. 結構性失業(Structural unemployment):指由於經濟結構的改變所造成的失業。
3. 循環性失業(Cyclical unemployment):指由於景氣循環的變動,在景氣衰退時,因廠商的裁員所造成的失業。
4. 自然失業率(Natural rate of unemployment或稱正常失業率):指不能再以擴張性總體政策永遠地降低的失業率。
   自然失業＝摩擦性失業＋結構性失業。

例:若一國的非勞動力有200萬人,失業人口為10萬人,失業率為5%,摩擦性失業人數為2萬,結構性失業人數為4萬,則勞動力與就業為何?自然失業率是多少?

答：(1)失業率 $= \dfrac{\text{失業人口}}{\text{勞動力}}$，$5\% = \dfrac{10}{\text{勞動力}}$，得勞動力 $=200$ 萬人

勞動力 $=$ 就業人口 $+$ 失業人口，$200 =$ 就業人口 $+10$，

得　就業 $=190$（萬人）。

(2)自然失業 $=$ 摩擦性失業 $+$ 結構性失業

自然失業 $=2+4=6$（萬人）

自然失業率 $= \dfrac{\text{自然失業}}{\text{勞動力}} = \dfrac{6}{200} = 3\%$。

牛刀小試

(　　) **1** 根據下表某國的勞動資料，該國的失業率自2009到2010年及自2010年到2011年，分別為：

年	2009	2010	2011
民間人口	2,000	3,000	3,200
就業人口	1,000	1,200	1,600
失業人口	200	300	400

(A)上升及上升　　　　　　(B)上升及不變
(C)下降及上升　　　　　　(D)下降及不變。

(　　) **2** 承上題，該國的勞動參與率自2009年到2010年及自2010年到2011年，分別為：
(A)上升及上升　　　　　　(B)上升及不變
(C)下降及上升　　　　　　(D)下降及不變。

(　　) **3** 假設其他條件不變，當平均在學年數增加時：
(A)勞動參與率會上升　　　(B)勞動參與率會下降
(C)勞動參與率不受影響　　(D)資料不足，無法判斷。

(　　) **4** 怯志勞工（discouraged worker）屬於：　(A)就業人口　(B)失業人口　(C)勞動力　(D)非勞動力。

( ) **5** 農曆春節過後很多人想轉換工作，因為轉換工作的空檔產生了失業
狀態，下列有關此類型失業的敘述，何者不正確？
(A)這種失業為摩擦性失業
(B)這類型失業與經濟不景氣有關
(C)這種失業為短期現象
(D)就業市場資訊愈不完全，愈會增加這類型失業。　　　【統測】

( ) **6** 下列關於失業率的敘述，何者正確？
(A)自然失業率是由循環性、季節性及隱藏性因素所造成之失業
(B)在自然失業率之水準時，表示已達到充分就業
(C)因景氣衰退或蕭條所造成的失業，稱為結構性失業
(D)剛畢業的學生暫時還沒找到合適工作，稱為結構性失業。

【統測】

( ) **7** 已知某國勞動力為100萬人，自願性失業為30萬人，隱藏性失業
為10萬人，放無薪假為3萬人，摩擦性失業為2萬人，結構性及
循環性失業為5萬人。請問該國失業率為何？　(A)7%　(B)20%
(C)37%　(D)50%。　　　【統測】

( ) **8** 若一國就業人口180萬，失業人口20萬，非勞動力100萬，則下列敘
述何者正確？
(A)勞動力200萬　　　　　　(B)勞動參與率6%
(C)就業率6%　　　　　　　　(D)失業率11.11%。　　　【統測】

解答與解析

1 (B)。2009年失業率 $\frac{200}{1,200} = 0.167$；2010年失業率 $\frac{300}{1,500} = 0.20$

2011年失業率 $\frac{400}{2,000} = 0.20$

所以2009年至2010年的失業率是上升，2010年至2011年的失業率是不
變的。

2 (C)。2009年 $\frac{1,200}{2,000} = 0.6$；2010年 $\frac{1,500}{3,000} = 0.5$；2011年 $\frac{2,000}{3,200} = 0.625$

所以2009年至2010年的勞動參與率是下降的，而2010年至2011年的勞動
參與率是上升的。

3 **(B)**。 勞動參與率＝$\dfrac{勞動力}{十五足歲以上人口}=\dfrac{就業人口＋失業人口}{十五足歲以上人口}$

當平均在學年數增加時，就業人口下降，其它條件不變下，勞動參與率下降。

4 **(D)**。 沮喪的工作者（discouraged worker）是想工作而未找工作，歸屬於非勞動力。

5 **(B)**   6 **(B)**

7 **(A)**。 失業率＝$\dfrac{失業人口}{勞動人口}=\dfrac{2＋5}{100}=7\%$

8 **(A)**。 勞動力＝就業人口＋失業人口＝180＋20＝200（萬）

五、各種失業的起因與對策

種類	主因	對策
摩擦性	換工作	增加各種就業資訊
結構性	經濟結構之轉變	透過職業訓練或第二專長訓練
循環性	不景氣造成廠商裁員	採行擴張性的財政及貨幣政策

18.5 菲力浦曲線

一、菲力浦曲線的意義

指物價上漲率與失業之間呈反向關係的曲線，即短期菲力浦曲線。

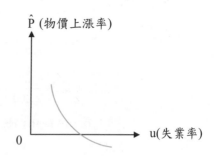

二、短期菲力浦曲線與總體經濟政策的關係

1960年代凱因斯理論的興盛時期，認為失業率與物價膨脹率之間存有抵換（trade-off）關係。

三、長期菲力浦曲線

1. **貨幣學派的學者傅利曼（Friedman）：**

   認為當人們預期物價膨脹的現象會持續下去，勞資雙方訂定勞動契約時，會把預期物價膨脹率設定在工資調整內，造成短期的菲力浦曲線向上移動，長期而言將使菲力浦曲線成一垂直線。

2. **結論：**

   貨幣學派認為長期的菲力浦曲線為一垂直線，且所對應的失業率即為自然失業率。

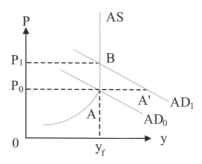

18.6 停滯性物價膨脹（stagflation）

一、意義

表示失業率（u）和物價上漲率（$\hat{p}$）同時上漲的現象。

＊痛苦指數（標）（Misery Index）＝失業率（u）＋物價上漲率（$\hat{p}$）

二、起因

1. 1940～1960年，政府支出增加採赤字預算，並且大幅增加貨幣供給，以上結果均造成AD曲線持續向右移動物價持續上漲。

2. 1970年的兩次石油危機（oil crisis）造成供給面的衝擊，使得AS曲線持續往左移而產出減少物價上升。

3. 民眾預期物價上漲的心理增加，要求調高名目工資，於是工資的成長率上升造成AS曲線向左移動，造成產出減少物價上升。

三、對策

1. 適當控制政府支出和貨幣供給,並採用以傅利曼(M.Friedman)為首的貨幣學派的建議,以「法則替代權衡」(rule rather than discretion)即採用「固定貨幣供給成長率法則」來代替權衡性的貨幣政策。

    ＊固定貨幣供給成長率法則,即貨幣成長率($\widehat{M}$)＝物價上漲率($\hat{P}$)＋

    貨幣需求的所得彈性($\varepsilon_{M,y}^d$)×所得成長率($\hat{y}$)

2. 採用供給面經濟學的政策建議
    (1) 大幅減稅。
    (2) 減少政府的人為管制提高生產效率。
    (3) 減少政府支出避免需求面的推動。
    (4) 採所得政策嚴格控制工資上漲率($\widehat{W}$)與物價上漲率($\hat{p}$),避免預期物價上漲,消除預期的心理。
    ＊ 所得政策(Income policy)或稱為標竿政策(Guide-post policy),先管制各產業之工資調整百分比並提高生產力。

    關係式為:$\hat{P} = \widehat{W} - A\hat{P}P$。(物價上漲率＝工資上漲率－生產力增加率)

    若生產力增加率(A$\hat{P}$P) =3%時,把工資上漲率限制在$\widehat{W}$ =3%將使$\hat{P}$=0。

    表示工資上漲率和生產力增加率相等,可以使物價上漲率等於零。

牛刀小試

( ) **1** 某國之痛苦指數為10%,失業率為5%,實質利率為3%,經濟成長率2%,請問物價膨脹率為:
    (A)7%　　　　　　　　(B)5%
    (C)8%　　　　　　　　(D)15%。　　　　【統測】

( ) **2** 下列有關痛苦指數的敘述,何者不正確?
    (A)溫和的通貨膨脹不會傷害經濟繁榮
    (B)停滯性通貨膨脹會使痛苦指數下降
    (C)痛苦指數越高,人民感受到的生活困難更嚴重
    (D)惡性通貨膨脹會引起社會動盪不安。　　　　【統測】

( ) **3** 下列有關物價膨脹影響的敘述，何者正確？ (A)對於債權人有利 (B)對於債務人有利 (C)對本國的出口有利 (D)對於固定收入者有利。 【統測】

解答與解析

1 (B)。 痛苦指數＝失業率＋物價膨脹率，已知痛苦指數=10%，失業率=5%，則代入左式得10%＝5%＋物價膨脹率，故物價膨脹率為5%。

2 (B)。 停滯性通貨膨脹使產出減少即失業率上升，且伴隨通貨膨脹，故痛苦指數上升。

3 (B)

18.7 通貨緊縮

一、通貨緊縮（deflation）的定義

是指物價指數「不斷地」，「持續地」下跌稱為通貨緊縮。

二、通貨緊縮的原因

1. 技術進步與管制解除帶動之生產效率提升：因供給成本下降，使總合供給擴張所引起的物價下跌。
2. 緊縮性貨幣政策或生產過剩及消費減退：因總合需求減少，引起物價的下跌。

三、通貨緊縮的影響

1. 來自成本下降，導致物價的下跌，將使物價得以持穩。
2. 來自需求減少，導致物價的下跌，長期而言，將造成生產萎縮。

實戰演練

( )　**1** 若一國全國人口為3,000萬人，其中十五歲以下總人口為200萬人，監管人口為300萬人，就業人口為1,700萬人，非勞動力人口為500萬人，何者錯誤？
(A)勞動生產力為80%
(B)就業率為85%
(C)平均產量為衡量一國投入生產之勞動力生產效率的指標
(D)勞動力為2,000萬人。

( )　**2** 1980年以來，國內勞力密集產業持續外移，造成部分國人失業。其屬何種失業類型？　(A)摩擦性失業　(B)結構性失業　(C)循環性失業　(D)隱藏性失業。

( )　**3** 某甲是位大專畢業生，由於找不到適合工作，便回到農村種田。其屬何種失業類型？　(A)摩擦性失業　(B)結構性失業　(C)循環性失業　(D)隱藏性失業。

( )　**4** 下列有關物價膨脹與通貨緊縮，何者正確？　(1)物價膨脹期間，社會需額外支付資訊成本、菜單成本、汙染成本與皮鞋成本　(2)通貨緊縮所產生的所得重分配效果，對有固定收入的公務員較不利　(3)物價膨脹所產生的所得重分配效果，對債權人較有利　(4)當一國物價水準不斷上漲時，中央銀行應該提升法定準備率，來對抗物價上漲。　(A)(1)(2)(3)(4)　(B)(1)(3)(4)　(C)(2)(3)　(D)(4)。

( )　**5** 造成小循環的主要原因是？　(A)氣候或風俗習慣所造成　(B)廠商的存貨調整　(C)由於人口的增加，新家庭的出現，導致對房屋的需要增加　(D)由於天災、人禍所造成。

( )　**6** 勞動參與率的計算公式，是為？　(A)勞動力除以生產人口　(B)總產量除以勞動投入量　(C)總產量除以失業率　(D)總產量除以勞動生產力。

( )　**7** 企業家常說「春天的燕子來了」，是形容下列何種情況？　(A)生產資源價格的變動　(B)生產技術的改進　(C)生產資源新發現　(D)對未來產業訂單樂觀的預期。

(　　) **8** 企業要求利潤增加造成的物價膨脹，是屬於？
(A)成本推動型物價膨脹　　　(B)需求拉升型物價膨脹
(C)結構性物價膨脹　　　　　(D)停滯型膨脹。

(　　) **9** 甲國之痛苦指數為10%，失業率為4%，經濟成長率2%，則物價上
漲率為？　(A)6%　(B)8%　(C)12%　(D)14%。

(　　) **10** 甲國總人口1,800萬人，15歲以上民間人口為1,200萬人，就業人口
810萬人，另有90萬人正在找工作。則下列敘述何者為非？
(A)甲國的勞動力為900萬人　(B)非勞動力為300萬人
(C)勞動參與率為75%　　　　(D)失業率為90%。

(　　) **11** 為了抑制通貨膨脹，下列哪一項「財政政策」方法是正確的？
(A)降稅　　　　　　　　　　(B)減少政府支出
(C)提高重貼現率　　　　　　(D)提高法定存款準備率。

(　　) **12** 下列敘述何者錯誤？
(A)失業率與物價膨脹率之和，稱之為痛苦指數
(B)循環性失業因有效需求不足，政府可使用降低租稅政策加以改善
(C)短期菲利浦曲線隱含所得成長率與物價膨脹率呈正比關係
(D)停滯性物價膨脹隱含短期菲利浦曲線是存在的。

(　　) **13** 下列何者不屬於週期性變動？
(A)長期趨勢　　　　　　　　(B)季節變動
(C)存貨循環　　　　　　　　(D)經濟循環。

(　　) **14** 景氣循環的過程包括(1)擴張、(2)衰退、(3)頂峰、(4)谷底四個階
段，其過程依序為？　(A)(1)(2)(3)(4)　(B)(4)(1)(3)(2)　(C)(2)(3)
(1)(4)　(D)(1)(2)(4)(3)。

(　　) **15** 若面對油電雙漲，造成物價上漲是屬何種物價膨脹？
(A)需求拉動型　　　　　　　(B)成本推動型
(C)結構性物價膨脹　　　　　(D)預期的物價膨脹。

(　　) **16** 已知甲國勞動力為100萬人之中摩擦性失業為2萬人、結構性失業
為3萬人、循環性失業為6萬人。則該國的自然失業率為？　(A)5%
(B)9%　(C)11%　(D)14%。

實戰演練

(　　) **17** 下列哪一種情況將會使失業率提高？　(A)一失業者決定進入學校讀書　(B)一職業婦女決定辭職並全心照顧家務　(C)一剛畢業的學生馬上找到工作　(D)一失業者因犯案被捕入獄。

(　　) **18** 短期菲力普曲線是描述何種經濟現象？
(A)失業率與物價上漲率呈正向相關
(B)失業率與物價上漲率呈負向相關
(C)利率與所得水準呈正向相關
(D)利率與所得水準呈負向相關。

(　　) **19** 所謂自然失業率是指在充分就業之下，仍有失業人口存在，自然失業包括？
(A)結構性失業與隱藏性失業　　(B)循環性失業與摩擦性失業
(C)結構性失業與摩擦性失業　　(D)結構性失業與循環性失業。

(　　) **20** 若一國的非勞動力有200萬人，失業人口為10萬人，失業率為5%，摩擦性失業人數為2萬，結構性失業人數為4萬，痛苦指數為8%，則下列敘述何者正確？　(A)勞動力為400萬人　(B)就業人口為200萬人　(C)物價上漲率為5%　(D)自然失業率為3%。

(　　) **21** 有關景氣循環的敘述，下列何者正確？　(A)因新技術或環保法令等因素對生產力的干擾，會產生景氣循環　(B)景氣衰退的國內生產毛額一定比景氣擴張的國內生產毛額低　(C)景氣循環的波動週期相當固定　(D)景氣衰退只會產生隱藏性失業。

(　　) **22** 下列有關就業與失業的敘述，何者錯誤？
(A)公司全面採行電腦化作業，勞動者不會使用電腦而無法繼續工作，所造成的失業稱為結構性失業
(B)在充分就業的情況下，仍可能存在摩擦性失業
(C)網路「人力銀行」的功能若能有效運作，可使摩擦性失業的人數減少
(D)隱藏性失業的可能原因為經濟不景氣，致使勞動者被老闆裁員。

(　　) **23** 下列何者屬於失業人口？　(A)家裡經營「冷飲店」，阿西在家看店　(B)阿西正在讀大學的哥哥　(C)阿西的姊姊從大學畢業，正在找工作　(D)阿西的父親已退休。

( ) **24** 下列敘述何者錯誤？
(A)消費過多所造成的物價膨脹為需求拉動的物價膨脹
(B)痛苦指數是物價上漲率與失業率的和
(C)石油價格上漲所造成的物價膨脹為成本推動的物價膨脹
(D)一般而言，菲律普曲線是物價上漲率與失業率呈同向變動關係。

( ) **25** 下列何種指標當其到達景氣循環谷底轉折點時，表示經濟景氣已開始復甦？
(A)落後指標　　　　　　(B)同時指標
(C)領先指標　　　　　　(D)全部皆是。

( ) **26** 已知某甲將現金200萬元借給某乙一年，一年後獲得利息10萬元，且當時的物價上漲率為2%，則此一筆借款的實質年利率為多少？
(A)5%　(B)4.5%　(C)3%　(D)2.5%。

( ) **27** 何謂「停滯性膨脹」，其主要特徵為？
(A)高物價上漲率及高失業率
(B)高物價上漲率及低失業率
(C)低物價上漲率及高失業率
(D)低物價上漲率及低失業率。

實戰演練

第19章 經濟成長與經濟發展

經濟成長是每一個國家所追求的經濟目標之一，本章介紹經濟成長的意義，更重要的是如何達成經濟成長。各學派的經濟學者分別提出他們不同的看法。

重點提示如下：
1. 經濟成長的意義
2. 經濟成長的階段
3. 哈羅德－多瑪成長模型（常考計算）
4. 內生成長理論

19.1　經濟成長的意義

以研究國民所得及經濟成長而獲頒諾貝爾經濟學獎的顧志耐（Simon Kuznets,1901-1985），對經濟成長（eccomic growth）的描述是，「一個國家的經濟成長，是提供人民愈來愈多數量與種類的經濟財貨之能力，在長期間能夠不斷地持續增長；這種能力的增長，係由於進步的技術，相關的制度與觀念上的調整所造成的」。而衡量一國的經濟成長，通常係指該國實質總產出或每人平均實質國民所得的增加，而所謂的經濟成長率，則是指「實質總產出」的年增率，或平均「每人實質國民所得」之年增率。而實質產出（所得），是以物價指數平減後，以某年固定物價計算的產出（所得）值，若以 y_t 代表第t年的實質總產出，則經濟成長率（economic growth rate；簡稱g）以下列公式衡量的： $g = \dfrac{y_t - y_{t-1}}{y_{t-1}} \times 100\%$ 。

牛刀小試

( )　假設有A、B兩國，除了A國的生產技術水準較高之外，兩國在其他方面完全一樣，則哪國的平均勞動生產力會比較大？

(A)A國　　　　　　　　　　(B)B國

(C)兩國相同　　　　　　　　(D)資料不足，無法判斷。

解答與解析

(A)。 平均勞動生產力：$AP_L = \dfrac{Y}{L}$，若A國的技術水準較高則使用較少的勞動

投入，就可以達到B國的產出，故A國的平均勞動生產力較大。

19.2 經濟成長的階段

羅斯托（Walt Rostow）認為經濟成長應區分成五個階段，分別說明如下：

第一階段	傳統社會（The traditional society）。在這個階段的國家缺乏顯著提升其生產水準的能力。他們顯然缺乏系統化的使用現代科學及科技的方法。識字率很低。
第二階段	經濟起飛前的準備狀態（the preconditions for take-off）。第二階段包含正在轉變成經濟起飛過程的國家。在這個階段，現代科學已經開始應用到農業及製造業。交通運輸、傳播、電力設備、教育，衛生及其他用到公共建設正在逐步穩定的發展。
第三階段	經濟起飛（the take-off）在這個階段，國家達成一定的經濟成長，已經是一種常態。人力資源的發展正好能維持經濟的持續發展。農業及工業的現代導致這些領域的快速擴張。
第四階段	邁向成熟（the drive to maturity）。經濟起飛後，經濟持續成長，企業體將現代科技併入所有的經濟活動中，經濟活動邁向國際化。在此階段，企業體證明有科技能力及經營技巧，不在於他能生產所有東西，而在於他選擇什麼東西來生產。
第五階段	高度大量消費的時代（the age of high mass consumption）。高度大量消費時代的來臨，導致每個人的收入增加，手中有許多的閒錢。

19.3　經濟成長理論

一、凱因斯學派的成長理論

又稱哈羅德－多瑪（Harrod-Domar）經濟成長模型

假設：資本和勞動是固定比例關係。

1. $G = \dfrac{S}{V}$，表示經濟成長率＝$\dfrac{\text{儲蓄率}}{\text{資本係數}}$，若要使G上升，可以透過S（儲蓄率）上升或V（資本係數）下降。

2. 若經濟體系脫離充分就業下的均衡成長，就很難再回復到均衡成長，所以哈羅德－多瑪模型為不穩定均衡，稱為「剃刀邊緣成長模型」。

二、新古典學派的成長理論（Neoclassical growth theory）

又稱梭羅（Solow）經濟成長模型

假設：資本和勞動有高度的替換性。

1. 梭羅（Solow）成長模型乃一個穩定均衡的成長模型。

2. 如何提高經濟成長率，有三種方式：
   (1) 增加儲蓄率。
   (2) 降低人口成長率。
   (3) 提高技術水準。

三、內生成長理論

盧卡斯（J.R.Lucas）和羅瑪（P.Romar）認為技術進步的原因有研究發展或有效的管理等，故屬於內部的因素。並認為資本（K）可分成人力資本和實物資本，透過教育的提升以及研究發展，可使人力資本的素質提高，使經濟成長率提高。

19.4　知識經濟的來臨

一、知識經濟的定義

「知識經濟」（Knowledge-based Economy）一詞最早係由經濟合作暨發展組織（Organization for Economic Cooperation and Development，簡稱OECD）於1996年提出，將「知識經濟」的概念定義為：一個以擁有、分

配、生產和使用「知識」為重心的經濟型態，與農業經濟、工業經濟並列的新經濟型態。

二、知識經濟的特質

知識經濟具有以下四點特質：

創新型經濟	運用人類智慧與創意，對工作流程與科技加以創新與應用，以改變成本結構與新型態的商業模式。
網路化經濟	善用資訊通信科技進行知識的收集儲存及應用，將知識加偶分享與迅速傳輸，並進行協同作業。
學習型經濟	需以終身學習的精神，不斷地追求創新與改良發明，以形成競爭優勢。
綠色經濟	以追求永續發展及節省資源為目標，尋求資源更有效率的使用方式。

牛刀小試

( )**1** 下列有關「知識經濟」（knowledge economy）的敘述，何者不正確？
(A)企業家使用土地、資本、勞動來生產是最重要的，知識僅扮演輔助的工具
(B)知識經濟重視知識資產的累積、傳遞與應用
(C)教育的投資是知識經濟成功的重要因素
(D)研發經費支出占國內生產毛額比重提高，是轉向知識經濟的特徵之一。 【統測】

( )**2** 下列敘述何者錯誤： (A)創新理論是由熊彼得（Schumpeter）所提出 (B)CPI上升必定能促進經濟成長 (C)人力資本為影響經濟成長之因素 (D)技術進步會促進經濟成長。 【統測】

解答 　**1 (A)** 　**2 (B)**

實戰演練

(　) **1** 對於經濟成長的論述，下列何者正確？ 　(1)亞當斯密認為經濟成長的關鍵在專業分工 　(2)馬爾薩斯對經濟成長始終抱持著悲觀的看法 　(3)盧卡斯認為經濟成長的關鍵在創新 　(4)熊彼德認為提高儲蓄率是經濟成長的關鍵。

(A)(1)(2) 　　　　　　　　　　　(B)(3)(4)

(C)(1)(2)(3) 　　　　　　　　　(D)(2)(3)(4)。

(　) **2** 下列有關經濟環境之敘述，何者正確？

(A)就業率、所得水準等經濟指標，皆會與景氣變動的方向一致

(B)一般而言，失業率與物價上漲率會成正比，且兩者加總即為一國之痛苦指數

(C)充分就業是指一個社會中，所有人都有工作之情況

(D)當景氣處於衰退階段時，則企業會減少生產以致存貨會減少。

(　) **3** 下列哪一個經濟學派認為充分就業是社會常態，只要願意生產就能創造需求？

(A)古典學派 　　　　　　　　　(B)凱因斯學派

(C)貨幣學派 　　　　　　　　　(D)理性預期學派。

(　) **4** 下列敘述，何者有誤？

(A)民主國家所採行的混合經濟制度是以市場經濟為主，計畫經濟為輔

(B)我國所實施的民生主義經濟制度是一種純粹的資本主義經濟制度

(C)中國大陸所實施的社會主義市場經濟是以計畫經濟為主，市場經濟為輔

(D)在自由經濟制度之下，容易造成分配不均的貧富懸殊現象。

(　) **5** 下列有關人口論的敘述，何者錯誤？

(A)提出者是馬爾薩斯

(B)其理論基礎是規模報酬遞減

(C)認為人口按幾何級數的比率增加

(D)是悲觀的經濟學。

(　) **6** 根據哈羅德（Harrod）經濟成長理論，下列何種情況，可以產生高
的經濟成長率？
(A)高儲蓄率配合高資本產出率
(B)高儲蓄率配合低資本產出率
(C)低儲蓄率配合高資本產出率
(D)低儲蓄率配合低資本產出率。

(　) **7** 下列哪一個學派否定古典學派充分就業可以自動達成的假設，從總
體經濟出發，建立以達成充分就業為目標，社會有效需求為方法
的經濟理論體系？
(A)古典學派 　　　　　　　　(B)反古典學派
(C)凱因斯學派 　　　　　　　(D)供給面學派。

(　) **8** 假設邊際消費傾向為0.8，資本平均生產力為0.5，則欲維持長期均
衡，依「哈羅德－多瑪」理論，充分就業的所得成長率為？
(A)160% 　　　　　　　　　　(B)100%
(C)16% 　　　　　　　　　　 (D)40%。

(　) **9** 有關內生成長理論中，下列何者為此理論所強調的，影響經濟成長
之重要因素？
(A)專業分工 　　　　　　　　(B)人口的增加
(C)土地的增加 　　　　　　　(D)人力資本的累積。

(　) **10** 美國經濟學家羅斯托把經濟發展分為五個階段，依序排列是　(1)
傳統階段　(2)起飛階段　(3)過渡階段　(4)高度大量消費階段　(5)
邁向成熟階段
(A)(1)(2)(3)(4)(5) 　　　　　　(B)(1)(2)(5)(4)(3)
(C)(1)(2)(5)(3)(4) 　　　　　　(D)(1)(3)(2)(5)(4)。

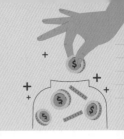

第20章　近年試題

(　　) **1** 設甲國僅生產X、Y兩財貨，X、Y的生產可能曲線為PPC如下圖。已知A點生產財貨X之機會成本為2，在技術與資源不變下，則下列敘述何者正確？

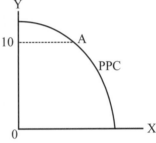

　　(A)若B點也在PPC線上且Y數量為5，則B點生產X的機會成本小於2

　　(B)C點與A點相比，Y數量相同但X數量較多，則C點具有生產效率性

　　(C)D點與A點相比，Y數量相同但X數量較少，則D點不具有生產效率性

　　(D)PPC線為負斜率是因為機會成本遞增。

(　　) **2** 下列敘述何者正確？　(A)消費者行為與物價水準皆是個體經濟學探討的議題　(B)社會主義經濟制度下，支配社會資源分配的主要力量是價格機能　(C)某廠商導入人工智慧於生產製造過程，此為「生產什麼」的問題　(D)探討嚴重特殊傳染性肺炎（COVID-19）疫情對網路遊戲產品銷量的影響，此為實證經濟學的範疇。

(　　) **3** 某財貨之需求線(D)為$P = a + b \times Q$，P為價格且Q為數量。若A點對應之$Q = 10$且$P = 10$，B點對應之$Q = 0$且$P = 20$，C點對應之$Q = 8$且$P = 12$，A、B、C三點皆在需求線上。若正斜率之供給線與需求線交於A點，則下列敘述何者正確？　(A)A點之需求價格彈性等於1　(B)在C點時，廠商若漲價可以增加總收益　(C)當均衡價格為10時，則消費者剩餘為100　(D)當預期未來價格上漲時，新均衡數量必大於10。

(　　) **4** 若財貨X之價格為P_x、供給量為Q_x^S、需求量為Q_x^D，財貨Y之需求量為Q_y^D。下列敘述何者正確？　(A)當供給線上之P_x由80上升為120，Q_x^S由10提高為11，則此供給線會通過原點　(B)若P_x提高2%會使Q_y^D增加5%，則財貨Y對財貨X之需求交叉彈性為0.4　(C)當P_x由20下跌為15，某廠商所面對之Q_x^D由50提高為80，則此廠商漲價

可增加收入 (D)不論P_x如何變動,消費者對財貨X之支出金額不變,則財貨X之需求價格彈性為1。

( ) 5 若某乙消費財貨X之邊際效用(MU)線為負斜率之直線,且當消費數量Q為95時MU＝0且總效用TU＝200。下列敘述何者正確? (A)Q＝90時,總效用大於200 (B)Q＝100時,邊際效用大於零 (C)Q＝80之總效用會小於Q＝85之總效用 (D)Q＝70之邊際效用會小於Q＝75之邊際效用。

( ) 6 某廠商的邊際產量(MP)、平均產量(AP)兩曲線如圖所示,圖中MP最高點為A點,AP最高點為B點,L為勞動投入量,且TP表總產量。下列敘述何者正確? (A)L＝30時,TP達到最大 (B)TP最大值為100 (C)L＝20時,廠商處於報酬遞增階段 (D)TP最大值為2500。

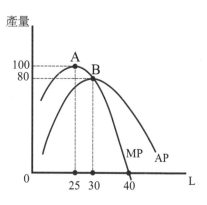

( ) 7 下表為某廠商短期下之各種產量的要素投入數量及成本之變動關係。表中Q為產量,L為勞動投入量,TFC為總固定成本,TVC為總變動成本,TC為總成本,AC為平均(總)成本,AVC為平均變動成本,MC為邊際成本。若變動生產要素只有勞動且其他條件不變下,下列敘述何者錯誤?

Q	TFC	L	TVC	TC	AC	AVC	MC
0	4,000	0	0	X3			
100		1	1,000		X5		
250		2				X6	
420	X1	3					
580		4	X2				
660		5					X7
720		6		X4			

(A)X1＝X2＝4,000　(B)X3＝4,000，X4＝10,000　(C)X5＝50，X6＝8，X7＝12.5　(D)MC最低點的產量為580。

(　) **8** 若某一完全競爭廠商，當市場價格P＝15時之短期均衡下，此廠商之總收益TR＝750，ATC＝12且AVC＝10。若Q表數量、ATC表平均總成本、AVC表平均變動成本、MR表邊際收益、AR表平均收益，則下列有關短期均衡下之敘述，何者正確？　(A)MR＞15　(B)Q＝50　(C)MR＞AR　(D)經濟利潤為250。

(　) **9** 假設某一完全競爭廠商，若其邊際成本（MC）、平均總成本（ATC）、平均變動成本（AVC）皆為U型曲線。在追求利潤最大或損失最小化的目標下，此廠商在價格P＝30時，產量Q＝400，MC＝30且處於遞增狀況，ATC＝45，AVC＝25。此廠商在上述條件下應如何決策？　(A)維持產量為400　(B)讓產量大於400　(C)讓產量小於400但不歇業　(D)暫時歇業。

(　) **10** 若某追求利潤最大化之獨占廠商，其面對的需求曲線為負斜率的直線，則下列敘述何者正確？　(A)若採第二件打七折的差別訂價法，此法的消費者剩餘大於第一級差別訂價法　(B)若此廠商採單一訂價，在總收益最大值之情況下，其需求價格彈性小於一　(C)此獨占廠商永遠不會在供給價格彈性小於一的階段進行生產　(D)若此廠商採單一訂價，長期均衡價格等於邊際成本，且長期平均成本為遞減階段。

(　) **11** 若某寡占廠商的需求線為「拗折需求線」，此線的拗折點對應的價格P＝10，數量Q＝300，且「邊際收益缺口」介於5至7間。此外，當Q小於300時之需求線為負斜率之直線D1，而Q大於300之需求線為負斜率之直線D2，則下列敘述何者正確？（下列敘述中，MR為邊際收益、MC為邊際成本、TR為總收益）　(A)若MR＝MC＝6，TR＝3,000　(B)若MR＝MC＝8，則Q＞300　(C)若MR＝MC＝5.5，則P＜10　(D)D2的需求價格彈性會大於D1的需求價格彈性。

(　) **12** 若財貨A之生產要素之一為X，而Y為X之替代性生產要素。若MP_X為X之邊際產量，P_A為財貨A之價格，而P_X為生產要素X的價格、P_Y為生產要素Y的價格。下列敘述何者正確？　(A)若X生產力提高

時，不會影響對於X之需求　(B)若$MP_X＝20$，且$P_A＝10$，則X的邊際產值為200　(C)若P_A上升時，對於X的需求會減少　(D)若P_Y上升時，對於X的需求會減少。

( )　**13** 下列有關生產要素的敘述，何者正確？　(A)若預期物價上漲率大於實質利率時，則名目利率為負　(B)利潤為不確定所得，且無法由邊際生產力決定　(C)若某塊土地價格為2,400萬、年利率為2%，則此土地每個月地租為48萬　(D)若預期物價上漲率由1%提高為1.5%，而名目利率調升2碼，則實質利率會下跌。

( )　**14** 在其他條件不變下，下列有關國內生產毛額（GDP）與國民生產毛額（GNP）之敘述，何者正確？　(A)某甲買入一棟500萬舊屋，會使GDP與GNP皆增加500萬　(B)A國勞工大量進入B國工作，會使兩國的GDP皆增加　(C)臺灣廠商新聘數名臺籍員工赴美國工作，此會使美國的GDP與臺灣的GNP皆增加　(D)某臺商將訂單5,000萬由中國移回臺灣生產，臺灣的GDP不變但GNP增加5,000萬。

( )　**15** 若消費函數為$C＝10＋0.9Y$，Y表所得、C表消費、MPC表邊際消費傾向、APC表平均消費傾向、MPS表邊際儲蓄傾向、APS表平均儲蓄傾向，則下列敘述何者正確？　(A)MPS＝0.9　(B)Y＝500時，則APS＝0.1　(C)APC＝0.95時，則Y＝200　(D)若MPC下降0.1後，當Y＝150時，APC＜MPC。

( )　**16** 若已知A國2019年之名目GDP＝1,400、企業間接稅淨額＝0、國外要素所得淨額＝50，C為消費支出、I為投資支出、G為政府支出、X為出口、M為進口，下列有關A國2019年之敘述何者正確？　(A)若$C＋I＋G＝1,550$，則X＞M　(B)若折舊＝150，則國民所得＝1,300　(C)若A國2019年的GDP平減指數為110，則實質GDP＞1,400　(D)在其他條件相同下，若A國2019年之休閒價值提高，則名目GDP大於1,400。

( )　**17** 在包含政府部門的凱因斯模型中，若消費函數$C＝a＋b×Yd$，$Yd＝Y－T$，C為消費、Yd為可支配所得、Y為所得、T為租稅、I為投資、G為政府支出、Yf為充分就業所得、MPC為邊際消費傾向、MPS為邊際儲蓄傾向。下列敘述何者正確？　(A)若MPS＝0.2，則投資乘數為1.25　(B)已知I＝30、G＝10、T＝20且均衡

所得＝520，若a＝180，則政府支出乘數為2　(C)若a＝50、b＝0.8、I＝20、G＝10、T＝10、Yf＝400，則膨脹缺口為8　(D)若Yf＝720、均衡所得＝800、MPC＝0.8時，租稅增加20可達到充分就業。

(　　) **18** 在A國若將100萬的資金存入銀行一年，可獲得6萬的利息，且法定準備率為10%；在B國同樣的資金與存入期間，可獲得的利息則為4萬，而法定準備率為5%。若A國的實質利率為4%，而B國預期物價上漲率為2%。假設超額準備金為零且沒有現金流失的情形，則下列敘述何者正確？　(A)B國的實質利率小於4%　(B)A國預期物價上漲率大於2%　(C)B國的貨幣乘數為25　(D)A國的貨幣乘數大於B國的貨幣乘數。

(　　) **19** 下列關於貨幣的敘述，何者正確？
(A)根據凱因斯對貨幣需求動機的主張，利率下降會增加交易動機之貨幣需求
(B)現金餘額說主張在短期下，貨幣供給量與物價水準會反方向同比例變動
(C)在流動性陷阱下，貨幣需求的利率彈性為無窮大，此時貨幣政策無效
(D)現金交易說主張若貨幣供給與物價水準不變時，貨幣流通速度與產出呈反向變動。

(　　) **20** 下列何者不屬於矯正市場失靈的政府干預行為？　(A)由政府支付嚴重特殊傳染性肺炎（COVID-19）確診者之治療費用　(B)為保護本國產業的發展，對於外國進口商品課徵關稅　(C)由政府以公營方式經營具有自然獨占特性之自來水廠　(D)對噪音超標行為取締並處罰，以降低環境污染。

(　　) **21** 下列有關國際貿易與國際金融的敘述，何者正確？　(A)為緩和台幣相對於美元升值的壓力，中央銀行應賣出美元　(B)課徵反傾銷稅與進口配額制皆為關稅型的貿易障礙　(C)本國銀行直接貸款給外國企業為跨國間接投資的行為　(D)在純粹浮動匯率制度下，中央銀行會經常性於外匯市場買賣外匯。

( ) **22** 若每一英鎊兌換美元之原有匯率為1.32，若變動後之新匯率為E，則下列有關此匯率變動的敘述，何者正確？ (A)若英鎊升值幅度為10%，則E＝1.2 (B)若E＝1.2，則美元升值幅度為10% (C)若E＝1.25，此變動將有利於美國之出口 (D)若E＝1.35，此變動將不利於英國之進口。

( ) **23** 下列有關勞動與失業之敘述，何者正確？
(A)自然失業中包含隱藏性失業
(B)某乙在自家商店每週工作20小時但不支薪，某乙為失業人口
(C)若勞動生產力為8而勞動投入量400，則總產量為50
(D)當工資率上升時，替代效果會使勞動者的休閒減少。

( ) **24** 下列有關經濟波動的敘述，何者正確？
(A)自然失業率為6%且勞動力為100萬，則摩擦性失業加結構性失業人口為6萬
(B)在充分就業下，總需求曲線向右移動，會使總產出與物價水準同時增加
(C)股價指數為景氣落後指標，而失業率為景氣同時指標
(D)季節變動為不規則變動之一種。

( ) **25** 下列有關經濟成長與經濟發展之敘述，何者正確？
(A)經濟發展是指一國實質總產出不斷增加之現象
(B)物價水準的上升必會使經濟成長率下跌
(C)「國富論」之作者為凱因斯，其認為失業為常態
(D)新古典成長理論強調勞動成長、資本累積、技術進步三者會影響經濟成長。

111年 統測試題

( ) **1** 在下列四則之新聞報導中,何者是屬於總體經濟學之範疇?
(A)超市舉辦橘子特賣,而在特惠期間橘子銷量大增
(B)因預期今年冬天會特別寒冷,服飾業者紛紛提早布局保暖外套的市場
(C)某間拉麵店在開幕期間,前一百名消費顧客有打折優惠,引起民眾排隊
(D)因應疫情可能使景氣衰退,政府研討發放五倍券等振興經濟的措施。

( ) **2** 若財貨X之需求線為負斜率直線,供給線為正斜率直線,兩線之交點為A點,且供給線通過原點。若P表價格,Q表數量,當P=30時之需求量為0,下列敘述何者正確?
(A)若A點對應之P=15且Q=10,則消費者剩餘為150
(B)若A點對應之P=20且Q=12,則生產者剩餘為60
(C)若A點對應之P=10且Q=10,則A點之供給的價格彈性為1
(D)若A點對應之P=5且Q=10,當預期未來價格會上漲,則新均衡數量必大於10。

( ) **3** 下列何種情境是滿足需求法則?(Q表需求量,P表價格)
(A)財貨F的需求函數為Q=100+0.3P
(B)財貨G的需求函數為P=20+65Q
(C)I城市的民眾反應房價愈高,愈買不起房子
(D)H品牌之珠寶售價愈高,其需求量上升,因愈貴愈能彰顯此珠寶的高貴。

( ) **4** 假設原子筆的數量(X)與邊際效用(MU)關係如下表,已知消費者均衡時原子筆價格為20元、便條紙價格為10元、便條紙邊際效用為2單位,下列敘述何者正確?

X	1	2	3	4	5
MU	8	6	4	2	0

(A)消費者均衡時，消費者應該購買原子筆3支

(B)購買2支原子筆的總效用為6單位

(C)消費者均衡時，購買原子筆之總效用為4單位

(D)當便條紙價格提高時，為達到消費者均衡，則應該少買原子筆。

( ) **5** 下表為某廠商所投入之勞動量與總產量兩者間之對應表，下列有關此表之敘述何者正確？

總產量	4	12	21	28	33	36	36	32
勞動量	1	2	3	4	5	6	7	8

(A)勞動量小於6時，邊際產量必大於平均產量

(B)勞動量小於6時，邊際產量會持續上升

(C)勞動量等於4時，邊際產量等於平均產量

(D)勞動量等於5時，平均產量有最大值。

( ) **6** 下列有關長期平均成本LAC之敘述，何者正確？

(A)外部經濟會使LAC隨產量增加而遞減

(B)固定成本增加會使LAC線往上移動

(C)規模報酬遞減會使LAC線往下移動

(D)廠商內部不利的因素會使LAC處於上升階段。

( ) **7** 若某產品的市場需求線為$P = 2000 - Q$，市場供給線為$P = Q$，若此市場為完全競爭市場，而廠商甲為此完全競爭市場的供給者之一。若P為價格，Q為數量，TR為總收益，MR為邊際收益，AR為平均收益，MC為邊際成本，則下列有關廠商甲的敘述何者正確？

(A)$TR = 2000 \times Q$

(B)$MR = 1000$

(C)AR為負斜率的直線

(D)若MR與MC交點的數量$Q = 10$，則$TR = 20000$。

( ) **8** 若某完全競爭廠商之長期平均成本LAC與長期邊際成本LMC皆為U型曲線，該廠商達到長期均衡時之價格$P = 150$且數量$Q = 300$。若AR表平均收益，MR表邊際收益，在其他條件不變下，下列有關長期均衡下的敘述何者正確？

(A)在LAC之最低點時，MR＝AR＝LAC＞150

(B)當P＝150時，LAC＝LMC且經濟利潤大於零

(C)若P＝160時，廠商會擴大生產規模或會有新廠商加入此產業

(D)若Q＝250時，LAC＜LMC且經濟利潤小於零。

(　　) **9** 有關某獨占廠商之差別訂價行為，在追求利潤最大化下，下列敘述何者正確？（下列敘述中的CS表消費者剩餘，P_a與P_b分別為A、B兩市場之價格，E_a與E_b分別為A、B兩市場的需求價格彈性，MR_a與MR_b分別為A、B兩市場的邊際收益）

(A)若採第二級差別訂價，會使CS＝0

(B)若採第三級差別訂價，其會較第一級差別訂價剝奪更多的CS

(C)若在A、B兩市場銷售，當$E_a＝2$而$E_b＝4$，則$P_a＝1.5P_b$

(D)若在A、B兩市場銷售，當$E_a＞E_b$，則均衡時$MR_a＞MR_b$。

(　　) **10** 下列有關獨占性競爭與寡占之敘述，何者正確？

(A)寡占廠商的拗折需求線是因為採取差別訂價所造成

(B)獨占性競爭與寡占廠商皆會有勾結行為之產生

(C)價格領導制為獨占性競爭市場之訂價方法之一

(D)獨占性競爭與寡占廠商對於價格皆有影響力。

(　　) **11** 若有一完全競爭市場中的廠商，其產品價格為30元，而每位員工的工資為100元，該產品的勞動投入和總產量之關係如下表。假設此廠商之變動成本除勞動之工資外，並無其他變動成本，則下列何者正確？

員工人數	0	1	2	3
總產量	0	10	18	24

(A)當員工人數為1位時，該名員工的邊際產量收益為300元

(B)當員工人數由1位增加為2位時，第2位員工的邊際產量為18個產品

(C)當僱用員工人數由2位增加為3位時，會讓此廠商利潤減少，所以僅會僱用2位員工

(D)依表中資料，僱用員工人數愈多，產量也愈高，顯示此廠商的生產違反邊際報酬遞減法則。

( ) **12** 假設某國在三個年度中的人口、勞動力和失業率的數值如下表，下列何者正確？

年度	15歲以上民間人口	失業人口	就業人口	勞動力	勞動參與率	失業率
2019	150,000	4,500	(1)	90,000	(2)	(3)
2020	160,000	8,000	92,000	(4)	(5)	(6)
2021	165,000	(7)	105,000	115,500	(8)	(9)

(A)(1)＝85,500，(2)＝60%
(B)(3)＝4.5%，(4)＝100,000
(C)(5)＝60%，(6)＝9.2%
(D)(7)＝15,000，(8)＝65%。

( ) **13** 下列有關利率的敘述，何者正確？
(A)小明規劃在台中設廠投資，根據投資儲蓄說，在其他條件不變下，其投資金額會與利率呈反向關係
(B)小華今年購買財貨的偏好程度較去年來得低，根據時間偏好說，小華今年要求的利率比去年高
(C)目前銀行定期存款的利率是1%，預期物價上漲率3%，則銀行定期存款的實質利率為4%
(D)小言因為要買彩券而握持貨幣，此即為流動性偏好理論的投機動機，該動機的貨幣需求會與利率呈正向關係。

( ) **14** 阿寶家裡有四個兒子，大寶、二寶、三寶及四寶，下列有關此四兄弟之經濟行為，何者會被計入國內生產毛額（GDP）中？
(A)大寶花2000元買了一輛二手腳踏車
(B)二寶買了一輛當年度生產的新腳踏車
(C)三寶把他的腳踏車送給了四寶
(D)四寶在股票市場買了1000股生產腳踏車公司的股票。

( ) **15** 假設甲國於2020年之最終財貨與勞務之支出金額如下：民間消費支出為500億，投資支出為300億，政府消費支出為200億，出口為150億，進口為50億，固定資本形成毛額250億，政府移轉性支付為20億。下列有關甲國2020年之相關敘述，何者正確？

(A)GDP為1100億

(B)存貨減少50億

(C)有貿易逆差

(D)政府消費支出200億中包含移轉性支出的20億。

( ) **16** 在加入政府部門之凱因斯模型中，$Y = C + I + G$，$C = 100 + 0.6Yd$，$Yd = Y-T$，$I = 50$，其中C為消費、I為投資、G為政府支出、Yd為可支配所得、T為稅收。下列敘述何者正確？

(A)政府支出由200增加到250時，均衡所得將增加150

(B)若膨脹缺口為20，則產出缺口為50

(C)若$T = 50$、$G = 200$，均衡所得為1000

(D)當所得為1000時，自發性消費為700。

( ) **17** 假設某公司有兩項投資方案正在進行評估，此兩方案皆只有一年的收益，兩方案之購買成本與預期收益如下表，則下列有關此兩項投資之敘述，何者正確？

	方案E	方案F
購買成本	50萬	100萬
預期收益	55萬	112萬

(A)凱因斯主張依成本高低來選擇投資標的，所以應選擇方案E來投資

(B)以投資的預期報酬率而言，是方案E較高

(C)以投資邊際效率而言，是方案F較高

(D)若市場利率為15%，兩方案都值得投資。

( ) **18** 下列有關貨幣與金融的敘述，何者正確？

(A)A公司存入甲銀行100萬元，若可創造出引申性存款增加400萬元，則貨幣乘數為5

(B)中央銀行將法定準備率由11%調降為9%時，會使貨幣乘數變小

(C)調整存款準備率為一種選擇性信用管制的貨幣政策

(D)銀行與保險公司皆是貨幣機構。

( ) **19** 依據我國中央銀行的統計定義，下列有關貨幣供給數量的敘述何者
正確？
(A)某甲為進行股票投資，將定期存款解約轉存為活期存款，其金
額為100萬，此會使M_2增加100萬
(B)某公司因出口而收到國外客戶支付之款項1000萬美元，並將此
金額存入外匯存款，此會使M_2增加
(C)疫情過後，民眾消費力大增，信用卡刷卡金額創新高，使得未
清償刷卡累計金額為50億，此會使M_{1A}增加50億
(D)疫情減少了現金支付的需求，民眾紛紛將現金存入活期存款帳
戶中，活期存款總額因而增加20億，此會使M_{1A}減少20億。

( ) **20** 下列有關財貨類型的敘述，何者正確？
(1)私人汽車、(2)公海裡的魚、(3)消防、(4)有線電視、(5)燈塔
(A)(1)(2)為純私有財，其餘為純公共財
(B)(1)為純私有財、(2)(3)為純公共財、(4)(5)為準公共財
(C)(4)(5)為純公共財、(2)(3)為準私有財、(1)為純私有財
(D)(1)為純私有財、(2)為準私有財、(3)(5)為純公共財、(4)為準公
共財。

( ) **21** 近年有許多外國科技大廠來臺灣投資設廠，在其他條件不變下，下
列有關此投資的敘述何者正確？
(A)此投資行為是屬於間接投資
(B)此投資不會影響外匯的供給與需求
(C)此投資會使外匯需求增加並使台幣升值
(D)此投資會使外匯供給增加並使台幣升值。

( ) **22** 假設投入相同單位的生產要素，甲國和乙國生產晶片和遊艇的數量
分別如下表，下列敘述何者正確？

	甲國	乙國
晶片	400	200
遊艇	150	100

(A)甲國對晶片之生產具有絕對利益，乙國則是對遊艇之生產具絕
對利益
(B)依比較利益法則，甲國應專業生產晶片

(C)依比較利益法則，乙國應同時生產晶片與遊艇

(D)乙國對晶片及遊艇之生產皆具有絕對利益。

(　) **23** 近年在疫情影響下，一方面因封城等防疫措施造成原物料不足之現象，但另一方面當疫情逐漸受到控制後，進而又產生報復性消費大增之現象。下列有關此兩現象對經濟景氣影響之敘述，何者正確？

(A)原物料不足會使總供給增加，報復性消費大增會使總需求減少

(B)報復性的消費大增會使總供給增加，並造成成本推動型之物價膨脹

(C)若一國已經處於充分就業下，報復性的消費大增會使此國的總產出增加

(D)兩現象皆會造成物價膨脹，中央銀行可採取提高重貼現率的政策來抑制物價膨脹。

(　) **24** 下列敘述何者正確？

(A)知識具有規模報酬遞減的特性

(B)經濟發展可應用生產可能曲線向外移動來表示

(C)以實質GDP年增率來計算今年經濟成長率為5%，且已知今年實質GDP為420億元，則去年實質GDP為400億元

(D)臺灣的經濟發展過程中，政府於第一次進口替代階段，開始設立加工出口區。

( ) **1** 若電動車市場有負斜率的需求曲線與正斜率的供給曲線，在其他條件不變下，若車用晶片的價格上漲，對電動車市場的均衡價格和交易量將產生什麼影響？ (A)價格上漲，交易量減少 (B)價格下跌，交易量減少 (C)價格上漲，交易量增加 (D)價格下跌，交易量增加。

( ) **2** 假設某商品的需求函數為$Q_d=80-P$，供給函數為$Q_s=20+2P$，若政府將價格下限訂在15元時，下列何者正確？ (A)將造成超額需求 (B)將造成超額供給 (C)均衡價格下跌 (D)市場均衡不變。

( ) **3** 若小明花12元消費3個X財貨，其邊際效用$MU_X=8$，若小明再花10元消費2個Y財貨，其邊際效用$MU_Y=10$，在不增加預算的情況下，小明如何調整其購買的財貨組合，可以提高其總效用？ (A)全部消費Y財貨 (B)增加Y財貨的消費，減少X財貨的消費 (C)增加X財貨的消費，減少Y財貨的消費 (D)無法用調整購買財貨組合以提高總效用。

( ) **4** 生產三階段中的第二階段為合理的生產階段，若TP、AP_L、MP_L分別代表總產量、勞動的平均產量、勞動的邊際產量，關於第二階段的敘述，下列何者正確？ (A)$MP_L > AP_L > 0$ (B)AP_L處於遞減狀態 (C)TP以遞增速度上升 (D)MP_L處於遞增狀態。

( ) **5** 小許放棄月薪7萬元的工程師工作，決定經營一家咖啡店，同時收回原月租4萬元的自有店面做為開設地點，每月可以創造20萬元的總收益，而每月支付給員工薪資以及咖啡豆、耗材、水電等總支出為10萬元。關於經營咖啡店的敘述，下列何者正確？ (A)會計利潤＞正常利潤＞經濟利潤 (B)正常利潤＞會計利潤＞經濟利潤 (C)正常利潤＞經濟利潤＞會計利潤 (D)經濟利潤＞會計利潤＞正常利潤。

( ) **6** 已知某廠商的總收益函數為$TR=10q$，其中q為廠商的產量，則下列何者錯誤？ (A)邊際收益函數為$MR=10$ (B)廠商的需求曲線為負斜率的直線 (C)平均收益AR等於MR (D)商品的市場價格為10。

(　　) **7** 有一個完全競爭廠商的各種短期成本曲線如圖所示，其中MC、AC、AVC、P、C和q分別代表邊際成本、平均成本、平均變動成本、價格、成本和產量，下列敘述何者正確？

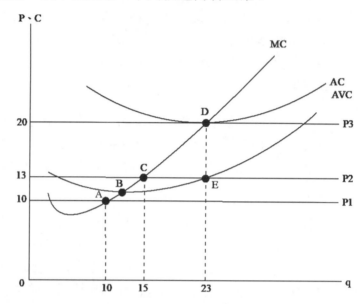

(A)廠商的短期供給曲線為D點以上的MC線
(B)當市場價格為20元時，該廠商的經濟利潤為72
(C)當市場價格為13元時，該廠商的總固定成本為161
(D)當市場價格為10元時，該廠商應該生產的數量為10。

(　　) **8** 某產業屬於完全競爭市場，以下何者符合廠商在長期均衡時之表現？　(A)留在該產業的廠商具有超額利潤　(B)價格＝平均收益＝長期邊際成本　(C)價格＞長期平均成本　(D)短期邊際成本＜長期平均收益。

(　　) **9** 甲公司為提供跨境運輸之獨占廠商，該公司為獲取最大利潤，訂出淡旺季不同價格。已知淡季市場價格為8,000元，旺季市場價格為12,000元且淡季需求彈性為4，則旺季需求彈性為何？　(A)2　(B)3　(C)5　(D)6。

(　　) **10** 小林經營小型餐車提供快餐服務，因獨特口感頗受好評，下列敘述何者正確？　(A)長期而言會有超額利潤　(B)長期採取邊際成本訂價最為有利　(C)短期面對負斜率之需求曲線　(D)短期而言為價格接受者。

(   ) **11** 甲、乙兩國之所得分配如表所示，下列敘述何者正確？

可支配所得按戶數五等分組之所得分配		
戶數五等分組	甲國所得分配（％）	乙國所得分配（％）
最低所得20%	12	8
次低所得20%	18	12
中等所得20%	22	20
次高所得20%	25	25
最高所得20%	23	35

(A)甲國之所得分配較乙國為平均
(B)乙國之所得分配較甲國為平均
(C)甲國之吉尼係數較乙國大
(D)甲國與乙國之吉尼係數相同。

(   ) **12** 某園區廠商除了給付員工薪資之外，還提供免費午晚餐及員工宿舍，對於免費午晚餐及員工宿舍之屬性為何？　(A)實物工資　(B)貨幣工資　(C)實質工資　(D)補償性工資。

(   ) **13** 乙每年向甲租用土地從事生產活動，租金則是約定每年加以調整。乙去年支付15萬元，當時市場年利率為5%；假設地價不變，若今年市場年利率為8%，今年的地租是多少？　(A)12萬元　(B)15萬元　(C)24萬元　(D)30萬元。

(   ) **14** 關於利潤產生的原因，下列哪一種說法可以解釋企業家承擔新廠商加入競爭或地震破壞的報酬？　(A)剝削說　(B)創新說　(C)獨占說　(D)風險與不確定說。

(   ) **15** 小周前往銀行辦理一年期之定期存款共100萬元，採每月領取利息，到期領回本金。銀行之牌告利率：機動利率為1.45%而固定利率為1.44%。小周因機動利率較高，因此採機動利率辦理定存。惟自第四個月起，機動利率降為1.42%，小周全年領取之利息相較於固定利率之差額是多少？　(A)少125元　(B)多125元　(C)少200元　(D)多200元。

(　) **16** 當我們計算國內生產毛額（GDP）與經濟福利淨額（NEW）的差距時，下列哪一個項目不應該計入兩者的差距？　(A)無益產品　(B)企業間接稅　(C)休閒的價值　(D)國外要素所得淨額。

(　) **17** 假設消費函數為$C=a+bY_d$，其中C為消費支出，a為自發性消費，b為邊際消費傾向（MPC），Y_d為可支配所得，APC為平均消費傾向，下列敘述何者正確？　(A)邊際消費傾向$MPC=\dfrac{a}{Y_d}+APC$　(B)邊際儲蓄傾向$MPS=-a+(1-b)$

(C)平均儲蓄傾向$APS=-\dfrac{a}{Y_d}+(1-b)$　(D)$APC>MPC$，且$APS>MPS$。

(　) **18** 假設$Y=C+I+G$，$C=a+bY_d$，$Y_d=Y-T$，$I=I_0$，$G=G_0$，$T=T_0$，其中，Y為國民所得，C為消費，I為投資，G為政府支出，a為自發性消費，b為邊際消費傾向，Y_d為可支配所得，投資為固定常數I_0，政府支出為固定常數G_0，租稅為固定常數T_0，則下列敘述何者正確？
(A)投資乘數與邊際消費傾向呈反向變動
(B)政府支出乘數等於邊際消費傾向的倒數
(C)政府租稅乘數等於邊際儲蓄傾向除以邊際消費傾向
(D)平衡預算乘數等於政府支出乘數加上政府租稅乘數。

(　) **19** 根據現金交易說與現金餘額說等兩種傳統的貨幣數量學說，貨幣數量與物價水準呈同方向同比例變動之敘述，下列何者正確？
(A)根據現金餘額說，因為名目國內總產出不變，貨幣的流通速度不變，所以貨幣數量與物價水準呈同方向同比例變動
(B)根據現金餘額說，因為實質國內總產出不變，貨幣需求量佔名目國內總產出比例不變，所以貨幣數量與物價水準呈同方向同比例變動
(C)根據現金交易學說，因為實質國內總產出不變，貨幣需求量佔名目國內總產出比例不變，所以貨幣數量與物價水準呈同方向同比例變動
(D)根據現金交易學說，因為名目國內總產出不變，貨幣需求量佔名目國內總產出比例不變，所以貨幣數量與物價水準呈同方向同比例變動。

( ) **20** 有關貨幣與金融的敘述，下列何者正確？ (A)法定準備率以及超額準備率，都是由中央銀行決定 (B)中央銀行可以透過調整重貼現率，影響金融機構的某些特定業務範圍，控制資金的流向與流量，達成特定的經濟目標 (C)郵政儲金轉存於中央銀行或是商業銀行，都會使貨幣供給量減少 (D)中央銀行買進外匯對於貨幣供給量的影響方向，相當於中央銀行在公開市場上買進債券對於貨幣供給量的影響方向。

( ) **21** 關於公共選擇理論與代理問題的敘述，下列何者正確？ (A)行政部門的官員追求最大利潤 (B)行政部門的官員會有「競租行為」 (C)選民是代理人，行政部門的官員是委託人 (D)政治人物在當選之後，違背競選承諾，此種因政治人物與選民間資訊不對稱的問題屬於「道德風險（moral hazard）」。

( ) **22** 關於國際金融的敘述，下列何者正確？ (A)聯電到新加坡設廠，屬於直接投資。對於臺灣而言，此交易讓外匯需求曲線向右移動 (B)小許要到日本旅行，因此要到銀行買進日圓，此時小許跟銀行交易的價格為買入匯率 (C)外資購買台積電股票，屬直接投資。對於臺灣而言，此交易讓外匯供給曲線向右移動 (D)目前美國利率高於臺灣利率，導致美元流出臺灣，為了穩定匯率，所以臺灣的中央銀行應該買進利率高的美元，把美元留下來。

( ) **23** 關於國際經貿組織的敘述，下列何者正確？ (A)東南亞國家協會（ASEAN）加三，指的是東協＋中國、日本、印度 (B)美墨加協定（前身為北美自由貿易協定）的經濟整合程度高於歐盟 (C)經濟合作暨發展組織（OECD）之成立目的，並不著重於在會員國間簽署貿易協定 (D)世界貿易組織（WTO）目的在降低會員國間的關稅與非關稅障礙，因此屬於自由貿易區協定。

( ) **24** 關於物價膨脹與通貨緊縮的敘述，下列何者錯誤？ (A)如果本國發生通貨緊縮，對企業家不利 (B)預期心理物價膨脹，是因為預期心理同時推升總需求以及工資等生產成本 (C)當總產出隨著物價水準一起下降時產生的通貨緊縮，可以利用成本下降加以解釋 (D)停滯性物價膨脹為「高物價上漲率」伴隨「高失業率」，是一種成本推動型物價膨脹。

▲閱讀下文，回答第25～26題

甲公司 X1 年只有一條產品線並有閒置廠房，可再擴充一條產品線，若將閒置廠房出租，每年可得 $200,000 的租金收入。新產品線設備購置所需資金 $1,000,000，將來自於公司庫存現金，如將該筆款項存入銀行定存，目前定存利率 10%。新產品線設備耐用年限 5 年，無殘值，採直線法折舊，可於 X2 年初加入營運。新產品線加入營運之後，預計每年營業收入可由 $5,000,000，提高 1 倍。由於採購數量、批量增加，每年營業毛利率預計可提高至 40%。X1 年營業利益率 10%，營業費用 $1,000,000；X2 年不含新產品線設備折舊費用，營業費用將需再增加 $300,000；X1 年與 X2 年皆無營業外收支。

（　　）**25** 新產品線加入營運之後，X2年相較於X1年，純益成長為多少倍？
　　　　(A)2.5倍　　　　　　　　　　(B)4倍
　　　　(C)5倍　　　　　　　　　　　(D)5.4倍。

（　　）**26** 新產品線擴充當年的機會成本為何？
　　　　(A)$300,000　　　　　　　　(B)$600,000
　　　　(C)$1,300,000　　　　　　　(D)$1,600,000。

( ) 1 A點和B點位於相同的生產可能曲線上,下列敘述何者錯誤? (A)A點和B點已經達到充分就業 (B)A點移到B點的機會成本為零 (C)A點和B點已達生產效率 (D)A點和B點具有技術效率。

( ) 2 在蘋果市場中假設只有A、B兩人,A、B需求的價量關係分別為:$P=10-2q_A$、$P=10-2q_B$,其中P、q_A和q_B分別為價格、A的需求量和B的需求量,則市場需求量(Q)與價格(P)的關係為下列何者? (A)$P=10-Q$ (B)$P=10-2Q$ (C)$P=20-2Q$ (D)$P=20-4Q$。

( ) 3 若供給函數由$Q_S=-10+2P$變成$Q_S=-20+2P$,其可能原因為何? (A)該商品價格下跌 (B)該商品價格上漲 (C)生產成本增加 (D)生產成本減少。

( ) 4 已知某甲的貨幣所得為90元,全部用來購買X與Y兩種商品,價格$P_X=10$,$P_Y=20$,若邊際效用$MU_X=2X$,$MU_Y=Y$,則某甲要如何消費,才能使總效用極大化? (A)X=5、Y=2 (B)X=1、Y=2 (C)X=3、Y=3 (D)X=1、Y=4。

( ) 5 假設某廠牌手機原本之供給函數為$Q_S=-10+2P$,其中Q_S為供給量、P為價格。在P=10時,若因為某種市場情勢變化,使得供給的價格彈性變大,則生產者剩餘將產生何者變化? (A)增加 (B)減少 (C)不變 (D)等於零。

( ) 6 已知廠商的總產量函數為$TP=-L^3+40L^2$,其中L為勞動人數。其平均產量函數為$AP=-L^2+40L$,邊際產量函數為$MP=-3L^2+80L$。下列哪一項勞動人數位於生產三階段之第二階段? (A)15 (B)17 (C)22 (D)28。

( ) 7 如圖為平均成本線(AC)、平均變動成本線(AVC)及邊際成本線(MC)。若短期總成本線(TC)之反曲點以A點表示,而由原點出發的直線與TC線相切

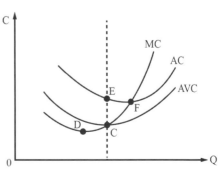

於B點，則下列何者正確？　(A)A點位置應對應於C點　(B)A點位置應對應於F點　(C)B點位置應對應於C點　(D)B點位置應對應於F點。

(　　) **8** 如圖為以利潤最大為目標之某完全獨占廠商的短期均衡情形。下列敘述何者正確？（圖中P為價格，C為成本，Q為數量，MC、AC、AVC分為邊際成本、平均成本與平均變動成本，AR與MR分別為平均收益與邊際收益）　(A)最適產量為c點，價格訂為j，會有正常利潤　(B)短期均衡時，因為無法支應總生產成本，應暫停營業　(C)最適產量為g點，價格訂為i，會有經濟損失　(D)最適產量為g點，價格訂為k，會有超額利潤。

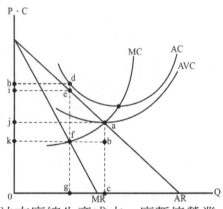

(　　) **9** 小方在市集經營手工飾品攤位，販售自身創作的產品，因為風格新穎小有名氣，產品售價由小方自行訂定。該市集也有其他創作者進駐經營類似品項，且攤位進駐及離開更替頻率頗高。在此種市場結構下，下列敘述何者正確？　(A)小方的短期供給曲線為正斜率　(B)小方在短期面對負斜率的市場需求曲線　(C)小方在長期均衡時仍可保障有超額利潤　(D)進駐競爭廠商與小方在短期都是市場價格接受者。

(　　) **10** 小趙在完全競爭市場製作糕點販售時，會使用到甲、乙、丙、丁等四種材料，其材料調配方式如下：
(1)甲與乙須以固定比例配置使用
(2)丙與丁的使用可有條件替代，但至少須擇一使用
依上述情境，下列敘述何者正確？　(A)面對材料甲價格上漲，小趙對材料乙的需求會減少　(B)糕點價格上漲會使小趙同時減少材料甲與材料乙的需求　(C)面對材料丙價格下跌，小趙對材料丁的需求會增加　(D)糕點價格下跌會使小趙同時增加材料丙與材料丁的需求。

( ) **11** 某工會組織基於保護本國勞工權益，為提高工資提出若干項措施，則哪一項措施是透過勞動需求增加，以增加工資？ (A)進行勞工在職訓練 (B)放寬外勞雇用數量 (C)增列從事該項工作之進入門檻 (D)訂出高於均衡工資之工資。

( ) **12** 經濟學的資本財具有下列何種特性？ (A)資本的報酬是利潤 (B)資本是迂迴生產的要素 (C)資本的邊際生產力遞增 (D)資本的供給曲線呈後彎。

( ) **13** 下列敘述何者正確？ (A)要了解折舊占GDP百分比，應採用所得面法計算 (B)要了解進口占GDP百分比，應採用生產面法計算 (C)要了解工資占GDP百分比，應採用支出面法計算 (D)要了解生產及進口稅淨額占GDP百分比，應採用支出面法計算。

( ) **14** 下列項目是否包含在國內生產毛額（GDP）、國民生產淨額（NNP）又稱國民所得淨額（NNI）、國民所得（NI）或是個人所得（PI）中，何者為正確選項？

	項目	國內生產毛額（GDP）	國民所得淨額（NNI）	國民所得（NI）	個人所得（PI）
(A)	未分配盈餘	包含在內	包含在內	不計算在內	不計算在內
(B)	公債利息	不計算在內	不計算在內	不計算在內	包含在內
(C)	補貼	不計算在內	不計算在內	不計算在內	包含在內
(D)	本國生產要素在國外的所得	包含在內	包含在內	包含在內	包含在內

( ) **15** 下列敘述何者正確？ (A)平均消費傾向高於邊際消費傾向，而且平均儲蓄傾向高於邊際儲蓄傾向 (B)如果以投資量為縱軸，所得為橫軸，則自發性投資與所得的關係可以形成一條正斜率的曲線 (C)如果以自發性消費量為縱軸，可支配所得為橫軸，則自發性消費量與可支配所得的關係可以形成一條正斜率的曲線 (D)如果以消費量為縱軸，可支配所得為橫軸，如果預期未來所得變動導致自發性消費發生變動，則整條消費曲線發生移動。

（　　）**16** 有關下列資產之貨幣屬性何者正確？

	資產	信用貨幣	本位貨幣	準貨幣
(A)	新臺幣一元硬幣	不是	不是	是
(B)	新臺幣五角硬幣	是	是	不是
(C)	支票存款	是	不是	不是
(D)	定期存款	不是	是	不是

（　　）**17** 有關銀行與貨幣創造的敘述，下列何者正確？
(A)原始存款可以創造放款，引申存款無法創造放款
(B)中央銀行可以透過調整法定準備率，直接控制銀行的超額準備金的數量
(C)若有一家金融機構，其業務範圍包括存款、授信與信託，此金融機構有能力創造存款貨幣
(D)存款屬於「授信」業務。如果銀行吸引民眾存款，民眾存款存入現金，其增加的現金項目屬於銀行的負債。

（　　）**18** 有關下圖的敘述，下列何者正確？

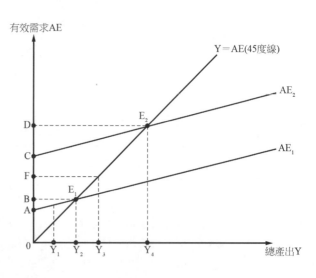

(A)在 Y_1 時，有效（總）需求的大小等於0到A的距離
(B)受所得影響的消費增加時，有效需求會從 AE_1 移動到 AE_2，均衡點 E_1 所對應的總產出 Y_2 會移動到均衡點 E_2 所對應的總產出 Y_4
(C)在 Y_3 時，有效（總）需求的大小等於0到F的距離
(D)乘數效果可以利用「從 Y_2 到 Y_4 的距離」除以「從A到C的距離」表示。

( ) **19** 下列敘述何者正確？　(A)公營企業民營化可以達成所得分配更加公平以及縮短貧富差距　(B)自來水與電力具有共享性與不可排他性，屬於「公共財」，所以由公營事業提供　(C)利益團體透過政治獻金或是遊說，要求政治人物支持對自己有利的提案通過，稱為「競租」　(D)政府針對二氧化碳的排放量課稅，是針對市場失靈中的「公共財」問題而有的對策。因為乾淨的空氣屬於公共財。

( ) **20** 有關國際貿易的敘述，下列何者正確？
(A)一方面甲國從乙國進口汽車，另一方面乙國也從甲國進口汽車，這一現象可以利用「比較利益法則」加以解釋
(B)一方面甲國從乙國進口手機，另一方面乙國也從甲國進口手機，這一現象可以利用「絕對利益法則」加以解釋
(C)假定投入一單位勞動量，甲國的蘋果產量是乙國蘋果產量的2倍，甲國的手機產量是乙國手機產量的3倍。由此可知：甲國不管以「成本面」或是「產出面」來看，生產手機都具有比較利益
(D)甲國出口商品中，積體電路、電腦及其附屬單元等屬於資本密集產品。假定乙國從甲國進口積體電路與電腦及其附屬單元，甲國從乙國進口先進戰鬥機。根據「要素稟賦理論」，先進戰鬥機可能屬於「資本密集產品」。

( ) **21** 如表為臺灣某銀行的牌告匯率，有關與銀行交易時適用匯率之敘述，下列何者正確？

外幣	買入匯率	賣出匯率
美元	30.873	31.583
日圓	0.2125	0.2242

(A)該銀行牌告匯率的表達方式為應收匯率　(B)應收匯率為銀行的買入匯率，而應付匯率為銀行的賣出匯率　(C)如果你前往美國短期交流，預備購買美元1,000元，要準備新臺幣30,873元　(D)如果你從日本觀光回國，有剩餘的日圓想賣出換回新臺幣，適用的匯率是「買入匯率」的日圓匯率0.2125。

(　　) **22** 有關景氣循環圖，如圖所示，下列敘述何者正確？　(A)衰退期為c點與d點間　(B)收縮期為a點與b點間及c點與f點間　(C)擴張期為b點與d點間　(D)蕭條期為e點與f點間。

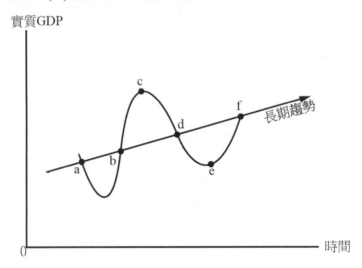

(　　) **23** 經濟學所謂的失業不包含下列哪一項？
(A)因工資過低不願意工作
(B)因勞動者新舊工作轉換間暫時失業
(C)因產業結構改變，缺乏行業所需技能
(D)因景氣衰退，導致有效需求不足所形成的失業。

(　　) **24** 已知甲國在2023年之名目GDP為1080億元、2022年之名目GDP為950億元；其物價指數以2021年為基期，2022年之物價指數為95，而2023年之物價指數為120。下列敘述何者正確？
(A)甲國2023年實質GDP為1000億元
(B)甲國2023年GDP平減指數為110
(C)甲國2023年以實質GDP年增率衡量之經濟成長率約為14%
(D)甲國2023年以實質GDP年增率衡量之經濟成長率為－10%。

▲**閱讀下文，回答第25～26題**

甲公司於 X1 年 1 月 1 日設立，存貨依國際會計準則 IAS2 規定處理，公司採用定期盤存制及加權平均法來決定期末存貨金額。當年度期末存貨之淨變現價值為 $9,900，其商品進出情形如下：

日期	交易事項	數量	單位成本
1月1日	進貨	20	$100
3月20日	進貨	40	110
7月21日	進貨	60	120
9月4日	銷貨	110	
11月15日	進貨	80	130

假設甲公司為一完全獨占廠商，目前在國內有 A 市場與 B 市場兩個銷售據點，甲公司符合實施第三級差別訂價之所有條件。其中在 A 市場，X2 年初訂定商品售價是以 X1 年底甲公司財務報表存貨評價金額為基礎，銷售每單位商品要能為公司賺取毛利 $30。已知 A 市場的需求弧彈性資料為：當商品售價為 $110，市場需求量為 27 單位；當商品售價為 $120，市場需求量為 19 單位。B 市場的需求弧彈性資料為：當商品售價為 $110，市場需求量為 29 單位；當商品售價為 $120，市場需求量為 17 單位。

(　　) **25** X1年底甲公司應認列之備抵存貨跌價為多少？
(A)$0
(B)$300
(C)$900
(D)$1,200。

(　　) **26** 已知A、B市場需求曲線均為直線，則甲公司在B市場的商品售價應訂為多少？
(A)$110
(B)$126
(C)$135
(D)$140。

解答及解析

第1章 經濟基本概念

P.11 1 **(B)**。生產Y的機會成本H點小於G點。

2 **(D)**。生產技術進步，資源增加，皆會使生產可能曲線向右移動。

3 **(C)**。開花藝設計工作室，就是放棄特力屋的工作。

4 **(B)**。 $MRT = \dfrac{-\Delta Y}{\Delta X} = \dfrac{-(-10)}{2} = 5$

5 **(D)**　6 **(D)**　7 **(A)**

P.12 8 **(A)**。高速公路若多開幾條就不會塞車了，那為什麼不多開幾條？因為資源的稀少性。

9 **(B)**

10 **(B)**。依使用用途區分為(1)消費財、(2)生產財。

11 **(B)**。凱因斯所謂「富裕中的貧窮」是形容資本主義經濟制度下貧富不均的現象。

12 **(B)**。(D)亞當斯密提出的。

13 **(D)**。共產主義的經濟活動全部由政府規劃。

14 **(A)**。六大基本經濟問題，第一個問題是「生產什麼」。

15 **(C)**。可供長期或重複使用財貨，稱為耐久財。

P.13 16 **(A)**。房仲業者依員工的業績成效來決定工資，是為契約工資。

17 **(D)**。選擇了其中一種用途，就如同無法作其它用途，這是代價，而且這個代價是無法作其它裡價值最高的。

18 **(C)**。探討「經濟成長」與「環境保護」孰重的課題是屬於規範經濟學的研究。

19 **(B)**。混合經濟制度又稱新資本主義經濟制度或計劃性自由經濟制度。

20 **(A)**　21 **(C)**

22 **(D)**。(A)機會成本為4萬元。(B)機會成本為3萬元。(C)機會成本為3萬元。

P.14 23 **(A)**。個體經濟學又稱為價格理論（price theory）；又總體經濟學是以整個社會或國家為研究對象，探討國民所得、物價水準、國際貿易、經濟成長等經濟現象。

24 **(C)**。生產工業品的機會成本，由B移到A，減少生產的民生品是遞增的。

25 **(B)**。由乙沿著生產可能曲線往下移動到丙。這樣可以增加X財的生產。為何不選擇丁呢？因為丁是完全生產X，沒有生產Y，依題意是傾全力生產X與Y的可能組合。

第2章 需求與供給

P.32 1 **(A)**。對豬肉的需求增加則需求線往右移。

2 (D)。若政府規定價格不可高於均衡價格（P=20），則此為價格下限。

3 (D)。生產成本不會隨產量增加而遞增的財貨則供給彈性大。

4 (D)。$q_1 = 10 - 2P$，共50名，則 $50 \times q_1 = 10 \times 50 - 2 \times 50$，$50q_1 = 500 - 100P$，即$Q = 500 - 100P$。

5 (C)。(A)需求量下降，(B)需求量上升，(D)需求線向左移。

6 (C)。如圖：A點是位於過原點的供給線，則A點的供給彈性為：

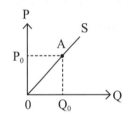

$$\varepsilon_A^s = \frac{\dfrac{\Delta Q}{Q}}{\dfrac{\Delta P}{P}} = \frac{\Delta Q}{\Delta P} \frac{P}{Q} = \frac{Q_0 - 0}{P_0 - 0} \frac{P_0}{Q_0}$$

$$= \frac{Q_0}{P_0} \frac{P_0}{Q_0} = 1$$

7 (C)。$\varepsilon^d = \dfrac{\Delta Q / Q}{\Delta p / p} = \dfrac{6\%}{10\%} = 0.6$

8 (D)。(1)(3)互為替代品。

9 (B)。X物有很多替代品則需求彈性較大，X物的支出占消費者總所得比例很高則需求彈性較大。

P.33 **10 (A)**

11 (A)。消費者的所得提高則需求曲線右移，政府又開放牛肉進口則供給曲線右移，均衡交易量必定增加，均衡價格則上升、下降或不變皆有可能。

12 (C)。$q_甲 = 200 - p$，$q_乙 = 300 - 2p$。
當$p \geq 200$時，$q_甲 = 0$，$q_乙 = 0$。
當$150 < p < 200$時，$q_甲 = 200 - p$。
當$p \leq 150$時，$Q_d = q_甲 + q_乙 = (200 - p) + (300 - 2p) = 500 - 3p$。
若$p = 160$，$Q_d = q_甲 = 200 - 160 = 40$。

13 (B)。消費者對某商品有消費需求，廠商為了生產該商品，必需投入生產因素，所以廠商對生產需求，我們稱廠商對生產因素產生需求，為「引申需求」。

14 (C)。(C)P = 0，代入$Q_d = 100 - 2P$，得$Q_d = 100$

(D) $\begin{cases} Q = 100 - 2P \\ Q = -20 + 2P \end{cases}$，得$Q = 40$，$P = 30$

將$P = 20$代入$Q_d = 100 - 2P = 60$
$P = 20$代入$Q_s = 50 - 20 + 2P = 70$

15 (D)。季芬財必定為劣等財，而劣等財不一定是季芬財。

16 (A)

17 (C)。均衡是指供給線和需求線相交的位置，即E點，它對應的價格為60，數量為30。

P.34 **18 (D)**。P=40低於均衡價格P=60，市場會產生超額供給在市場機能充分運作下將使價格由P=40調整至均衡價格P=60。

19 (D)。由D_1移動到D_2稱為需求變動。

20 (D)。吊飾的供給線是正斜率的。

21 (A)。供給線往左移，需求線往右移。

22 (B)

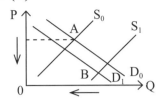

23 (A)。部分的生產要素可改變下的供給該期間為短期。

24 (A)

25 (B)。毛巾市場的供給增加,使得供給曲線向右移,價格下跌,交易量增加。

26 (C)。A的 $\varepsilon^d = \dfrac{20\%}{10\%} = 2$,

B的 $\varepsilon^d = \dfrac{5\%}{20\%} = \dfrac{1}{4}$。

由 $\dfrac{\Delta TE}{\Delta P} = (1 - |\varepsilon^d|)$,將 $|\varepsilon^d| = 2$

代入得 $\dfrac{\Delta TE}{\Delta P} < 0$,將 $|\varepsilon^d| = \dfrac{1}{4}$ 代入

得 $\dfrac{\Delta TE}{\Delta P} > 0$。

27 (B)。需求減少,目前的需求曲線向左移,價格下跌,交易量減少。

28 (A)。$\dfrac{\Delta TE}{\Delta P} = Q(1 - |\varepsilon|) = 0$,即 $1 - |\varepsilon| = 0$,得 $|\varepsilon| = 1$

29 (B)。牛奶市場的供給線往左移,需求線往右移,價格上升但交易量增加不變、減少都有可能。

30 (A)

第3章 消費行為理論

P.51 **1 (A)**

2 (C)。(A)總效用達最大。(B)相同的邊際效用。

3 (D)。由 $\dfrac{MU_x}{P_x} = \dfrac{MU_y}{P_y}$, $\dfrac{50}{10} = \dfrac{40}{P_y}$,

得 $P_y = 8$

4 (B)。若有兩種以上的財貨時,

$\dfrac{MU_1}{P_1} = \dfrac{MU_2}{P_2} = \cdots\cdots = MU_m$,式

中 MU_m:貨幣的邊際效用。表示消費者支付 P_1 所得到的 MU_1 等於 MU_m,同理,消費者支付 P_2 所得到的 MU_2,等於 MU_m。即消費者支付每一元的貨幣所得到的MU都等於 MU_m。

5 (D)。$MU = \dfrac{\Delta TU}{\Delta Q} = \dfrac{30 - 30}{3 - 2} = 0$,表示總效用(TU)已達最大。

6 (A) **7 (C)**

8 (D)。$MU = \dfrac{\Delta TU}{\Delta Q} = \dfrac{180 - 160}{6 - 5} = 20$

9 (D)。由 $\dfrac{MU_x}{P_x} = \dfrac{MU_m}{1}$,

$\dfrac{500}{10} = \dfrac{MU_m}{1}$,得 $MU_m = 50$

P.52 **10 (D)**

11 (A)。邊際效用最大是出現在總效用曲線的切線斜率的反曲點。

12 (C)。鑽石的價格高是因為量少而 MU高。

13 (D)。第2單位的MU$=\dfrac{9-6}{2-1}=3$，即

X＝3。

第4單位的MU$=\dfrac{y-11}{4-3}=0$，即y=11。

14 (A)。由$\dfrac{MU_x}{P_x}=\dfrac{MU_y}{P_y}$，$\dfrac{40}{8}>\dfrac{30}{10}$，

多買X，少買Y

15 (C)。由$\dfrac{MU_水}{P_水}=MU_m$，式中MU_m：

貨幣的邊際效用，將上式移項，$MU_水=P_水MU_m$，若$MU_水$下降，則在MU_m固定的情況下，$P_水$下降。

16 (C)。MU的順序第一桶洗澡（MU=10）、第二桶洗車（MU=8）、第三桶洗澡（MU=8）、第四桶澆花（MU=6）、第五桶洗車（MU=6），第六桶洗澡（MU=6）。

P.53 **17 (C)**。如圖：當消費Q_o，消費者願支付的金額為$0ABQ_o$，實際支付的金額為$0P_oBQ_o$，故消費者剩餘（C.S）為：C.S＝$0ABQ_o-0P_oBQ_o$＝AP_oB。

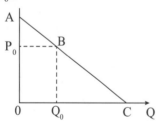

18 (B)

19 (C)。(1)(2)(3)是正確的，(4)是錯誤的。

20 (C)。當恩格爾曲線的橫軸表示消費量而縱軸表示所得時，曲線是正斜率為正常財，曲線是垂直線為中立財，曲線是負斜率為劣等財。

21 (B)

P.54 **22 (D)**。第二瓶的邊際效用$6-10=-4$

23 (C)　24 (B)

25 (D)。恩格爾曲線可用來判斷財貨是正常財、中立財或劣等財。

第4章　生產理論

P.61 **1 (A)　2 (A)　3 (D)　4 (B)**

5 (B)　6 (D)　7 (C)

8 (B)。達到產量最大時，邊際產出等於零，但總產量尚未達到最大時，邊際產出會先遞增後再遞減。

P.62 **9 (A)　10 (C)　11 (A)　12 (B)**

13 (D)　14 (C)　15 (B)　16 (B)

P.63 **17 (B)**

18 (D)。由課文p58的圖形來判斷。

19 (A)。基本的經濟問題第三個是如何生產。

20 (C)

第5章　成本理論

P.73 **1 (A)**

2 (A)。使整條LAC線往下移動，此現象稱為外部經濟。

3 (D)。
(A)總固定成本=(40-32)×7=56。
(B)總固定成本為56。
(C)產量7單位的總成本為
TC=AC×Q=40×7=280。
(D)產量2單位的總成本為
TC=TVC+TFC=AVC×Q+TFC
=32×2+56=120。

4 (D)

5 (B)。$STC=TVC+TFC=10Q^2+100$，$TFC=100$，$TVC=10Q^2$，當$Q=10$時，$TVC=10×10^2=1000$，$TFC=100$，則$STC=1000+100=1100$。

6 (D)　**7 (D)**

P.74 **8 (B)**。AC的最低點為70，所對應的產量為4。

9 (C)

10 (C)。經濟利潤＝總收益－經濟成本
＝總收益－（外顯成本＋內含成本）
＝25－（20+4+3）＝-2

11 (D)　**12 (A)**　**13 (C)**

14 (D)。(A)LAC在下降SAC與其相切，該切點也在下降位置，故正確。(B)LTC線是由在短期不同產量下，生產成本最低之STC所組成的軌跡，同理LAC線是由在短期不同產量下，生產成本最低之SAC所組成的軌跡，故正確。(C)正確。以上選項皆正確，題目是問哪一個錯誤，故選(D)。

15 (D)

P.75 **16 (B)**。$MC=\dfrac{\Delta TC}{\Delta Q}=\dfrac{550-400}{30-20}=15$

17 (B)。如圖：(A)當Q＝300時，LAC＞LMC。(C)外部經濟會使LAC線整條往下移。(D)當Q＝600時，SAC＞LAC。

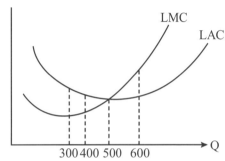

18 (A)。經濟利潤＝會計利潤－內含成本
50,000＝70,000－內含成本，得內含成本＝20,000

19 (B)。經濟利潤＝總收益－經濟成本

20 (A)。$L=3$，$Q=100$，$TFC=6,000$，$TC=7,200$
$L=4$，$Q=150$，$TVC=1,600$，$TC=TFC+TVC=6,000+1,600=7600$
$MC=\dfrac{\Delta TC}{\Delta Q}=\dfrac{7,600-7,200}{150-100}=8$

21 (A)。採收：$200×70-10,000-2,000=2,000$
不採收：$0-10,000=-10,000$

22 (C)

P.76 **23 (A)**。停止營業條件為P＜AVC，左右各乘上Q得TR＜TVC，移項得TR-TVC＜0，即TFC＜0，表示總固定成本小於零時，廠商將停止營業。

24 **(A)**

25 **(B)**。在MR＝MC時所對應的產量 Q=50。

26 **(A)**

27 **(B)**。$MP_L = \dfrac{\Delta Q}{\Delta T} = \dfrac{240-200}{2} = 20$

$MC = \dfrac{\Delta TC}{\Delta Q}$

$= \dfrac{240 \times 80 - 200 \times (48+12)}{240-200} = 180$

$TFC = 12 \times 200 = 2400$

$AFC = \dfrac{TFC}{Q} = \dfrac{2,400}{240} = 10$

$TVC = TC - TFC$
$= 240 \times 80 - 2,400 = 16,800$

28 **(A)**

29 **(C)**。稱為經濟成本或機會成本。

30 **(B)**

第6章 市場結構與廠商收益

P.81 1 **(B)**。自然獨占：某些產業在生產初期需投入大量的固定設備成本，具有產量愈多，長期平均成本愈低（即規模經濟）的特性，因此自然而然形成了獨占。

2 **(C)**。(A)AR=AC，正常利潤。(B) MR=MC，利潤最大。

3 **(C)**。獨占性競爭市場的廠商以廣告來強調產品之品牌及產品差異性。

4 **(D)**。獨占性競爭市場的個別廠商有小吃店、飲料店、髮廊等。

5 **(C)**。(A)完全競爭廠商在長期均衡下的經濟利潤必為零；(B)獨占性競爭廠商在長期均衡下的經濟利潤必為零；(C)採取平均成本訂價法之獨占廠商只能賺取正常利潤；(D)採取平均成本加成訂價法之寡占廠商之經濟利潤不為零，因為定價已把利潤設算進去了。

6 **(B)**

7 **(A)**。任何市場結構追求最大利潤的廠商都以MR＝MC決定最適產量。

8 **(B)**　9 **(A)**

10 **(C)**。完全競爭市場的供給與需求雙方決定均衡的價格與產量。

P.82 11 **(C)**。獨占性競爭市場的每家廠商所生產的產品仍具有差異性，因此對產品具有價格影響力。

12 **(C)**。當P＞MC表示該市場社會福利受損，其中獨占性競爭、寡占皆是。

13 **(A)**

14 **(C)**。寡占市場的廠商存在著競爭激烈，彼此牽制且相互依存的關係。

15 **(B)**。完全獨占是價格決定者，完全競爭是價格接受者，寡占市場商家數少對價格有影響力但價格穩定，獨占性競爭對價格僅有些影響力所以需求線較平坦。

16 **(B)**

17 (D)。獨占廠商採取相同的產品或勞務卻制定不同的價格稱為「差別取價」。

18 (C)。獨占性競爭市場的特徵：(1)廠商家數多；(2)生產異質產品；(3)廠商具有價格影響力。

19 (B)

20 (A)。AVC＜P＜AC，損失小於固定成本仍繼續生產。

第7章 完全競爭市場產量與價格的決定

P.88
1 (A)。完全競爭市場廠商長期均衡點是位於長期平均成本的最低點處生產故具有生產效率。

2 (C)。AR＞AC有利潤，AR＜AC有損失。

3 (D)。價格等於長期平均成本P＝LAC

4 (C)。P＝MR＝29，MC＝AC＝30，MR＜MC，故減少產量

5 (A)。均衡時P＝MC，
$$\begin{cases} Q=100-2P \\ Q=-20+P \end{cases}，得P＝40，$$
故MC＝40

6 (A)

7 (D)。若P＞AVC，仍應繼續營業以回收部分固定成本。反之，若P＜AVC則停止經營。

8 (B)。完全競爭市場廠商有經濟利潤吸引新廠商加入市場，市場供給增加使得供給線向右移，均衡價格下降，經濟利潤也下降到正常利潤為止。

9 (A)。$MR=\dfrac{\Delta TR}{\Delta Q}=60$，MR＝MC，$60=2Q+30$，得Q＝15，將Q＝15代入TR＝60Q，得TR＝60×15＝900。

P.89
10 (A)。均衡時，P＝MC＝20，即MC＝20

11 (C)。均衡時：MR＝P＝MC

12 (C)。P＝LAC完全競爭長期在LAC的最低點生產。

13 (C)。P＝AVC（停止或繼續經營點），P＞AVC（繼續經營），P＜AVC（停止經營）。

14 (C)。$\pi=TR-TC=P\times Q-AC\times Q$$=60\times 3-60\times 3=0$，正常利潤。

15 (D)。P＝90，AVC＝80，AC＝100，AVC＜P＜AC，表示可繼續經營經濟損失＝(100−90)×50＝500

16 (B)

P.90
17 (B)。P＝20，Q＝100，AC＝25，AVC＝18，即AVC<P<AC，經濟損失＝(25−20)×100＝500

18 (D)。MC＝P，8Q−4＝12，Q＝2，
$$AC=\dfrac{TC}{Q}=4Q-4+\dfrac{3}{Q}$$
$$=4\times 2-4+\dfrac{3}{2}=20$$
$$AVC=\dfrac{TVC}{Q}=\dfrac{4Q^2-4Q}{Q}=4Q-4，$$

代入Q=2，得AVC=4×2－4=8－4=4

π＝12×2－2×20＝－16

19 (B)。$\begin{cases} Q=13-P...(1) \\ Q=Q+1...(2) \end{cases}$，消費者剩餘

$(13-7)\times 6\times \dfrac{1}{2}=18$

Q=6，P=7

20 (D)。P＜AVC（停止經營）。

第8章 完全獨占市場產量與價格的決定

P.97 **1 (D)**。(A)獨占者短期的利潤，大於、等於與小於零皆有可能。(B)獨占均衡時，邊際收益等於邊際成本。(C)價格低於長期平均成本，即有虧損，但可以透過補貼，維持繼續生產。

2 (C)。$MR = P\left(1-\dfrac{1}{|\varepsilon^d|}\right)>0$，

已知P＝40，$|\varepsilon^d|$＝2代入得

$MR = 40\left(1-\dfrac{1}{2}\right)=20$

已知MC＝20，故MR＝MC，已是利潤最大之產量，產量已達均衡。

3 (B)。彈性大，訂低價，反之，彈性小，訂高價。

4 (D)

5 (C)。平均收益為負斜率，表示隨著產量的增加而下降平均收益。

6 (A)。彈性小，訂價高，故乙市場應訂較高的價格。

P.98 **7 (B)**。由MR＝MC＞0，

$MR = P\left(1-\dfrac{1}{|\varepsilon^d|}\right)>0$，故$1-\dfrac{1}{|\varepsilon^d|}>0$

，即$|\varepsilon^d|>1$

8 (B)。甲市場，由MR＝MC，可寫成

$P\left(1-\dfrac{1}{|\varepsilon^d|}\right)=MC$，$600\left(1-\dfrac{1}{|\varepsilon^d|}\right)=400$

得$|\varepsilon^d|$＝3，甲、乙、丙三個市場的需求彈性，分別為3、5、2，而彈性最小，訂價採最高，故丙市場應訂最高價。

9 (A)。獨占企業短期的利潤，大於、等於與小於零皆有可能。

10 (C)

11 (A)。獨占廠商不會在平均成本的最低點處生產的。

12 (A)。利潤最大，MR＝MC時，Q＝60

13 (B)。獨占市場，僅有一家廠商，沒有其他廠商加入生產。

P.99 **14 (C)**。$MR = \dfrac{\Delta TR}{\Delta Q}=\dfrac{\Delta(120Q-3Q^2)}{\Delta Q}$

＝120－6Q，已知MC＝60，利潤最大條件為MR＝MC，即120－6Q＝60，Q＝10，利潤最大為TR－TC＝120(10)－3(10)²－60×10＝300。

當TR最大時，條件是MR＝0，即

$MR = \dfrac{\Delta TR}{\Delta Q}=\dfrac{\Delta(120Q-3Q^2)}{\Delta Q}=120-$

6Q＝0，得Q＝20，代入TR＝120Q－3Q²，得TR＝120(20)－3(20)²＝1200。

15 (B)。由第三級差別訂價法，廠商根據消費者不同的特性，區分不同的市場，而訂定不同的價格，「需求彈性小」的市場，「訂價較高」，「需求彈性大」的市場「訂價較低」。

16 (C)　17 (A)

18 (D)。$P(1-\dfrac{1}{4})=900(1-\dfrac{1}{3})$，得$P=800$

19 (A)。均衡時，$MR=MC$，由$MR=P(1-\dfrac{1}{|\varepsilon^d|})$，$MC>0$，故$MR=P(1-\dfrac{1}{|\varepsilon^d|})>0$，即$P(1-\dfrac{1}{|\varepsilon^d|})>0$，故$|\varepsilon^d|>1$。

20 (C)

第9章　不完全競爭市場產量與價格的決定

P.103 **1 (D)**

2 (C)。以$MR=MC$決定利潤極大化之產量。

3 (D)。寡占市場，會有勾結行為，例如OPEC。

4 (D)。當$MR=0$時，所對應的$AR>MR$，即平均收益大於邊際收益。

5 (C)

6 (A)。完全競爭廠商，面對著一條固定價格的需求曲線。

7 (C)　8 (A)

P.104 **9 (A)**。(A)寡占廠商的勾結無法維持長久，是因為組織的成員都會在背後偷增產，最後將因為供給過多而導致市場價格下跌。

10 (A)。當$Q=100$時，$MR=30$，$MC=35$，則$MR<MC$，廠商應該減少生產。

11 (C)。差別取價。

12 (A)。每件成本$=\dfrac{5000}{100}=50$，$P=50(1+20\%)=60$。

13 (B)。只要MC在垂直的MR範圍內均衡價格都不會改變。

14 (D)。獨占性競爭廠商與獨占廠商一樣，相對的價格可對應兩個不同的產量或相同的產量可對應兩個不同的價格，所以短期供給曲線不存在。

15 (C)。寡占廠商是跟跌不跟漲，所以面對的需求線是比較陡峭的。

第10章　分配理論

P.112 **1 (D)　2 (B)**

3 (A)。(B)$MRP_L=MFC_L$個別廠商使用單一生產要素（L）時最適僱用量條件；(C)$MR=MC$個別廠商利潤最大時的產量條件。

4 (D)。貧富差距倍數$=\dfrac{最高所得組之所得}{最低所得組之所得}=\dfrac{24\%}{6\%}=4$

5 (A)。$AFC_L=\dfrac{TFC_L}{L}=\dfrac{W\times L}{L}=W$

6 (D)

7 (A)。生產因素替代程度愈大，廠商對該生產因素的需求彈性也愈大。

8 (B)。吉尼係數愈小，表示所得分配較平均，同時距離對角線也愈接近。

P.113 **9 (D)**。痛苦指數＝失業率＋通貨膨脹率。

10 (C)。(A)洛倫士曲線愈靠近對角線，所得分配愈平均。(B)吉尼係數愈大，所得分配愈不平均。(D)洛倫氏曲線愈彎曲，所得分配愈不平均。

第11章　工資與地租

P.120 **1 (C)**

2 (B)。減少工作而增加休閒，此為所得效果。

3 (C)。勞動供給線往左移，使得工資率上升，勞動量減少。

4 (A)。勞動供給線為水平線，以自動櫃員機取代人工，則勞動需求曲線向左移，工資率不變而員工僱用量減少。

5 (C)　　**6 (B)**

7 (D)。引進外籍移工，使我國勞動供給增加，一方面可減緩勞力不足的現象，另一方面也可減緩工資上的壓力，但並不能促進我國的產業升級。

8 (B)。$MFC_L > MRP_L$，應減少勞動僱用量（L），一直到$MFC_L = MRP_L$為止。

P.121 **9 (D)**。實質工資＝$\dfrac{名目工資}{一般物價水準}$，若名目工資增加大於一般物價水準增加，則實質工資上升，若名目工資增加等於一般物價增加，則實質工資不變。

10 (D)。依據差額地租理論，若邊際土地生產力愈下降，則地租愈上漲。

11 (C)

12 (D)。短期，供給線為垂直線，則經濟租不存在。

13 (C)。(1)所得效果 $\leftrightarrow$ W↑，以休閒代替工作。(2)替代效果 $\leftrightarrow$ W↑，以工作代替休閒。(3)價格效果＝所得效果＋替代效果。

14 (C)。邊際土地無地租存在，如丙地的收入$500 \times 8 = 40,000$，等於成本$40,000$。

15 (C)。(A)以個體為觀點，地租是一種成本。(B)以差額地租說為觀點，地租是一種剩餘。(D)以總體為觀點，農產品價格上會引起地租上漲。

第12章　利息與利潤

P.125 **1 (A)**。經濟學家馬克斯的主張。

2 (A)。(B)投資是利率的減函數，儲蓄是利率的增函數。(C)由可貸資金理論：利率和債券的供給呈反向關係（即減函數），利率和債券需求呈同向關係（即增函數）。(D)可貸資金的供給是利率的增函數，可貸資金的需求是利率的減函數。

3 (A)。1月＝10,000，則一年租金＝10,000×12＝120,000，土地價格＝$\frac{120,000}{8\%}$＝1,500,000。

4 (B)。供給線往右移，均衡利率下降。

5 (C)   6 (B)

7 (C)。經濟學對資本財的定義是廠商所擁有的實物資本。

P.126 **8 (B)**。若時間偏好率愈高，對利率的要求較高。

9 (B)

10 (D)。1碼＝0.25%，半碼＝0.25%÷2＝0.125%，調整前4.5%，調整後4.5%＋0.125%＝4.625%。

第13章 國民所得

P.138 **1 (C)**。2000年的實質薪資＝$\frac{20000}{1}$＝20000

2014年的實質薪資＝$\frac{52000}{1.3}$＝40000，

40000－20000＝20000（增加）

2 (A)。非生產性活動所生產的產品不計入GDP中：
(1)移轉性支付（撫卹金、退休金、救濟金、老年年金）。
(2)金融證券交易。
(3)公債利息。
(4)非經濟活動（走私、黑市交易、投機所得）。

3 (C)。不勞而獲的項目＝移轉性支付、公債利息。

4 (C)。移轉性支出乃「不勞而獲」的項目。

5 (B)。當年的GDP平減指數＝$\frac{6,600}{5,000}$＝132%

6 (D)

7 (A)。NNP＝GNP－資本折舊＝400－24＝376，NI＝NNP－企業間接稅＋政府補貼＝376－50＋政府補貼，已知NI＝340，則376－50＋政府補貼＝340，得政府補貼＝14。

8 (A)。不應計入GDP的：
(1)非本國境內或非本期發生的生產：A.舊貨買賣；B.二手貨交易。
(2)非經過市場交易的勞動：A.家庭主婦操持家務；B.修理自家傢俱（DIY）。

9 (D)

P.139 **10 (D)**

11 (B)。由p＝$\frac{Y}{y}$，改寫成$\hat{p}＝\hat{Y}－\hat{y}$，即$\hat{y}＝\hat{Y}－\hat{p}$，若$\hat{Y}－\hat{p}<0$，則$\hat{y}<0$。

12 (A)   13 (A)   14 (D)

15 (A)。計入義大利的GNP，計入台灣的GDP。

16 (D)。不應計入GDP的：
(1)非本國境內或非本期發生的生產：A.舊貨買賣；B.二手貨交易。
(2)非經過市場交易的勞動：A.家庭主婦操持家務；B.修理自家傢俱（DIY）。

(3)非生產性活動所生產的產品：
　A.移動性支付（撫卹金、退休金、救濟金、老年年金）；B.金融證券交易；C.公債利息；D.非經濟活動。

17 (A)

18 (D)。GDP＝2000－5＋750＋900＋2005－1800＝3850
GNP＝GDP＋6000－5900＝3950。

P.140 **19 (B)**

20 (B)。出口＋國內＝1000＋400＝1400，原料＝300，則附加價值＝1400－300＝1100。

21 (C)　22 (D)　23 (A)

第14章 所得水準的決定

P.155 **1 (B)**。(1)提出基本消費心理法則，認為可支配所得的增加量大於消費的增加量。(4)提出有效需求理論，認為需求創造供給。

2 (A)。由$MPC=\dfrac{\Delta C}{\Delta Y}$，而$0<MPC<1$，即MPC愈接近1，表示增加的所得（Y）都花用增加的消費（C）。

3 (D)。(A)凱因斯提出的。(B)所得減少，儲蓄不變或減少。(C)所得增加，儲蓄增加。

4 (D)。$MPC=\dfrac{\Delta C}{\Delta Y_d}=0.75$

5 (A)。當$\Delta G=\Delta T_0$時，
$\dfrac{\Delta Y}{\Delta G_0}+\dfrac{\Delta Y}{\Delta T_0}=\dfrac{1}{1-b}+\dfrac{-b}{1-b}=\dfrac{1-b}{1-b}=1$

6 (D)。在可支配所得固定的情況下，當利率提高儲蓄會增加而消費支出會下降。

7 (D)。由缺口$=\dfrac{|Y_f-Y^*|}{\dfrac{1}{1-MPC}}$，已知缺口=50，MPC=0.75，$50=\dfrac{|Y_f-Y^*|}{\dfrac{1}{1-0.75}}$，得$|Y_f-Y^*|=200$
已知$Y_f=500$，則$Y^*=500+200=700$

8 (A)。$100=\dfrac{120}{(1+MEI)}$，得MEI＝20%

9 (B)。MEI：稱為投資的邊際效率，它是一種貼現率，用來貼現固定資本的預期收益（R_i），使其現值之總和等於現固定資本之價格（P_c）。

P.156 **10 (A)**。若MEI≥利率，則可以投資。若MEI＜利率，則不可以投資。

11 (D)。可支配所得的增量大於消費的增量。

12 (C)。消費與儲蓄為兩直線型函數，且兩線呈平行狀表示斜率相等，由MPC+MPS=1，當MPC=MPS，則MPC=MPS=0.5，由$\dfrac{\Delta Y}{\Delta I_0}=\dfrac{1}{1-MPC}=\dfrac{1}{1-0.5}=2$，$\dfrac{\Delta Y}{10}=2$，ΔY=20。

13 (D)。消費函數的斜率$=\dfrac{\Delta C}{\Delta Y}=0.8$。

14 (A)

15 (A)。由缺口 $=\dfrac{\left|Y_f-Y^*\right|}{\dfrac{1}{1-MPC}}$，已知缺口

$=50$，$MPC=0.75$，$50=\dfrac{\left|Y_f-Y^*\right|}{\dfrac{1}{1-0.75}}$，

$\left|Y_f-Y^*\right|=200$

16 (A)。$100=\dfrac{1200}{(1+MEI)}$，得$MEI=$
20%，且$i=15\%$，$MEI>i$，故值得投資。

17 (A)。$\dfrac{\Delta Y}{\Delta G}=\dfrac{1}{1-0.75}$，
$\dfrac{260-200}{\Delta G}=\dfrac{1}{0.25}$，$\Delta G=15$

18 (A)。$Y=C+I+G$，$Y=48+$
$0.8(Y-10)+20+10$，得$Y=350$，
由$\dfrac{\Delta Y}{\Delta G}=\dfrac{1}{1-MPC}$，$\dfrac{400-350}{\Delta G}=\dfrac{1}{1-0.8}$
$\Delta G=10$，政府支出增加10。
由$\dfrac{\Delta Y}{\Delta T}=\dfrac{-MPC}{1-MPC}$，$\dfrac{400-350}{\Delta T}=\dfrac{-0.8}{1-0.8}$
$\Delta T=-12.5$，減少租稅12.5。

19 (B)。儲蓄增加將使儲蓄函數向右移動，均衡利率會下跌。

20 (D)。假設消費函數為$C=C_0+bY_d$，
則 $APC=\dfrac{C}{Y_d}=\dfrac{C_0+bY_d}{Y_d}=\dfrac{C_0}{Y_d}+b$，
$MPC=\dfrac{\Delta C}{\Delta Y_d}=b$，故$MPC<APC$。

21 (C)。
$MPC=\dfrac{\Delta C}{\Delta Y}=\dfrac{1200-800}{2000-1000}=\dfrac{400}{1000}=$
0.4，$MPS+MPC=1$，故$MPS=1-$
$0.4=0.6$

22 (C)。當一經濟社會存在膨脹缺口時，政府可採取增加稅收的緊縮政策來解決膨脹缺口。

23 (A)

24 (A)。$APC=\dfrac{C}{Y}=\dfrac{Y}{Y}=1$，因$APC+$
$APS=1$，故$1+APS=1$，即$APS=0$

25 (D)

26 (A)。(1)$APC=\dfrac{C}{Y_d}=\dfrac{a}{Y_d}+b$，當

$Y_d\uparrow$則$APC\downarrow$。(2)$MPC=\dfrac{\Delta C}{\Delta Y_d}=$
b，當$Y_d\uparrow$則b固定。(3)高所得的
MPC較小。(5)$APS<MPS$。

27 (C)

28 (C)。$Y>C+I$，表示總供給>總需求，廠商將減少生產。

29 (B)。由 $\dfrac{\Delta Y}{\Delta I_0}=\dfrac{1}{1-MPC}=$乘數，即
$\Delta Y=$乘數$\times\Delta I_0$，當乘數愈大，自發性支出的變動（ΔI_0）對均衡所得
（ΔY）的影響效果愈顯著。

30 (A)。$C=10+0.8Y$，$I=30$，由$Y=$
$C+I$，$Y=10+0.8Y+30$，得$Y=$
200。將$Y=200$代入$C=10+0.8Y$
得$C=10+0.8\times200=170$，$APC=$
$\dfrac{170}{200}=0.85$，$APS=1-APC=1-$
$0.85=0.15$。

第15章 貨幣與金融

P.175 **1 (D)**。$M_{1B} = M_{1A} +$ 活期儲蓄存款，$M_2 = M_{1B} +$ 郵政儲金＋定期存款＋定期儲蓄存款＋外幣存款，若定期存款減少，活期儲蓄存款增加，則 M_2、M_{1A} 不變，M_{1B} 增加。

2 (A)。$M_{1B} = M_{1A} +$ 活期儲蓄存款。

3 (B)。(A)貨幣需求的利率彈性無窮大。(C)當有流動性陷阱發生，貨幣供給增加，利率不變。(D)政府採擴張的貨幣政策無法增加產出，也無法降低物價。

4 (C)。

資產負債表

現金準備 放款 投資	活期存款

活期存款乃商業銀行的負債。

5 (D)　6 (A)

7 (A)。由 $MV = Py$，可改寫成 $\hat{M} + \hat{V} = \hat{P} + \hat{y}$，若 $\hat{V} = 0$，$\hat{y} = 5\%$，$\hat{M} = 15\%$，則 $15\% + 0 = \hat{P} + 5\%$，故 $\hat{P} = 10\%$

8 (D)

P.176 **9 (B)**。有流動性陷阱存在，貨幣政策無效，財政政策有效。

10 (B)。費雪：$MV = Py$，劍橋方程式：$M = kPy$，故 $k = \dfrac{1}{V}$

11 (B)　12 (B)

13 (D)。涵蓋範圍由多到少為：$M_2 > M_{1B} > M_{1A}$。

14 (B)。流動性偏好減弱時，貨幣需求減少，整條貨幣需求曲線左移，使利率上升。

15 (C)

16 (D)。由 $MV = PT$，把T的範圍縮小改成 $MV = Py$，$V = \dfrac{Py}{M}$，$\dfrac{1}{V} = \dfrac{M}{Py}$，$k = \dfrac{M}{Py}$。

P.177 **17 (A)　18 (D)**

19 (A)。由 $D = \dfrac{A}{R}$，$120000 = \dfrac{40000}{R}$，$R = 25\%$。

20 (A)。已知 $\Delta D = D - A$，$50,000 = 40,000 - A$，得 $A = 10,000$。由 $D = \dfrac{A}{R + E}$，$40000 = \dfrac{10000}{R + 5\%}$，得 $R = 15\%$。

第16章 政府

P.190 **1 (C)**。因資訊不對稱，導致「二手車市場」，變成「劣幣驅除良幣」。

2 (A)。(1)公共廁所具獨享性且不可排他性，它是準私有財。(2)電影院具共享性且可排他性，它是準公共財。

3 (A)。量能原則：所得（月薪）愈高者，所繳費用愈高。

4 (B)。退休金、失業救濟金乃政府支出的移轉性支出。

5 **(B)**。保險契約簽定前，因資訊不對
稱，將產生「逆選擇」。

保險契約簽定後，因資訊不對稱，
將產生「道德危險」。

P.191 6 **(A)**

7 **(D)**。減稅乃擴張性的財政政策，而
降低法定準備率乃擴張性的貨幣政
策，提高重貼現率乃緊縮性的貨幣
政策，在公開市場拋售有價證券，
乃緊縮性的貨幣政策。

8 **(A)**。(B)經理是代理人，股東是委
託人。(C)道德危險。(D)解決市場
失靈。

9 **(D)**

10 **(B)**。擴張性的財政政策：增加公共
支出或減少租稅收入。

第17章 國際貿易

P.213 1 **(D)**。間接投資是指(1)證券投資、
(2)放款，直接投資是指資金或生產
技術轉移到他國的投資行為。

2 **(C)**。

$$新匯率＝舊匯率×\frac{本國物價指數}{外國物價指數}$$

$$＝40×\frac{120}{150}＝32，\frac{\frac{1}{32}-\frac{1}{41}}{\frac{1}{40}}＝25\%$$

3 **(A)**。1歐元＝45台幣，即1台幣＝
$\frac{1}{45}$ 歐元，1歐元＝25台幣，即1台幣

$$＝\frac{1}{25}$$ 歐元，$\frac{\frac{1}{25}-\frac{1}{45}}{\frac{1}{45}}＝88\%$，升值

對進口有利，出口不利。

4 **(C)**。所得稅＋罰款＋租金＋公營事
業繳庫
＝10＋1＋1＋2
＝14（億元）

5 **(B)**。美國：100噸小麥＝120噸棉

花，即1噸小麥＝$\frac{120}{100}$ 噸棉花。印

度：40噸小麥＝50噸棉花，即1噸

小麥＝$\frac{50}{40}$ 噸棉花。美國生產小麥的

機會成本低於印度，故美國生產小
麥，印度生產棉花。

P.214 6 **(C)** 　7 **(D)** 　8 **(C)**

9 **(A)**。台灣：4台車＝150雙鞋，即

1雙鞋＝$\frac{4}{150}$ 台車。日本：6台車＝

200雙鞋，即1雙鞋＝$\frac{6}{200}$ 台車。故

台灣生產鞋的機會成本低於日本，
台灣生產鞋有比較利益，故台灣出
口鞋。

10 **(D)**

11 **(B)**。物價上升，出口成本上升，將
使出口減少，而進口成本下降，將
使進口增加。

12 **(B)**。對外匯需求增加，外匯需求曲
線向右移，使得匯率上升，即台幣
貶值。

第18章 經濟波動

P.228 **1 (A)**。總人口＝未滿15歲＋年滿15歲＝3,000＝年滿15歲＋200，得年滿15歲＝2,800，民間人口＝年滿15歲－監管人口＝2,800－300＝2,500，民間人口＝勞動力＋非勞動力，2,500＝勞動力＋500，得勞動力＝2,000。

2 (B) 3 (D) 4 (D) 5 (B)

6 (A)。勞動參與率＝$\dfrac{勞動力}{15歲以上人口}$

7 (D)

P.229 **8 (A)**。利潤視為企業的成本。

9 (A)。痛苦指數＝失業率＋物價上漲率，10%＝4%＋物價上漲率，得物價上漲率為6%。

10 (D)。勞動力＝失業人口＋就業人口＝810＋90＝900，勞動參與率＝$\dfrac{勞動力}{15歲以上民間人口}=\dfrac{900}{1200}=75\%$。
非勞動率＝15歲以上民間人口－勞動力＝1200－900＝300。
失業率＝$\dfrac{失業人口}{勞動力}=\dfrac{90}{900}=10\%$。

11 (B)。(A)擴張的財政政策。(C)緊縮的貨幣政策。(D)緊縮的貨幣政策。

12 (D)。停滯性物價膨脹是物價上漲且失業率上升，並非是短期菲利浦曲線所描述的物價上漲率和失業率呈反向關係。

13 (A) 14 (B) 15 (B)

16 (A)。自然失業率
＝$\dfrac{摩擦性失業＋結構性失業}{勞動力}=\dfrac{2+3}{100}$
＝5%

P.230 **17 (B)**。若職業婦女退出勞動力，則勞動力下降，失業率＝$\dfrac{失業人口}{勞動力}$，則失業率上升。

18 (B)

19 (C)。自然失業＝結構性失業＋摩擦性失業。

20 (D)。自然失業率
＝$\dfrac{摩擦性失業＋結構性失業}{勞動力}=\dfrac{2+4}{200}$
＝3%，失業率＝$\dfrac{失業人口}{勞動力}=\dfrac{10}{勞動力}$
＝5%，得勞動力＝200。
由痛苦指數＝失業率＋物價上漲率，8%＝5%＋物價上漲率，故物價上漲率為3%。

21 (A)。景氣循環理論可區分成外生因素與內生因素，其中因新技術或環保法令等因素對生產力的干擾，是屬於外生因素。

22 (D)。勞動者所受的訓練無法發揮其專長或是表面上雖然有工作但生產力低落。這些皆為隱藏性失業。

23 (C)。摩擦性失業。

P.231 **24 (D)**。失業率與物價上漲率呈反向關係。

25 (A)。當景氣已開始復甦，而該指標仍達景氣循環的谷底轉折時，表示該指標是景氣的落後指標。

26 (C)。名目利率：$\dfrac{10}{200}=0.05$，實質利率＝名目利率－物價上漲率＝$5\%-2\%=3\%$

27 (A)

P.236

1 (A)。(3)熊彼得認為經濟成長的關鍵在創新。(4)哈洛德－多瑪認為提高儲蓄率是經濟成長的關鍵。

2 (A)。景氣好，所得水準上升，就業率上升，反之，景氣不好，所得水準下降，就業率下降。

3 (A)。古典學派認為充分就業是個常態，並且「供給創造本身的需求」。

4 (B)　**5 (B)**

P.237

6 (B)。由經濟成長率＝$\dfrac{\text{儲蓄率}}{\text{資本產出率}}$，若要提高經濟成長率可透過提高儲蓄率或降低資本產出率。

7 (C)。凱因斯學派認為有效需求不足導致失業的發生。

8 (D)。儲蓄率＝$1-0.8=0.2$，$G=\dfrac{\text{儲蓄率}}{\text{資本產出率}}=\dfrac{0.2}{0.5}=0.4$。

9 (D)

10 (D)。羅斯托將經濟發展分為下列五個階段：(1)農業社會（傳統階段）、(2)起飛前過渡階段、(3)起飛階段、(4)邁向成熟階段、(5)大量消費階段。

110年統測試題

P.238

1 (C)。D點表示資源未獲得充分利用。

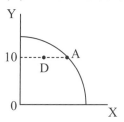

2 (D)。實證經濟：以客觀的事實來解釋經濟現象的因果關係，純粹分析事實是什麼，並進一步提出解釋或預測。

3 (A)。

(A)由 $\dfrac{P-P_0}{Q-Q_0}=\dfrac{P_1-P_0}{Q_1-Q_0}$ 即 $\dfrac{P-12}{Q-8}=\dfrac{10-12}{10-8}$，得$P=20-Q$

$\varepsilon_A^d=\dfrac{\Delta Q}{\Delta P}\times\dfrac{P}{Q}=-1\cdot\dfrac{10}{10}=1$

(B)$\varepsilon_c^d=\dfrac{\Delta Q}{\Delta P}\times\dfrac{P}{Q}=-1\cdot\dfrac{12}{8}=-\dfrac{3}{2}$

$\dfrac{dTR}{dp}=Q\,(1-|\varepsilon_c^d|)=Q\,(1-\dfrac{3}{2})$

<0，表示廠商漲價則總收益下降。

(C)消費者剩餘

$=（20-10）\times10\times\dfrac{1}{2}=50$

(D)預期未來價格上漲，則廠商會減少供給，總供給線向左移，均衡數量會減少。

4 (D)。

(C)由 $\varepsilon^d = \dfrac{\Delta Q}{\Delta P} \times \dfrac{P_0 + P_1}{Q_0 + Q_1}$

$= \dfrac{80-50}{15-20} \times \dfrac{20+15}{50+80} = \dfrac{-21}{13}$

$\dfrac{dTR}{dp} = Q\,(\,1 - |\varepsilon^d|\,)$

$= Q\,(\,1 - |\dfrac{-21}{13}|\,) < 0$,

表示漲價將使總收益減少。

(D)即TR是固定的,

故 $\dfrac{dTR}{dp} = Q\,(\,1 - |\varepsilon^d|\,) = 0$

即 $1 - |\varepsilon^d| = 0$,故 $\varepsilon^d = 1$。

P.239 **5 (C)**。當 $Q = 80$ 的總效用A小於 $Q = 85$ 的總效用B。

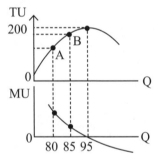

6 (C)。

(C)當 $L = 20$ 時,MP正處於上升階段。

(D)MP $= \dfrac{\Delta Q}{\Delta P} = \dfrac{80-100}{30-25} = -4$,當L

$= 40$ 時,所對應的TP最大,故TP $= 4 \times 40 = 160$

7 (D)。

(A) X_1 是TFC,故 $X_1 = 4000$,$X_2 = P_L L$ $= 1000 \times 4 = 4000$

(B) X_3 是TC,TC $=$ TFC $+$ TVC $= 4000 + 0 = 4000$

X_4 是TC,TC $=$ TFC $+$ TVC $= 4000 + 1000 \times 6 = 10000$

(C) X_5 是AC,

$AC = \dfrac{TC}{Q} = \dfrac{TFC + TVC}{Q}$

$= \dfrac{4000 + 1000}{100} = 50$

X_6 是AVC,$AVC = \dfrac{TVC}{Q}$

$= \dfrac{1000 \times 2}{250} = 8$

X_7 是MC,$MC = \dfrac{\Delta TVC}{\Delta Q}$

$= \dfrac{5000 - 4000}{660 - 580} = 12.5$

(D)當 $Q = 100$ 時

$MC = \dfrac{1000 - 0}{100 - 0} = \dfrac{1000}{100}$

當 $Q = 250$ 時

$MC = \dfrac{2000 - 1000}{250 - 100} = \dfrac{1000}{150}$

當 $Q = 420$ 時

$MC = \dfrac{3000 - 2000}{420 - 250} = \dfrac{1000}{170}$

當 $Q = 580$ 時

$MC = \dfrac{4000 - 3000}{580 - 420} = \dfrac{1000}{160}$

當 $Q = 660$ 時

$MC = \dfrac{5000 - 4000}{660 - 580} = \dfrac{1000}{80}$

當Q＝720時

$$MC = \frac{6000-5000}{720-660} = \frac{1000}{60}$$

由上述討論得知當Q＝420時，MC＝$\frac{1000}{170}$ 是最低的。

P.240 **8 (B)**。

(A)P＝MR＝15

(B)TR＝P×Q，已知P＝15，TR＝750，故15Q＝750，得Q＝50

(C)MR＝AR＝P

(D)π＝TR－TC＝750－50×12＝150

9 (A)。

(A)P＝MR＝MC＝30，所對應的Q＝400

(D)P＝30，AVC＝25，即P＞AVC，故廠商應繼續經營。

10 (A)。(A)第一級的消費者剩餘完全被廠商拿走，故第二級差別取價的消費者，剩餘大於第一級差別取價的消費者剩餘。

11 (A)。(A)若MR＝MC＝6，即介於5至7之間，則TR＝P×Q＝10×300＝3000

12 (B)。由$MRP_x = MP_x \times P_A = 20 \times 10 = 200$

241 **13 (B)**。古典學派的奈特（Frank H. Knight）認為利潤是企業家承擔不確定性風險所得到的代價。

14 (C)。(C)台灣人到美國工作，其工作所得，計入美國的GDP（以國境區分），也計入台灣的GNP（以國籍區分）。

15 (C)。(C)當Y＝200代入C＝10＋0.9Y　得C＝10＋0.9×200＝190，即APC＝$\frac{C}{Y} = \frac{190}{200} = 0.95$

16 (B)。由GNP＝GDP＋國外要素所得淨額

GNP＝1400＋50＝1450

由GNP＝NI＋企業間接稅淨額＋折舊

1450＝NI＋0＋150

得NI（國民所得）＝1300

17 (D)。由 $\frac{\triangle Y}{\triangle T} = \frac{-MPC}{1-MPC}$ ，

即$\frac{720-800}{\triangle T} = \frac{-0.8}{1-0.8}$ ，得△T＝20

（增稅20）

P.242 **18 (A)**。由名目利率＝實質利率＋預期物價上漲率，

$\frac{4}{100}$ ＝實質利率＋2%，

得實質利率為 $\frac{4}{100}$ 。

19 (C)。有流動性陷阱存在，則LM曲線為水平線，即擴張性的貨幣政策無法使產出增加，表示貨幣政策無效。

20 (B)。課徵進口關稅來保護國內產業此為保護貿易，不是矯正市場失靈。

21 (C)

P.243 **22 (B)**。變動前：1英鎊＝1.32美元，即1美元＝$\frac{1}{1.32}$ 英鎊，

變動後：1英鎊＝1.2美元，即1美元＝$\frac{1}{1.2}$ 英鎊

$$\frac{\frac{1}{1.2}-\frac{1}{1.32}}{\frac{1}{1.32}}\times100\%$$

$\doteqdot10\%$即美元升值10%

23 (D)。(C)勞動生產力$AP_L=\frac{Q}{L}$，已

知$AP_L=8$，$L=400$，即$8=\frac{Q}{400}$，

得$Q=8\times400=3200$

24 (A)。自然失業率

$=\frac{摩擦性失業＋結構性失業}{勞動力}$，$\frac{6}{100}$

$=\frac{摩擦性失業＋結構性失業}{100（萬）}$

得摩擦性失業＋結構性失業
$=6$（萬）

25 (D)。新古典學派成長理論又稱梭羅（solow）成長模型，他認為提高經濟成長率有三種方式：(1)增加儲蓄率、(2)降低人口成長率、(3)提高技術水準。

111年統測試題

P.244

1 (D)。總體經濟學：以整個社會或整個國家作為研究對象，探討國民所得、物價水準、國際貿易、經濟成長等經濟現象。

2 (C)。供給線通過原點，則供給線上的供給彈性為1，故A點（P＝10，Q＝10）之供給彈性為1。

3 (C)。需求法則：其他情況不變下，價格上升則需求量減少，價格下降則需求量增加。依題意房價愈高，

愈買不起房子，即對房屋的需求量減少，故符合需求法則。

4 (A)。令X：原子筆的數量，P_x：原子筆的價格，y：便條紙的數量，P_y：便條紙的價格。

消費者均衡條件：$\frac{MU_x}{P_x}=\frac{MU_y}{P_y}$，

$\frac{MU_x}{20}=\frac{2}{10}$，得$MU_x=4$

當$MU_x=4$，所對應的x＝3

P.245 **5 (C)**。

Q	L	MP_L	AP_L
4	1	—	4
12	2	8	6
21	3	9	7
28	4	7	7
33	5	5	33/5
36	6	8	6
36	7	0	36/7
32	8	−4	4

當L＝4時，$MP_L=7$，$AP_L=7$

6 (D)。廠商內部不利的因素會使LAC處於上升階段，即規模報酬遞減。

7 (B)。完全競爭市場，市場需求線P＝2000－Q，市場供給線P＝Q，則市場的均衡價格為P＝1000，均衡數量為Q＝1000，完全競爭廠商是市場的價格接受者，故P＝AR＝MR，即MR＝1000。

8 (C)。完全競爭個別廠商,在P＝150,僅有正常利潤,若P＝160,則有超額利潤(斜線面積),此時,MR大於LMC,廠商會增加生產。此外,其它廠商看到該市場的廠商有超額利潤,也會加入生產。

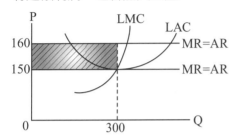

9 (C)。由 $P_a(1-\frac{1}{|E_a|})=P_b(1-\frac{1}{|E_b|})$,已知 $|E_a|=2$, $|E_b|=4$ 代入上面公式,得 $P_a(1-\frac{1}{|2|})=P_b(1-\frac{1}{|4|})$,即 $P_a=1.5P_b$ 。

10 (D)。獨占性競爭與寡占廠商對於價格皆有影響力,故兩者的市場需求線皆為負斜率。

11 (A)。

L	Q	MP_L	$MRP＝P×MP_L$
0	0	0	0
1	10	10	300
2	18	8	240
3	24	6	180

已知P＝30,當L＝1時, MP_L ＝10,則MRP＝P× MP_L ＝30×10＝300

12 (A)。
(1)就業人口＝勞動力－失業人口＝90,000－4,500＝85,500

(2)勞動參與率＝$\dfrac{勞動力}{15歲以上民間人口}$
$=\dfrac{90,000}{150,000}=60\%$

13 (A)。投資與儲蓄説:古典學派認為投資(I)是利率(r)的減函數,儲蓄(S)是利率(r)的增函數,當投資與儲蓄相等時,決定了整個社會的均衡利率。

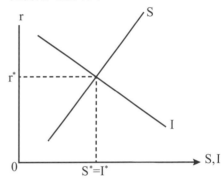

14 (B)。GDP的定義:全體國民,在某一段時間內,所新生產創造出來的,最終財貨與勞務,按該期間的市價衡量計算的總生產值。
依題意:買了一輛當年度生產的新腳踏車,該腳踏車的支出將計入當年的GDP內。

15 (A)。由GDP的支出面來計算GDP。
GDP＝C(消費)＋I(投資)＋G(政府支出)＋X(出口)－M(進口)
已知C＝500,I＝300,G＝200,X＝150,M＝50,代入上式,
得GDP＝500＋300＋200＋150－50＝1100(億)。

P.248 **16 (B)**。膨脹缺口＝$\dfrac{Y^*-Y_f}{\dfrac{1}{1-邊際消費傾向}}$，已知膨脹缺口＝20，邊際消費傾向＝0.6

代入上式，得$20=\dfrac{Y^*-Y_f}{\dfrac{1}{1-0.6}}$，即$Y^*-Y_f=50$。

17 (C)。MEI法：投資邊際效率就是一種貼現率，用來貼現固定資本的預期收益（R_i），使其現值之總和等於該項固定資本之價格（P_c）。

$P_c=\dfrac{R_1}{(1+MEI)}+\dfrac{R_2}{(1+MEI)^2}+\cdots\cdots+\dfrac{R_n}{(1+MEI)^n}$

若$MEI>r$（市場利率），表示投資有利。

$MEI<r$（市場利率），表示投資不利。

依題意：方案E，$50=\dfrac{55}{(1+MEI)}$，得$MEI=0.1$

方案F，$100=\dfrac{112}{(1+MEI)}$，得$MEI=0.12$

故方案F＞方案E

18 (A)。由存款貨幣總額（D）＝原始存款（A）$\times\dfrac{1}{法定準備率（R）}$＝原始存款（A）×貨幣乘數。

引申存款（DD）＝存款貨幣總額（D）－原始存款（A），即DD＝D－A

依題意：已知DD＝400，A＝100，則DD＝D－A，

400＝D－100，得D＝500，由D＝A×貨幣乘數，

500＝100×貨幣乘數，故貨幣乘數＝5。

P.249 **19 (B)**。$M_2=M_{1B}+$準貨幣

準貨幣＝定期存款＋儲蓄存款＋外幣存款＋郵政局轉存款

依題意：若外匯存款增加1,000（億），則準貨幣也增加1,000（億），故M_2增加1,000（億）。

20 (D)。

	可排他	無法排他
獨享	私有財	準私有財
共享	準公共財	公共財

依題意：私人的汽車，是獨享，可排他，故為私有財。

公海裡的魚，是獨享，無法排他，故為準私有財。

消防、燈塔，是共享，無法排他，故為公共財。

有線電視：是共享，可排他，故為準公共財。

21 (D)。國外科技大廠來臺灣投資設廠，即資金流入，使得外匯供給增加，外匯供給曲線由S_0向右移到S_1，匯率由e_0下降到e_1，而匯率下降，代表臺幣升值。

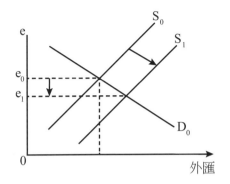

22 (B)。甲國：400晶片＝150遊艇，即

1晶片＝$\frac{150}{400}$遊艇。

乙國：200晶片＝100遊艇，即1晶片

＝$\frac{100}{200}$遊艇。

所以甲國生產1單位晶片的機會成本
小於乙國生產1單位晶片的機會成
本，故甲國應專業生產晶片。

250

23 (D)。原物料供給不足則總合供給線
由AS_0向左移到AS_1，報復性的消費
增加，則總需求曲線由AD_0向右移
到AD_1，兩者皆使物價水準上升，
但總產出增加，減少或不變皆有可
能。為了抑制物價膨脹，中央銀行
可採緊縮性的貨幣政策，例如：提
高重貼現率政策，使貨幣供給減
少，將使總合需求減少，總合需求
曲線由AD_1向左移，使得物價水準
下降。

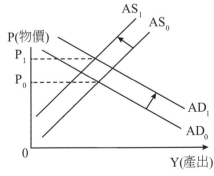

24 (C)。經濟成長率

＝$\dfrac{今年實質GDP－去年實質GDP}{去年實質GDP}$

＝$\dfrac{420-400}{400}\times100\%＝5\%$

112年統測試題

P.251

1 (A)。車用晶片的價格上漲，將使
生產電動車的成本上升，則S_0向左
移，均衡價格由P_0上升到P_1，均衡交
易量由Q_0減少為Q_1。

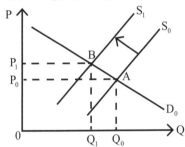

2 (D)。$\begin{cases}Q_d=80-P\cdots(1)\\Q_s=20+P\cdots(2)\end{cases}$，解(1)(2)，得
$P=20$，若價格設限$\overline{P}=15$，
則在均衡價格$P=20$之下，所以對市
場的交易量沒有影響。

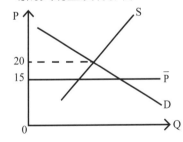

3 (D)。由$\dfrac{MU_x}{P_x}=\dfrac{MU_y}{P_y}$，已知$MU_x=$
8，$MU_y=10$，$x=3$，$y=2$，$P_x=\dfrac{12}{3}$
$=4$，$P_y=\dfrac{10}{2}=5$，即$\dfrac{MU_x}{P_x}=\dfrac{8}{4}=2$，

$\dfrac{MU_y}{P_y}=\dfrac{10}{5}=2$，故達成消費者均衡，

$\dfrac{MU_x}{P_x}=\dfrac{MU_y}{P_y}=2$。

4 (B)。

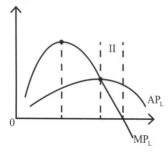

第II階段，AP_L呈遞減。

5 (B)。經濟利潤＝會計利潤－正常利潤

＝（總收入－總成本）－隱含成本

＝(20－10)－(7＋4)

＝10－11＝－1

故正常利潤＝11，會計利潤＝10，經濟利潤＝－1。

6 (B)。平均收益$AR=\dfrac{TR}{q}=\dfrac{10q}{q}=$ 10，邊際收益$MR=\dfrac{\Delta TR}{\Delta q}=\dfrac{\Delta 10q}{\Delta q}=$ 10，需求曲線$P=AR=MR=10$，為水平線。

P.252 **7 (C)**。當$P=13$，即$MR=MC$，$q=$ 15，固定成本為$\overline{DE}=20-13=7$，固定成本＝$q\times\overline{DE}=23\times7=161$。

8 (B)。如圖：

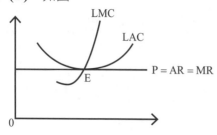

E點，$P=AR=LMC=MR$。

9 (A)。由$P_1(1-\dfrac{1}{|\varepsilon_1|})=P_2(1-\dfrac{1}{|\varepsilon_2|})$，已知$P_1=8000$，$|\varepsilon_1|=4$，$P_2=12000$，帶入上式，$8000(1-\dfrac{1}{|4|})=12000(1-\dfrac{1}{|\varepsilon_2|})$，得$|\varepsilon_2|=2$。

10 (C)。獨占性競爭的個別廠商，它面對的是負斜率的需求曲線。

P.253 **11 (A)**。

戶數 5等分組	甲國所得分配	甲國所得累計	乙國所得分配	乙國所得累計
最低所得20%	12	12	8	8
次低所得20%	18	30	12	20
中等所得20%	22	52	20	40
次高所得20%	25	77	25	65
最高所得20%	23	100	35	100

(1)線是甲國的羅倫茲曲線，(2)線是乙國的羅倫茲曲線，(1)線較(2)線靠近對角線，故甲國的吉尼係數小於乙國的吉尼係數，且甲國所得分配較乙國所得分配平均。

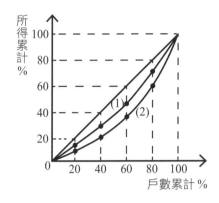

12 (A)。提供免費的午晚餐及員工宿舍是屬於員工的實物工資。

13 (C)。地價＝$\dfrac{\text{地租}}{\text{市場利率}}$，地價＝$\dfrac{15萬}{5\%}$＝300萬，
若地價＝300萬，市場利率＝8%，
則300萬＝$\dfrac{\text{地租}}{0.08}$，地租＝300×0.08＝24（萬）。

14 (D)。風險説。
倡導者：奈特。
學説論點：利潤是企業家在生產過程中「承擔風險」的報酬。

15 (A)。今年為止存固定利率的利息
100萬×$\dfrac{1.44}{100}$×$\dfrac{12}{12}$＝1.44萬。
今年為止存機動利率的利息：
1到3月的利息＋4月到12月的利息＝
100萬×$\dfrac{1.45}{100}$×$\dfrac{3}{12}$＋100萬×$\dfrac{1.42}{100}$×$\dfrac{9}{12}$
＝1.4275萬。
1.44萬－1.4275萬＝0.0125萬，
即機動利率的利息少固定利率的利息125元。

16 (B)。企業間接稅是國內生產毛額（GDP）的減項。

17 (C)。已知$C = a + bY_d$，
則$S = Y_d - C = Y_d - (a + bY_d) = -a + (1-b)Y_d$，
$APS = \dfrac{S}{Y_d} = \dfrac{-a + (1-b)Y_d}{Y_d} = \dfrac{-a}{Y_d} + (1-b)$。

18 (D)。由$Y = C + I + G$，
已知$C = a + bY_d$，$Y_d = Y - T$，$I = I_0$，
$G = G_0$，$T = T_0$
得$Y = a + b(Y - T) + I_0 + G_0 = a + b(Y - T_0) + I_0 + G_0$，
$(1-b)Y = a - bT_0 + I_0 + G_0$，
左右全微分得$(1-b)\Delta Y = \Delta a - b\Delta T_0 + \Delta I_0 + \Delta G_0$，
$\dfrac{\Delta Y}{\Delta G_0} = \dfrac{1}{1-b}$，$\dfrac{\Delta Y}{\Delta T_0} = \dfrac{-b}{1-b}$，
令平衡預算$\Delta G_0 = \Delta T_0 = \Delta B$，
則$(1-b)\Delta Y = 0 - b\Delta B + 0 + \Delta B$，
即$\dfrac{\Delta Y}{\Delta B} = 1$，而$\dfrac{\Delta Y}{\Delta G_0} + \dfrac{\Delta Y}{\Delta T_0} = \dfrac{1}{1-b} + \dfrac{-b}{1-b} = 1$，
故$\dfrac{\Delta Y}{\Delta G} + \dfrac{\Delta Y}{\Delta T_0} = \dfrac{\Delta Y}{\Delta B}$。

19 (B)。由現金餘額説，$M^d = kPy$，均衡時$M^d = M^s = M$，
即$M = kPy$，當$y = \bar{y}$，$k = \bar{k}$時，$M = \bar{k}P\bar{y}$，
則M和P同比例同方向變動。

P.255 **20 (D)**。央行買進外匯，同時釋放等值的新臺幣，如同M^s增加一般。
央行買進債券，同時支付等值的新臺幣，如同M^s增加一般。

21 (D)。 政治人物在當選之後，違背競選承諾，這種因為政治人物與選民間資訊不對稱的問題屬於「道德風險」。

22 (A)。 對外直接投資，則對外匯的需求增加，將使外匯需求曲線向右移動。

23 (C)。

24 (C)。 成本下降，將使AS向右移，而使得價格下降，產出增加。

P.256 **25 (C)。**

	X1年	X2年
收入	5,000,000	5,000,000×2
減：營業成本	3,500,000	y_2
銷貨毛利	y_1	4,000,000
減：營業費用	1,000,000	1,000,000
		300,000
		y_3
純益	500,000	2,500,000

式中$y_1 = 5,000,000 - 3,500,000 = 1,500,000$。

$y_2 : \dfrac{40}{100} = \dfrac{5,000,000 \times 2 - y_2}{5,000,000 \times 2}$

得$y_2 = 6,000,000$。

$y_3 = \dfrac{1,000,000}{5} = 200,000$。

$\dfrac{\text{X2年純益}}{\text{X1年純益}} = \dfrac{2,500,000}{500,000} = 5$。

26 (A)。 新產品線擴充的機會成本是將閒置廠房出租，每年可以得到的租金收入和新產品線購買的設備資金所減少的利息收入即$200,000 + 1,000,000 \times \dfrac{10}{100} = 300,000$。

113年統測試題

P.257 **1 (B)。** 如圖：A點和B點位於相同的生產可能曲線上，該生產可能曲線是生產x、y財貨的組合，若A點移到B點，即增加△x，要減少△y，而減少的△y，就是增加△x的機會成本。

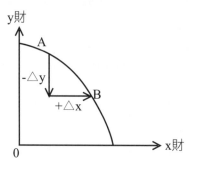

2 (A)。 市場的需求量是個別需求差的水平加總，已知$p = 10 - 2q_A$，$p = 10 - 2q_B$，故成$q_A = 5 - \dfrac{p}{2}$，$q_B = 5 - \dfrac{p}{2}$，市場需求量為$q_A + q_B = 5 - \dfrac{p}{2} + 5 - \dfrac{p}{2} = 10 - p$，令$Q = q_A + q_B$，故市場的需求為$Q = 10 - p$。

3 (C)。 已知$Q_s = -10 + 2p$，令$p = 10$，則$Q_s = -10 + 20 = 10$，令$Q_s = 0$，則$p = 5$，如圖：

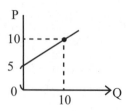

同理：已知$Q_s = -20 + 2p$，令$Q_s = 10$，則$p = 15$，令$Q_s = 0$，則$p = 10$，表示供給函數由$Q_s = -10 + 2p$，向

上移動到$Q_s = -20 + 2p$，可能的原因是生產成本增加。

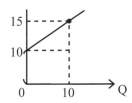

4 (D)。由消費者均衡條件，$\dfrac{MU_x}{P_x} = \dfrac{MU_y}{P_y}$---(1)，$P_x x + P_y y = I$---(2)，已知$I = 90$，$P_x = 10$，$P_y = 20$，$MU_x = 2x$，$MU_y = y$，代入(1)(2)式得$\dfrac{2x}{10} = \dfrac{y}{20}$---(1)，$10x + 20y = 90$---(2)，解(1)(2)得$x = 1$，$y = 4$。

5 (B)。已知$Q_s = -10 + 2p$，令$p = 10$，則$Q_s = -10 + 2 \times 10 = 10$，令$Q = 0$，則$P = 5$，如圖：

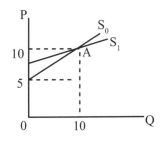

生產者剩餘為$(10-5) \times 10 \times \dfrac{1}{2} = 25$，若供給彈性變大，則斜率將變小，供給線由$S_0$移動成$S_1$，由圖形可知生產者剩餘將減少。

6 (C)。生產第Ⅱ階位於$MP = 0$且$AP = MP$，當$MP = 0$，則$-3L^2 + 80L = 0$，即$3L^2 - 80L = 0$，$L(3L - 80) = 0$，

故$L = 0$（不合）或$L = \dfrac{80}{3}$，當$AP = MP$，$-L^2 + 40L = -3L^2 + 80L$，$2L^2 - 40L = 0$，$2L(L-20) = 0$，故$L = 0$（不合）或$L = 20$，所以第Ⅱ階段的L，應該介於$\dfrac{80}{3}$和20之間。

7 (D)。由原點出發的直線與TC線相切於B，則該B點對應於AC線的最低點F點。

P.258 **8 (C)**。由$MR = MC$，即f點對應最適產量為g，g對應AR線的高度為i，損失範圍為ihde。

9 (B)。所描述的市場結構就是獨占性競爭市場的個別廠商行為。

10 (A)。當材料甲的價格上升，則對材料甲的需求量減少，而對材料乙的需求也減少，表示材料甲和乙互為互補品。

P.259 **11 (A)**。由$W = PMPP_L$，W：工資，P：產品價格，MPP_L：勞動的邊際產出，若勞工經由在職訓練，使得MPP_L上升，在P不變下，使得W上升。

12 (B)。迂迴生產是指先生產機器設備等資本財，然後再利用資本財來產生消費財。

13 (A)。所得面法計算GDP，是指GDP = 工資 + 地租 + 利息 + 利潤 + 企業間接稅淨額 + 折舊。

14 (B)。公債利息是屬於「不勞而獲」，未分配盈餘是屬於「勞而不獲」，PI = NI - 勞而不獲 + 不勞而獲。

15 (D)。已知短期消費函數為$C = C_0 + bY_0$，C_0表示自發性消費，bY_0表示誘發性消費，如果預期未來所得變動導致C_0發生變動，則整條短期消費曲線發生移動。

P.260 **16 (C)**。信用貨幣：是指鑄幣、紙幣、支票存款、活期存款。

本位貨幣：是以一國貨幣的基本單位，為交易雙方最後支付工具，我國是以元為單位。

準貨幣：又稱近似貨幣；如定期存款、定期儲蓄存款。

17 (C)。銀行在從事受信（收受存款）與授信業務的同時，會創造存款貨幣。

18 (D)。$\dfrac{\Delta Y}{\Delta AE}$＝乘數，式中$\Delta Y$：均衡所得變動量，$\Delta AE = AE_2 - AE_1$，表示自發性支出變動量。

P.261 **19 (C)**。競租：利益團體常透過遊說或提供政治獻金等方式，來影響政治人物的決策，以促使有利於該團體的提案能順利通過，確保其擁有政府的特許。

20 (C)。已知甲國：1L＝2個蘋果＝3支手機，即1支手機＝$\dfrac{2}{3}$個蘋果。

乙國：1L＝1個蘋果＝1支手機，即1支手機＝1個蘋果。

由上述討論甲國生產手機具有比較利益。

21 (D)。買入：銀行以本國貨幣買入外國貨幣的價格。

賣出：銀行以本國貨幣賣出外國貨幣的價格。

若預備購買美元100元，要準備1000×31.583（賣出）＝31583。

若有剩餘日圓，要換回新台幣，則日圓×0.2125（買入）。

P.262 **22 (A)**。cd：衰退，de：蕭條，而衰退、蕭條稱為收縮期。

ef：復甦，bc：繁榮，而復甦、繁榮稱為擴張期。

23 (A)。摩擦性失業：因勞動者新舊工作轉換間暫時失業。

結構性失業：因產業結構改變，缺乏行業所需技能。

循環性失業：因景氣衰退，導致有效需求不足所形成的失業。

24 (D)。2022年實質GDP

$$= \frac{2022年名目GDP}{2022年之物價指數} = \frac{950}{95\%} = 1000$$

2023年實質GDP

$$= \frac{2022年名目GDP}{2022年之物價指數} = \frac{1080}{120\%} = 900$$

2023年以實質GDP年增率衡量之經濟成長率

$$= \frac{2023年名目GDP - 2023年名目GDP}{2022年之物價指數}$$

$$= \frac{900 - 1000}{1000} = -10\%。$$

P.263 **25 (C)**。

$$\frac{20 \times 100 + 40 \times 110 + 60 \times 120 + 80 \times 130}{20 + 40 + 60 + 80}$$

＝120。

期末存貨：20＋40＋60＋80－110＝90（單位）

期末存貨的成本：90×120＝10800

若淨變現價值為9900，則應認列

之備抵存貨跌價為$10800-9900=$
900。

26 (B)。期末存貨的單位成本$=\dfrac{9900}{90}$
$=110$，已知毛利$=30$，由$p-c=$毛
利，得$p-110=30$，即$p=140$（A
市場的售價）

A市場的弧彈性：$\varepsilon_A=\dfrac{\Delta Q}{\Delta P}\dfrac{P_1+P_2}{Q_1+Q_2}$

$=\dfrac{27-19}{110-120}\dfrac{110+120}{27+19}=\dfrac{184}{46}$

B市場的弧彈性：$=\dfrac{\Delta Q}{\Delta P}\dfrac{P_1+P_2}{Q_1+Q_2}=$

$\dfrac{29-17}{110-120}\dfrac{110+120}{29+17}=\dfrac{276}{46}$

由$P_A(1-\dfrac{1}{|\varepsilon_A|})=P_B(1-\dfrac{1}{|\varepsilon_B|})$

$140(1-\dfrac{1}{\frac{184}{46}})=P_B(1-\dfrac{1}{\frac{276}{46}})$，得$P_B=$

126。

國家圖書館出版品預行編目(CIP)資料

經濟學完全攻略/王志成編著. -- 第三版. -- 新北市 ：
　千華數位文化股份有限公司, 2024.09
　　面 ；　公分
　升科大四技
　ISBN 978-626-380-696-2(平裝)

　1.CST: 經濟學

　550　　　　　　　　　　　　113013635

[升科大四技] **經濟學 完全攻略**

編 著 者：王 志 成

發 行 人：廖 雪 鳳
登 記 證：行政院新聞局局版台業字第 3388 號
出 版 者：千華數位文化股份有限公司
　　　　　地址：新北市中和區中山路三段 136 巷 10 弄 17 號
　　　　　電話：(02)2228-9070　　傳真：(02)2228-9076
　　　　　客服信箱：chienhua@chienhua.com.tw

法律顧問：永然聯合法律事務所
編輯經理：甯開遠
主　　編：甯開遠
執行編輯：陳資穎
校　　對：千華資深編輯群
設計主任：陳春花
編排設計：蕭韻秀

千華官網
／購書

千華蝦皮

出版日期：2024 年 9 月 20 日　　　第三版／第一刷

本書如有勘誤或其他補充資料，
將刊於千華官網，歡迎前往下載。

千華數位文化
十週年紀念

經濟學 完全攻略　[高普考四等]

出版日期：2024 年 9 月 20 日　　第三版／第一刷